CEDU(쎄듀)는 A **C**omprehensive **E**nglish e**DU**cation(종합적 영어교육)의 약자입니다.

저자

김기훈 現 ㈜ 쎄듀 대표이사
現 메가스터디 영어영역 대표강사
前 서울특별시 교육청 외국어 교육정책자문위원회 위원

저서 천일문 〈STARTER · 입문편 · 기본편 · 핵심편 · 완성편〉 / 천일문 GRAMMAR
리딩 플랫폼 / 리딩 릴레이 / Reading Q / Grammar Q / Listening Q
천일문 VOCA / 거침없이 Writing / 쓰작 / 잘 풀리는 영문법
어휘끝 / 어법끝 / 첫단추 / 파워업 / ALL씀 서술형
수능영어 절대유형 시리즈 / 수능실감 등

쎄듀 영어교육연구센터
쎄듀 영어교육센터는 영어 콘텐츠에 대한 전문지식과 경험을 바탕으로
최고의 교육 콘텐츠를 만들고자 최선의 노력을 다하는 전문가 집단입니다.

인지영 책임연구원 · **최세림** 전임연구원 · **김지원** 전임연구원

마케팅 콘텐츠 마케팅 사업본부
영업 문병구
제작 정승호
인디자인 편집 올댓에디팅
디자인 스튜디오에딩크, 윤혜영
일러스트 정윤지, 송미정
영문교열 James Clayton Sharp

Reading Graphy

| Level |

중등 독해,
리딩그라피로 시작하세요!

초등 독해에서 중등 독해로 넘어갈 때 아이들이 어떤 부분을 가장 어려워할까요?
바로 **"단어"**와 **"문장 구조 파악"**입니다.
초등 독해에서는 단어가 비교적 쉽고, 문장이 간결하기 때문에
아이들이 흔히 하는 것처럼 단어들의 의미를 조합하면 대략 어떤 의미인지는 파악할 수 있었지만,
중등에서는 이 방식이 통하기 어렵습니다.

실제 사례를 한번 살펴볼까요? (*중등 학습 초기의 초등 고학년 아이들에게 리딩그라피 레벨1 수록 지문을 해석해 보도록 했습니다.)

1 It looks and tastes like regular chocolate.

그 거대한 초콜릿 같은 것은 맛있어 보인다.

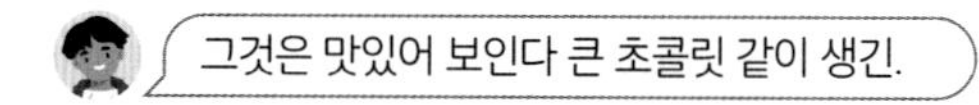

그것은 맛있어 보인다 큰 초콜릿 같이 생긴.

2 Plus, many trees get cut down to make space for these cacao farms.

많은 나무를 베서 만든다 우주의 카카오 농장을.

카카오 농장을 위해 자르는 나무 수를 추가해 우주를 만든다.

단어와 구문을 잘못 파악하니, 전혀 다른 의미로 해석되었어요.

단어

- regular 형 1. 일반적인, 평범한
  2. (크기가) 보통의
- space 명 1. 우주 2. 공간

구문

- taste chocolate 초콜릿을 맛보다
  taste like chocolate 초콜릿 같은 맛이 나다
- to make 1. 만드는 것 2. 만들기 위해 3. 만드는 4. 만들기에

이처럼, 단어와 구문을 함께 학습해야 **문장의 정확한 해석**이 가능하며,
지문의 길이가 점점 더 길어지더라도, **글 전체의 주제와 세부 내용을 정확하게 파악**하여 문제를 풀 수 있습니다.
리딩그라피는 단순 흥미 위주의 독해를 넘어 문제 풀이로 끝나버리지 않는, **"진짜 남는 것이 있는 독해"**를 지향합니다.

재미 100% 보장 내용까지 유익한 지문 + 중등 필수 단어 + 중등 필수 구문 = **리딩그라피**

How? 1 체계적인 시리즈 구성과 세심한 난이도 조정

	학습 대상	학습 구문 수준	문장 당 평균 단어 수	단어 수	*Lexile® 지수
Level 1	예비중 ~ 중1	중1 (80%) ~ 중2 (20%)	10 (3 ~ 17)	110 ~ 130	500 ~ 700
Level 2	중1	중1 (70%) ~ 중2 (30%)	11 (3 ~ 32)	120 ~ 140	600 ~ 800
Level 3	중2	중2 (80%) ~ 중3 (20%)	13 (5 ~ 26)	130 ~ 150	700 ~ 900
Level 4	중3	중2 (20%) ~ 중3 (80%)	14 (6 ~ 27)	140 ~ 160	800 ~ 1000

*Lexile(렉사일)® 지수: 미국 교육 기관 MetaMetrics에서 개발한 영어 읽기 지수로, 개인의 영어독서 능력과 수준에 맞는 도서를 읽을 수 있도록 개발된 독서능력 평가지수입니다. 미국에서 가장 공신력 있는 지수로 활용되고 있습니다.

How? 2 중등 내신 필수 구문과 단어까지 완벽 학습

✔ 중학교 3년간 배워야 할 구문 완벽 정리 (지문 당 중등 필수 구문 3개 학습 가능)

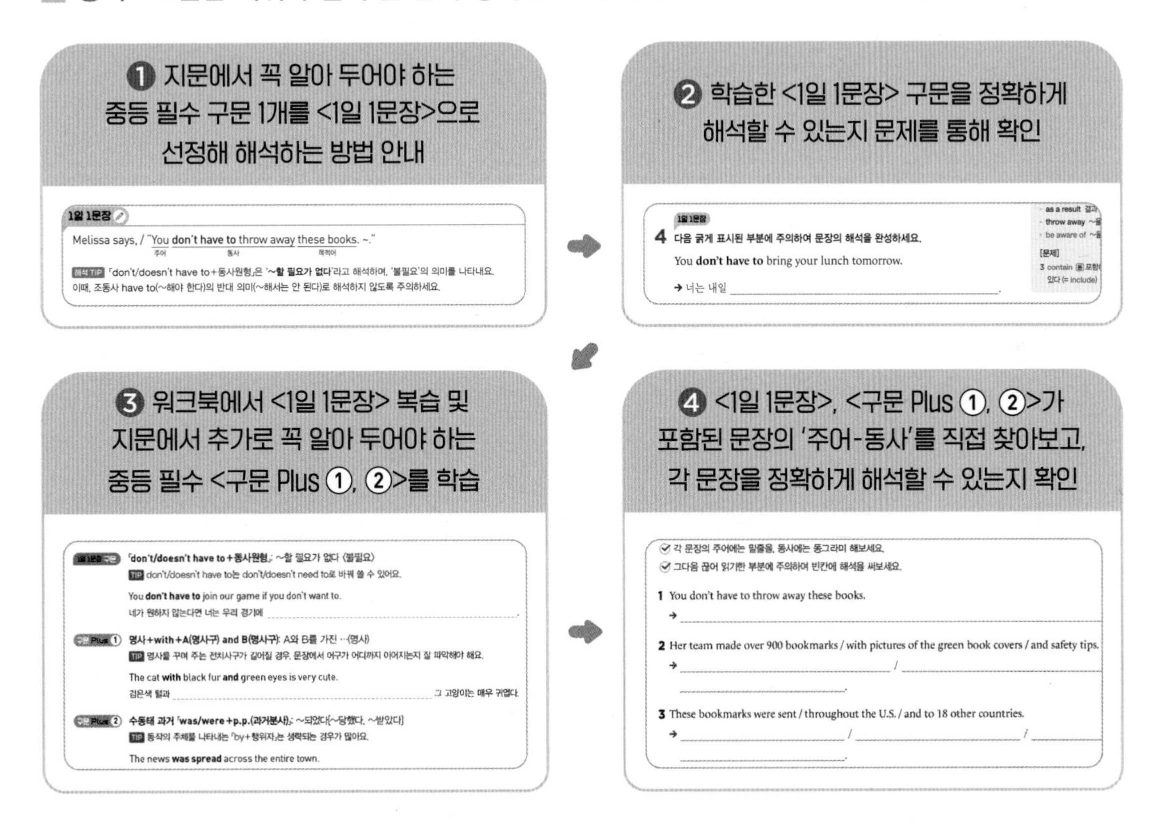

✔ 교육부 지정 중등 필수 단어 강조 표시

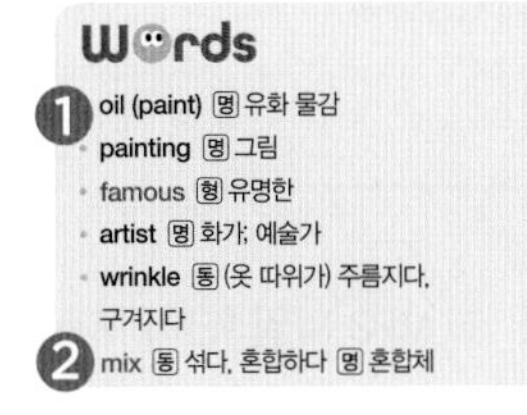

지문별로 ❶ 지문 소재 특성에 따른 단어, ❷ 반드시 외워야 하는 필수 단어가 있습니다. **리딩그라피**에서는 교육부에서 지정한 중등 필수 단어에 강조 표시를 해두어 학습자들이 우선순위를 두고 학습할 수 있도록 했습니다.

PREVIEW
미리보기

① 흥미로운 주제의 영어 지문

재미와 지식, 상식을 모두 갖춘 최신 경향 위주의 영어 지문으로 구성되었습니다.

② 단어 수

지문별 단어 개수를 제공하며, 권내에서도 다양한 단어 수의 지문을 학습할 수 있습니다.

③ QR코드

QR코드를 사용해 지문과 단어의 MP3 파일을 손쉽게 들을 수 있습니다.

④ 1일 1문장

각 지문마다 꼭 알아 두어야 하는 중등 필수 구문 1개를 선정해, 해당 문장을 정확히 해석할 수 있도록 안내하고 있습니다.

01 Art

단어 수 133

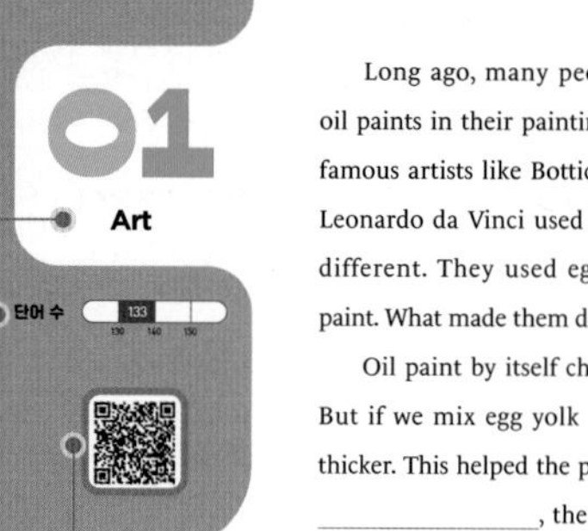

Long ago, many people used oil paints in their paintings. But, famous artists like Botticelli and Leonardo da Vinci used something different. They used egg *yolk in their paint. What made them do this?

Oil paint by itself changes color and wrinkles as it dries. But if we mix egg yolk with oil paints, the paint becomes thicker. This helped the paint not crack or wrinkle. ________________________, the art stayed in good condition. Also, egg yolk acted as a guard for the paint. It protected the paint from water. So the paint mix didn't turn yellow over time, and the paintings lasted a long time.

This shows how important egg yolk was in art history. Without it, we might not have the chance to see the famous artists' great paintings today!

*yolk (달걀 등의) 노른자

1일 1문장

Without it, / we might not have / the chance [to see the famous artists' great paintings] today!

주어 동사 목적어

해석 TIP to부정사가 (대)명사 바로 뒤에 쓰여 명사를 꾸며 주는 형용사 역할을 할 때, '~하는[~할] (명사)'라고 해석할 수 있어요.

해석 그것 없이는, 우리는 오늘날 유명한 화가들의 위대한 작품을 볼 기회가 없었을지도 모른다!

#to부정사 #형용사 역할 #명사 수식

14 | LEVEL 3

단어 Review

3개의 지문에서 학습한 단어 및 표현을 완벽하게 복습할 수 있습니다. '영영 뜻 파악', '문맥 파악', '유의어 찾기', '문장 완성' 등 다양한 유형의 문제로 구성되어 있습니다.

1일 1문장 Review

3개의 지문에서 학습한 〈1일 1문장〉을 완벽하게 복습할 수 있습니다. 〈1일 1문장〉의 해석을 연습해 보는 '문장 해석' → 어순을 확인하는 '배열 영작' → 주어진 조건에 맞게 문장을 써보는 '조건 영작'으로 구성되어 있습니다.

무료 부가서비스

무료로 제공되는 부가서비스로 완벽히 복습하세요. (www.cedubook.com)
① 단어 리스트 ② 단어 테스트 ③ 직독직해 연습지 ④ 영작 연습지 ⑤ 받아쓰기 연습지 ⑥ MP3 파일 (단어, 지문)

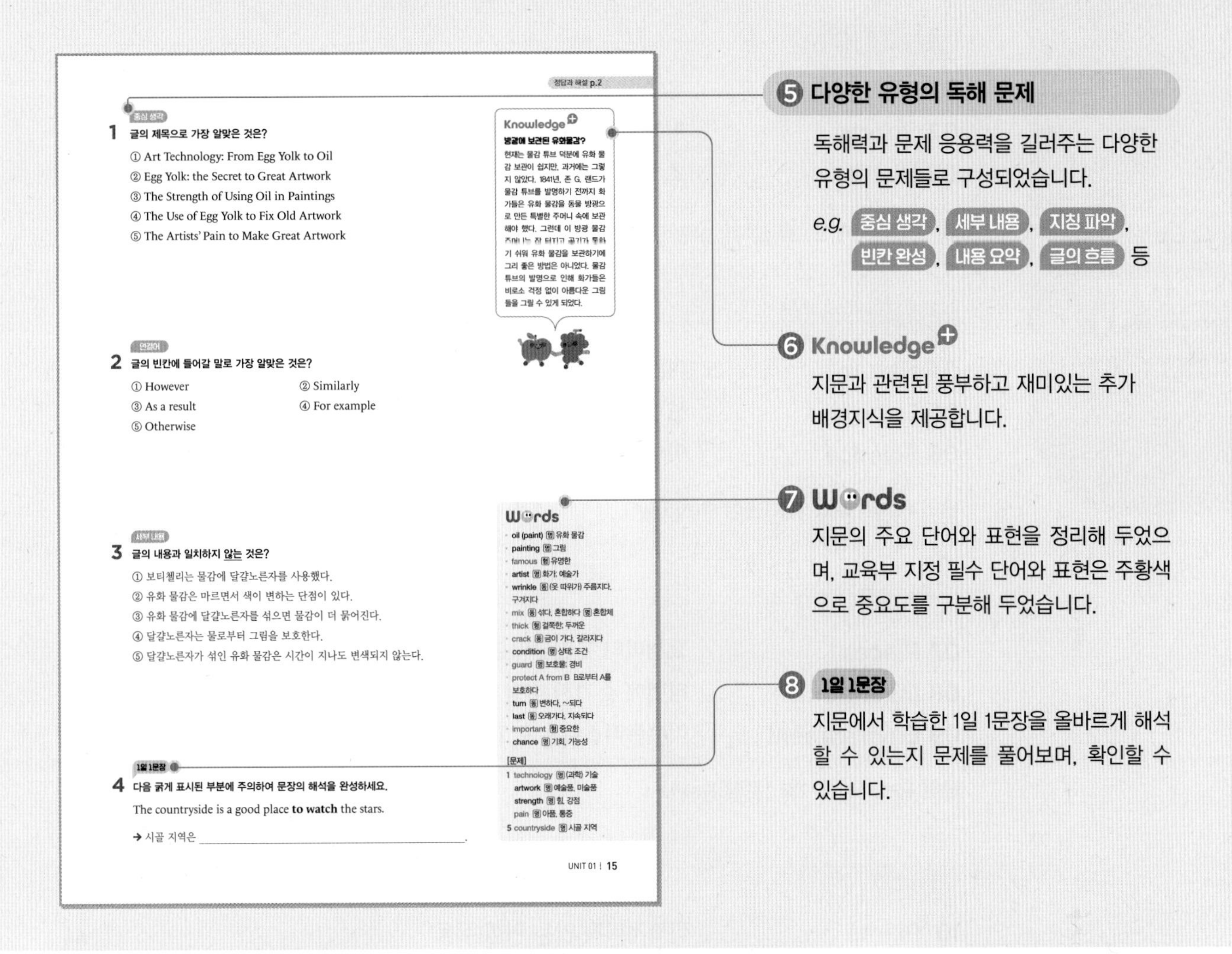

⑤ 다양한 유형의 독해 문제

독해력과 문제 응용력을 길러주는 다양한 유형의 문제들로 구성되었습니다.

e.g. 중심 생각, 세부 내용, 지칭 파악, 빈칸 완성, 내용 요약, 글의 흐름 등

⑥ Knowledge+

지문과 관련된 풍부하고 재미있는 추가 배경지식을 제공합니다.

⑦ Words

지문의 주요 단어와 표현을 정리해 두었으며, 교육부 지정 필수 단어와 표현은 주황색으로 중요도를 구분해 두었습니다.

⑧ 1일 1문장

지문에서 학습한 1일 1문장을 올바르게 해석할 수 있는지 문제를 풀어보며, 확인할 수 있습니다.

II WORKBOOK

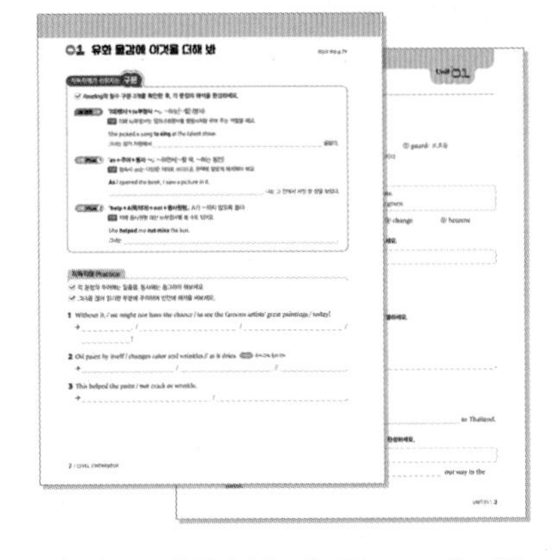

◘ 〈1일 1문장〉은 복습, 〈구문 Plus ①, ②〉는 추가로 학습한 후, '주어-동사 찾기' 및 '직독직해' 문제를 풀어보며 구문 이해도를 확인할 수 있습니다.

◘ 〈내신 맛보기〉에서는 중등 내신 문제와 유사한 어휘 및 서술형 문제를 풀어볼 수 있습니다.

II 정답과 해설

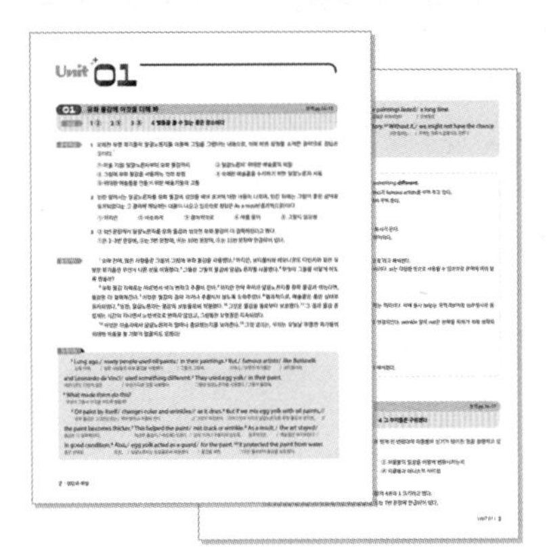

◘ 정답의 이유를 알려주는 자세한 '문제 해설', '본문 해석', 문장을 의미 단위로 끊어 읽는 법을 알려주는 '직독직해', '주요 구문 해설'로 구성되어 있습니다.

II 단어 암기장

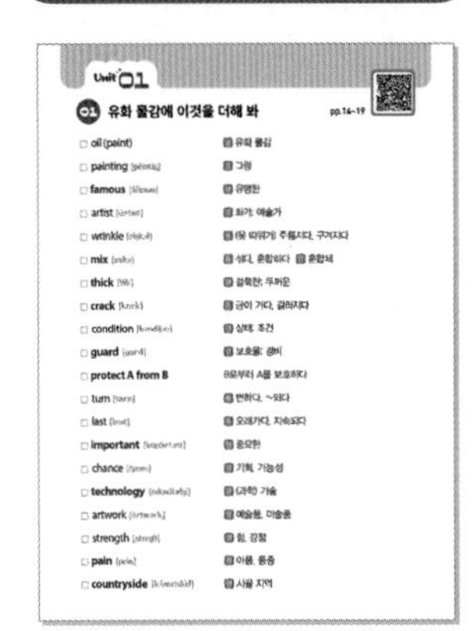

◘ 지문에 등장하는 주요 단어와 표현을 정리해 두었으며, 암기장은 가지고 다니며 학습할 수 있습니다.

◘ QR코드를 통해 MP3 파일을 들으며, 단어와 표현의 의미를 확인할 수 있습니다.

CONTENTS
목차

지문별 중등 필수 구문

유닛	지문	1일 1문장	WB 구문 PLUS ❶	WB 구문 Plus ❷
01	01	to부정사의 형용사 역할	부사절 접속사 as 〈시간〉	help+목적어+보어(not+동사원형)
	02	수동태 과거	to부정사의 부사 역할 〈형용사 수식〉	the number of+복수명사
	03	조동사 don't have to 〈불필요〉	형용사 역할의 전치사구 (with)	수동태 과거
02	04	too+형용사/부사+to부정사	조동사+수동태(can be p.p.)	부사절 접속사 if 〈조건〉
	05	make+목적어+보어(동사원형)	seem+보어(형용사)	주어로 쓰인 동명사
	06	not only A but (also) B	call+목적어+보어(명사)	과거진행형
03	07	분사구문	to부정사의 부사 역할 〈목적〉	형용사/부사+enough+to부정사
	08	관계대명사 what	보어로 쓰인 동명사	find+목적어+보어(형용사)
	09	how+to부정사	목적격 관계대명사 that 생략	명사 수식 과거분사
04	10	간접의문문 (what)	주격 관계대명사 that	현재완료 부정문 〈완료〉
	11	it(가주어) ~ that절(진주어) …	현재완료 부정문 〈경험〉	부사절 접속사 even if 〈양보〉
	12	간접의문문 (how)	명사 수식 과거분사	주격 관계대명사 who
05	13	so+형용사/부사+that … 〈결과〉	주격 관계대명사 who	make+목적어+보어(동사원형)
	14	복합관계대명사 whatever	call+목적어+보어(명사)	how+to부정사
	15	과거완료	as+형용사/부사+as	not only A but (also) B
06	16	계속적 용법의 관계대명사 which	부사절 접속사 while 〈대조〉	전체 부정 no ~
	17	to부정사의 부사 역할 〈형용사 수식〉	목적격 관계대명사 that	want+목적어+보어(to부정사)
	18	관계부사 where	help+목적어+보어(동사원형)	become+보어(과거분사)

유닛	지문	1일 1문장	WB 구문 PLUS ❶	WB 구문 Plus ❷
07	19	원인을 나타내는 that절	현재완료 〈결과〉	수동태 과거
	20	it(가주어) ~ to부정사구(진주어) …	수동태 과거	간접의문문 (where)
	21	make+it(가목적어)+형용사+ to부정사구(진목적어)	to부정사의 형용사 역할	관계부사 how
08	22	allow+목적어+보어(to부정사)	조동사+수동태(can be p.p.)	비교급+than
	23	강조 부사+비교급+than	간접의문문 (whether절)	to부정사의 형용사 역할
	24	부분 부정 not ~ every	want+목적어+보어(to부정사)	to부정사의 부사 역할 〈형용사 수식〉
09	25	부사절 접속사 though 〈대조〉	help+목적어+보어(동사원형)	allow+목적어+보어(to부정사)
	26	목적어로 쓰인 if 명사절	to부정사의 부사 역할 〈목적〉	부사절 접속사 if 〈조건〉
	27	명사 수식 과거분사	조동사 had to 〈의무〉	조동사 didn't need to 〈불필요〉
10	28	관계대명사 what	부사절 접속사 even if 〈양보〉	간접의문문 (how)
	29	to부정사의 의미상 주어 (for+A)	관계대명사 what	make+목적어+보어(형용사)
	30	배수사+as+형용사/부사+as	명사 수식 과거분사	주어로 쓰인 동명사
11	31	현재완료 〈계속〉	관계대명사 what	간접의문문 (why)
	32	see+목적어+보어(현재분사)	it(가주어) ~ to부정사구(진주어) …	현재완료 〈계속〉
	33	부사절 접속사 as 〈시간〉	부사절 접속사 while 〈시간〉	to부정사의 형용사 역할
12	34	as+형용사/부사+as	수동태 현재	분사구문 〈동시동작〉
	35	소유격 관계대명사 whose	주격 관계대명사 who	so+형용사/부사+that+주어+cannot 〈결과〉
	36	조동사 be able to 〈능력·가능〉	부분 부정 not always	보어로 쓰인 명사절 that

추천 학습 방법 THE BEST WAY TO STUDY

리딩그라피는 다음과 같이 학습할 때 최고의 학습 효과를 얻을 수 있어요. 다만, 개인 성향, 학습 경험에 따라 개개인에게 맞는 학습법이 다를 수 있으므로, 아래 학습법을 바탕으로 각자 자신에게 맞는 나만의 학습법을 찾아보세요.

STEP 1 단어 의미 확인하기

본격적으로 지문을 읽기 전에 단어 암기장을 사용해 지문에 나오는 단어와 표현을 먼저 확인해 보세요.

Tip 다양한 소재의 지문이 등장하므로, 지문에 나오는 단어의 뜻을 모르면 해석하기 어려울 수 있어요. 단어의 뜻을 미리 확인해 보는 게 큰 도움이 될 거예요.

STEP 2 지문 읽기

1 문장을 정확하게 해석하기 어려워도 중간에 멈추지 말고, 한번 쭉 읽어 보세요.

2 그다음 지문의 각 문장을 꼼꼼히 해석해보며 읽어 보세요.

Tip QR코드의 음원을 사용해 원어민의 발음으로 지문을 들어볼 수도 있어요.

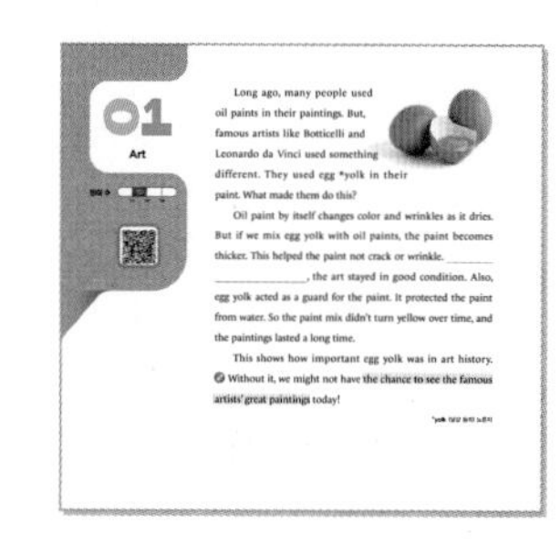

STEP 3 문제 풀기

중심 생각, 세부 내용, 지칭 파악, 글의 흐름, 내용 요약 등의 문제를 풀어보며, 지문의 내용을 잘 이해했는지 확인해 보세요.

Tip 문제를 풀 때는 정답을 보지 않고 끝까지 푸는 것이 매우 중요해요.

STEP 4 워크북으로 복습하기

1 먼저 〈1일 1문장〉 복습과 함께, 중등 필수 〈구문 Plus ①, ②〉를 추가로 학습해 보세요.

2 그다음 〈내신 맛보기〉에서 어휘 및 서술형 실전 문제를 풀어보며, 자신이 지문에 나온 단어와 구문을 얼마나 잘 이해하고 있는지 점검해 보세요.

Tip 홈페이지에서 무료로 제공되는 단어 테스트, 직독직해 연습지, 영작 연습지 등을 함께 사용하면, 지문의 내용을 완벽하게 내것으로 만들 수 있어요.

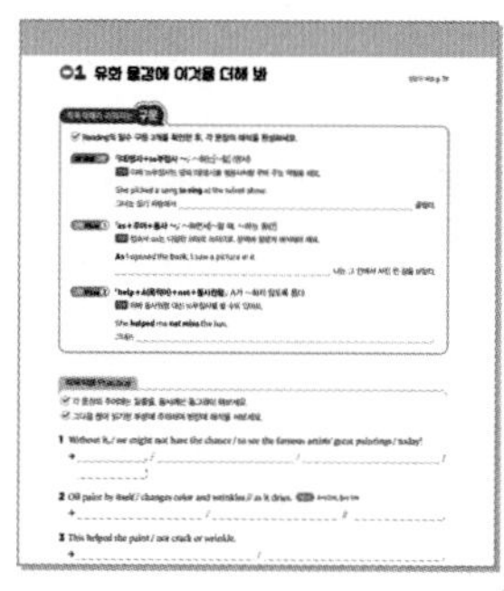

STEP 5 Review로 마무리하기

3개의 지문을 학습한 후에는, 〈단어 Review〉와 〈1일 1문장 Review〉 문제를 풀어 보세요. 3개 지문에서 누적 학습된 단어와 1일 1문장을 잘 이해하고 있는지 확인할 수 있을 거예요.

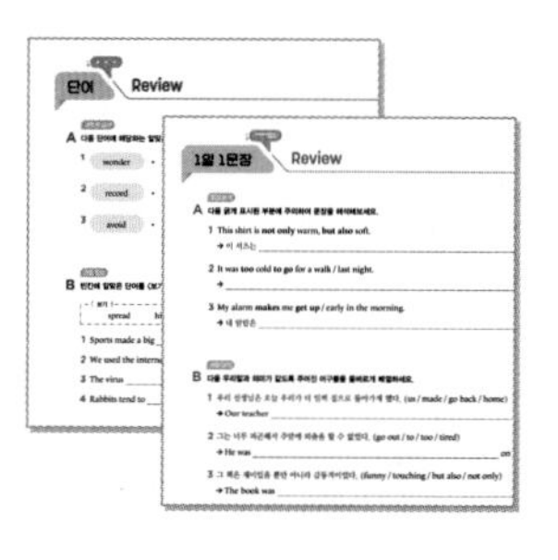

WORKBOOK

직독직해 PRACTICE 일러두기

워크북의 지문별 〈직독직해 Practice〉 코너에서는 중등 필수 구문이 담긴 3개 문장의 주어와 동사 찾기를 연습해요.
워크북을 학습하기 전에 아래 내용을 꼭 확인해 보세요.

→ 본책의 <1일 1문장 Review>의 A 유형 문제를 풀 때도 아래 내용은 동일하게 적용되어요.

직독직해 Practice

- 각 문장의 주어에는 밑줄을, 동사에는 동그라미 해보세요.
- 그다음 끊어 읽기한 부분에 주의하여 빈칸에 해석을 써보세요.

1 주어를 뒤에서 꾸며 주는 어구나 절이 있을 때

주어를 뒤에서 꾸며 주는 전치사구, 현재분사(v-ing)구, 과거분사(p.p.)구, 관계사절 등이 있는 경우, 이를 제외한 주어 부분에만 밑줄을 그으세요.

e.g. But if more people (buy) it, // the dark side of the chocolate industry / (might become) brighter!
→ 전치사 of가 이끄는 어구(of the chocolate industry)는 the dark side를 꾸며 주는 말이므로, 문장의 주어인 the dark side에만 밑줄을 그으세요.
In Portugal, a referee named Catarina Campos (started) to use this white card first.
→ 과거분사구(named Catarina Campos)는 주어(a referee)를 꾸며 주는 말이에요.

2 동사가 조동사와 함께 쓰일 때

문장의 동사가 will, can, may 등과 같은 조동사와 함께 쓰일 때는, 「조동사+동사원형」을 문장의 동사로 표시해요.

e.g. In fact, one picture (can take) him / four to five days / to finish.

3 동사 사이에 수식어가 있을 때

문장의 동사는 한 개이지만, 다음과 같이 동사 사이에 수식어가 있을 때는 동그라미를 두 개로 표시해요.

e.g. They('re) actually (getting) salt / from our sweat!
→ 문장의 동사는 현재진행형 are getting이에요.

4 주어와 동사가 한 문장 안에 여러 개일 때

한 문장 안에서 접속사나 관계사절이 쓰이면 주어와 동사가 여럿이 될 수 있어요.
이때 문장 옆에 힌트가 제공되니, 힌트에 제시된 주어와 동사의 개수를 꼭 확인하세요.

e.g. It (looks) and (tastes) like regular chocolate. Hint 주어 1개, 동사 2개
A common story (is) // that Indian workers / who (came) to South Africa / to work in sugar cane fields / (created) it.
Hint 주어 2개, 동사 3개

5 「동사+부사/전치사」 형태의 구동사가 쓰일 때

「동사+부사/전치사」 등과 같이 두 개 이상의 단어로 이루어져 있지만, 하나의 동사처럼 쓰이는 말을 구동사라고 해요.
구동사의 경우, 「동사+부사/전치사」 전체를 문장의 동사로 봐야 해요.

e.g. But as they (grow up), // their feet (turn) blue!

Unit 01

Reading 01

유화 물감에 이것을 더해 봐

Reading 02

피클볼은 무슨 스포츠일까?

Reading 03

초록색 책을 조심하세요!

Long ago, many people used oil paints in their paintings. But, famous artists like Botticelli and Leonardo da Vinci used something different. They used egg *yolk in their paint. What made them do this?

Oil paint by itself changes color and wrinkles as it dries. But if we mix egg yolk with oil paints, the paint becomes thicker. This helped the paint not crack or wrinkle. ______________________, the art stayed in good condition. Also, egg yolk acted as a guard for the paint. It protected the paint from water. So the paint mix didn't turn yellow over time, and the paintings lasted a long time.

This shows how important egg yolk was in art history. Without it, we might not have the chance to see the famous artists' great paintings today!

*yolk (달걀 등의) 노른자

1일 1문장

Without it, / we might not have / *the chance* [**to see** the famous artists' great paintings] today!
(we: 주어 / might not have: 동사 / the chance: 목적어)

해석 TIP to부정사가 (대)명사 바로 뒤에 쓰여 명사를 꾸며 주는 형용사 역할을 할 때, '**~하는[~할] (명사)**'라고 해석할 수 있어요.

해석 그것 없이는, 우리는 오늘날 유명한 화가들의 위대한 작품을 볼 기회가 없을지도 모른다!

#to부정사 #형용사 역할 #명사 수식

중심 생각

1 글의 제목으로 가장 알맞은 것은?

① Art Technology: From Egg Yolk to Oil
② Egg Yolk: the Secret to Great Artwork
③ The Strength of Using Oil in Paintings
④ The Use of Egg Yolk to Fix Old Artwork
⑤ The Artists' Pain to Make Great Artwork

Knowledge+

방광에 보관된 유화물감?

현재는 물감 튜브 덕분에 유화 물감 보관이 쉽지만, 과거에는 그렇지 않았다. 1841년, 존 G. 랜드가 물감 튜브를 발명하기 전까지 화가들은 유화 물감을 동물 방광으로 만든 특별한 주머니 속에 보관해야 했다. 그런데 이 방광 물감 주머니는 잘 터지고 공기가 통하기 쉬워 유화 물감을 보관하기에 그리 좋은 방법은 아니었다. 물감 튜브의 발명으로 인해 화가들은 비로소 걱정 없이 아름다운 그림들을 그릴 수 있게 되었다.

연결어

2 글의 빈칸에 들어갈 말로 가장 알맞은 것은?

① However
② Similarly
③ As a result
④ For example
⑤ Otherwise

세부 내용

3 글의 내용과 일치하지 않는 것은?

① 보티첼리는 물감에 달걀노른자를 사용했다.
② 유화 물감은 마르면서 색이 변하는 단점이 있다.
③ 유화 물감에 달걀노른자를 섞으면 물감이 더 묽어진다.
④ 달걀노른자는 물로부터 그림을 보호한다.
⑤ 달걀노른자가 섞인 유화 물감은 시간이 지나도 변색되지 않는다.

1일 1문장

4 다음 굵게 표시된 부분에 주의하여 문장의 해석을 완성하세요.

The countryside is a good place **to watch** the stars.

→ 시골 지역은 ______________________.

Words

- oil (paint) 명 유화 물감
- painting 명 그림
- famous 형 유명한
- artist 명 화가; 예술가
- wrinkle 동 (옷 따위가) 주름지다, 구겨지다
- mix 동 섞다, 혼합하다 명 혼합체
- thick 형 걸쭉한; 두꺼운
- crack 동 금이 가다, 갈라지다
- condition 명 상태; 조건
- guard 명 보호물; 경비
- protect A from B B로부터 A를 보호하다
- turn 동 변하다, ~되다
- last 동 오래가다, 지속되다
- important 형 중요한
- chance 명 기회, 가능성

[문제]

1 technology 명 (과학) 기술
artwork 명 예술품, 미술품
strength 명 힘, 강점
pain 명 아픔, 통증

5 countryside 명 시골 지역

Have you ever heard of a sport called Pickleball? It is a fun game that mixes ping-pong, tennis, and badminton. To play, you need a square *paddle and a light plastic ball with holes in it. Also, a pickleball court is only a quarter the size of a tennis court, so it doesn't take up a lot of space.

Pickleball is popular in the U.S. because it is easy to learn and gentle on the body. This makes it great for people with weak **joints, especially for older people. In the past, pickleball **was** mostly **enjoyed** by the elderly. But now, young people are picking up the paddle too! Recently, almost half of the players were under 55, and the number of players under the age of 24 is increasing fast.

So if you want to try a new sport, how about trying pickleball? You might enjoy this amazing sport for people of all ages.

*paddle 라켓
**joint 관절

1일 1문장

In the past, / pickleball **was** mostly **enjoyed** / by the elderly.

주어 / 동사 / by+행위자

be동사와 p.p. 사이에 동사를 꾸며 주는 부사가 쓰이기도 해요.

해석 TIP 수동태의 과거는 「was/were+p.p.(과거분사)」 형태로 나타내며, **'~되었다[~당했다, ~받았다]'**로 해석해요. 이때, '~에 의해'를 뜻하는 「by+행위자」는 생략되는 경우가 많아요.

해석 과거에, 피클볼은 주로 노인들에 의해 즐겨졌어요.

#수동태 #수동태 시제(과거)

중심 생각

1 글의 주제로 가장 알맞은 것은?

① how popular pickleball is in the U.S.
② how pickleball changes everyday lives
③ pickleball as a good sport for everyone
④ the difference between pickleball and tennis
⑤ why pickleball isn't famous among the young

세부 내용

2 피클볼에 관한 글의 내용과 일치하지 않는 것은?

① 탁구, 테니스, 배드민턴이 결합한 형태이다.
② 경기장 크기는 테니스 경기장과 비슷하다.
③ 미국에서 인기가 많은 스포츠이다.
④ 관절이 약한 사람들이 하기에 좋은 운동이다.
⑤ 과거에는 주로 노인들이 즐기는 스포츠였다.

밑줄 추론

3 글의 밑줄 친 are picking up the paddle이 의미하는 것을 우리말로 쓰세요.

____

1일 1문장

4 다음 굵게 표시된 부분에 주의하여 문장의 해석을 완성하세요.

The cookies **were baked** / by Grandma / for the family.

→ ______________________ / 할머니에 의해 / 가족들을 위해.

Knowledge

'미운털' 박힌 피클볼

피클볼이 미국에서 전성기를 누리는 가운데 피클볼이 유발하는 소음이 지역사회에 갈등을 일으키고 있다. 마을, 주택 소유자들, 그리고 주민들은 새로운 피클볼 코트가 들어서는 것을 반대하는 시위까지 벌이고 있다. 피클볼은 구멍 뚫린 공을 라켓으로 칠 때마다 '팡(POP)'하는 소리가 나는데, 선수들에게는 경쾌하게 들릴 수 있지만 다른 사람에게는 괴로울 수 있다. 한 주민은 그의 집에서 약 100m 떨어진 곳에 피클볼 경기장이 지어지자, 결국 집을 팔고 이사까지 했다.

Words

- ping-pong 명 탁구
- square 형 정사각형의
- court 명 (테니스 등의) 코트, 경기장
- quarter 명 4분의 1; 15분
- take up (시간, 공간을) 차지하다
- space 명 공간 (= room); 우주
- popular 형 인기 있는, 대중적인
- gentle 형 (영향 등이) 가벼운, 순한; 상냥한
- weak 형 약한
- especially 부 특히, 특별히
- in the past 과거에
- mostly 부 대부분, 일반적으로 (= mainly)
- the elderly 노인들
- pick up ~을 집어 들다
- recently 부 최근에
- half of ~의 반, 절반
- player 명 선수
- increase 동 증가하다, 늘다 (↔ decrease 감소하다, 줄다)

In the 1800s, a color called *emerald green was very popular. People used it everywhere, from clothes to book covers. But emerald green had a harmful chemical called **arsenic in it.

In 2019, Melissa Tedone and her team studied old green books from the 19th century. They found out that these books had arsenic in them. So Melissa started a project to find more of these books around the world. Her team made over 900 bookmarks

with pictures of the green book covers and safety tips. These bookmarks were sent throughout the U.S. and to 18 other countries. As a result, books with arsenic were found in other places too.

The books aren't too dangerous, but touching them often could be bad. Melissa says, "You **don't have to** throw away these books. Just be careful and be aware of the danger."

*emerald green 에메랄드그린 ((선명한 진녹색))
**arsenic 비소 ((독성을 가지고 있는 비(非)금속 원소))

1일 1문장

Melissa says, / "You **don't have to** throw away these books. ~."
(You: 주어 / don't have to throw away: 동사 / these books: 목적어)

해석 TIP 「don't/doesn't have to+동사원형」은 '**~할 필요가 없다**'라고 해석하며, '불필요'의 의미를 나타내요.
이때, 조동사 have to(~해야 한다)의 반대 의미(~해서는 안 된다)로 해석하지 않도록 주의하세요.

해석 Melissa는 "당신은 이러한 책들을 버릴 필요는 없어요. ~."라고 말한다.

#조동사 #don't have to #불필요

중심 생각

1 글의 주제로 가장 알맞은 것은?

① 19세기 책 표지의 제작 기술
② 에메랄드그린 색소의 역사적 배경
③ 과거 책 표지에 비소가 사용된 이유
④ 19세기에 널리 이용된 위험한 화학 물질
⑤ 비소가 포함된 녹색 책에 대한 연구와 안전 활동

세부 내용

2 글의 내용과 일치하면 T, 그렇지 않으면 F를 쓰세요.

(1) ________ 에메랄드그린은 1800년대에 유행했던 색이었다.
(2) ________ 에메랄드그린에 함유된 유해한 화학 물질을 비소라고 한다.
(3) ________ Melissa Tedone은 녹색 책을 버리라고 제안한다.

내용 요약

3 글의 내용과 일치하도록 빈칸에 알맞은 말을 본문에서 찾아 쓰세요.

Melissa Tedone's Project

목적	To ⓐ ____________ more green books that contain arsenic in them
방법	Her team created bookmarks with ⓑ ____________ tips and sent them throughout the U.S. and to other countries.
결과	Arsenic-containing green books were also found in other places.

1일 1문장

4 다음 굵게 표시된 부분에 주의하여 문장의 해석을 완성하세요.

You **don't have to** bring your lunch tomorrow.

→ 너는 내일 ____.

Knowledge+

조심! 건강에 해로운 색

과거에 크게 유행한 여러 색은 그 위험성이 나중에야 밝혀졌는데 그중 한 가지 예로는 버밀리언(Vermilion)이 있다. 수은으로 만들어진 이 밝은 빨간 색소는 예술, 건축 및 화장품 등 다양한 영역에서 사용되었다. 수은은 독성을 띠는 위험한 물질로, 오래 노출되거나 호흡기로 흡입 시 뇌신경 손상과 같은 건강 문제를 일으킬 수도 있다. 19세기 중반에 처음 그 위험성이 알려지기 시작해 현재는 안전한 대체품이 시중에 등장했다.

Words

- everywhere 부 모든 곳에서
- from A to B A에서 B까지
- harmful 형 해로운, 유해한
- chemical 명 화학 물질
- century 명 세기, 100년
- find out ~을 알아내다 (find-found-found)
- over 전 (시간·양 등이) ~이 넘는, ~ 이상의
- bookmark 명 책갈피
- safety 명 안전
- tip 명 (실용적인) 조언, 팁
- throughout 전 ~전체에 걸쳐서
- as a result 결과적으로
- throw away ~을 버리다, 없애다
- be aware of ~을 알다, 인지하다

[문제]
3 contain 동 포함하다, ~이 들어 있다 (= include)

단어 Review

정답과 해설 p.7

문맥 파악

A 다음 괄호 안에서 알맞은 단어를 고르세요.

1 The soap is very (gentle / popular) on the skin.

2 Plastic bags are (safe / harmful) for the environment.

3 The storm (lasted / finished) for three days in Jeju Island.

4 Here are some tips to (hurt / protect) your skin in summer.

유의어 찾기

B 다음 밑줄 친 단어와 비슷한 의미의 단어를 고르세요.

1 We moved the furniture to create more space.

① court ② tip ③ chance ④ room ⑤ crack

2 This drink doesn't contain any caffeine.

① turn ② include ③ wrinkle ④ mix ⑤ increase

문장 완성

C 다음 빈칸에 알맞은 단어를 〈보기〉에서 찾아 쓰세요.

보기

condition strength everywhere bookmark especially

1 She always uses a ______________ when she reads.

2 Fire is very dangerous, ______________ for young kids.

3 The ______________ of the roads is not good because of the rain.

4 I looked ______________ for my lost toy, but I couldn't find it.

A 1 soap 명 비누 2 plastic bag 비닐봉지 environment 명 환경 3 storm 명 폭풍 B 1 furniture 명 가구 2 any 형 아무것도[조금도] (~아니다) caffeine 명 카페인 C 3 because of 전 ~ 때문에

1일 1문장 Review

정답과 해설 p.7

문장 해석

A 다음 굵게 표시된 부분에 주의하여 문장을 해석해보세요.

1 I made sandwiches **to eat** / for a picnic / yesterday.

→ 나는 ______________________ 만들었다 / 소풍을 위해 / 어제.

2 Children under 8 **don't have to** pay / for the park entrance.

→ 8세 미만의 아이들은 ______________________ / 공원 입장을 위해.

3 The watermelon **was bought** / from the market.

→ 수박은 ______________________ / 시장에서.

배열 영작

B 다음 우리말과 의미가 같도록 주어진 어구들을 올바르게 배열하세요.

1 많은 건물들은 지진에 의해 파괴되었다. (buildings / destroyed / many / were)

→ ______________________ by the earthquake.

2 너는 우산을 가져갈 필요가 없어. 비가 오고 있지 않아. (don't / take / you / have to / an umbrella)

→ ______________________. It's not raining.

3 Alex는 함께 영화를 보러 갈 많은 친구들이 있다. (go / to / to the movies / friends / many)

→ Alex has ______________________ with.

조건 영작

C 다음 우리말과 의미가 같도록 주어진 단어를 사용하여 문장을 완성하세요.

1 그 방은 매일 청소되어 좋아 보였다. (clean, the room, be)

→ ______________________ daily so it looked nice.

2 그녀는 버스에서 읽을 책이 있다. (read, a book, have, to)

→ She ______________________ on the bus.

3 그는 그의 숙제를 오늘 끝낼 필요가 없다. (finish, his homework, have to)

→ He ______________________ today.

A 1 picnic 명 소풍 **2** pay 동 (돈을) 내다, 지불하다 entrance 명 입장, 등장; 입구 **B 1** destroy 동 파괴하다 earthquake 명 지진 **C 1** daily 부 매일, 날마다

DID YOU KNOW ...?

나폴레옹 대관식의 비밀을 아시나요?

Art

19세기 프랑스 화가인 자크 루이 다비드(Jacques-Louis David)가 그린 '나폴레옹 대관식'에는 실제 나폴레옹 대관식과는 다른 숨겨진 비밀이 있어요. 나폴레옹 대관식은 1806년 12월 2일에 거행되었는데, 당시에는 교황이 새로 즉위하는 황제에게 왕관을 씌워 주곤 했어요. 그러나, 나폴레옹은 대관식에서 교황 앞에 무릎을 꿇기 싫었던 나머지, 교황이 들고 있던 왕관을 뺏어 자신이 직접 머리에 썼다고 해요. 이 모습을 그림으로 남길 수 없었던 다비드는 나폴레옹이 자신의 아내인 조세핀에게 직접 왕관을 씌우는 모습으로 대체했어요. 또한, 나폴레옹의 형제들과 어머니는 나폴레옹과의 다툼에 저항하기 위해 즉위식에 참석하지 않았는데, 다비드는 그림에 그들의 모습을 남겨 황제의 권위를 세워주고자 했어요.

튤립은 원래 네덜란드에서 자라지 않았다고요?

History

오늘날 네덜란드는 튤립의 나라로 알려져 있어요. 하지만 사실 튤립은 1500년대에 들어서야 네덜란드에 유입되었어요. 중앙아시아와 튀르키예에서 자라던 이 꽃은 네덜란드의 한 식물학자가 가져와 기르기 시작했어요. 그 독특한 모양과 화려한 색 덕분에 튤립은 금방 네덜란드인들의 마음을 사로잡았죠. 그 당시에는 튤립이 구하기 힘들어 부자들이 부를 과시하기 위해 튤립을 사들였어요. 이에 튤립의 가격이 엄청나게 올라, 1637년에는 튤립 한 송이의 가격이 무려 집 한 채 가격까지 오르기도 했어요! 이 엄청난 열풍으로 튤립은 네덜란드 곳곳에 퍼졌고, 국가의 상징으로 자리 잡았어요.

Reading 04

여름철엔 이곳으로! 모기가 없어요

Reading 05

셀피 찍으려다 큰일 날라!

Reading 06

아이디어를 얻고 싶다면 이것을 해봐

04

Nature

단어 수 137 130 140 150

Do you know the most dangerous animal in the world? It's the mosquito. Mosquitoes are insects that can spread diseases, like *malaria. They kill about 725,000 people per year. But people in Iceland don't have to worry about them! Mosquitoes can't survive there.

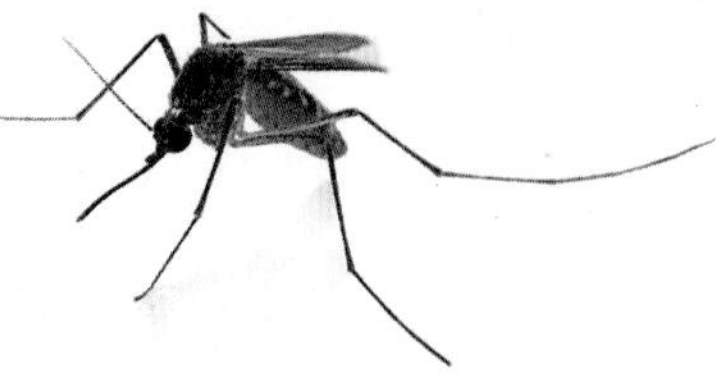

Scientists think that this is because Iceland is too cold for mosquitoes. However, mosquitoes can ____(A)____ be found in other cold countries, like Greenland and Norway. What is the difference between those countries and Iceland? In other countries, mosquitoes can ____(B)____ under the ice in the winter and come out during the summer. ✎ However, for mosquitoes, the temperature in Iceland changes **too** quickly **to hide** from the cold.

If you want to escape from mosquitoes in summer, why don't you visit Iceland? You can enjoy the beautiful nature and won't get any mosquito bites.

*malaria 말라리아 ((모기를 매개로 하여 전파되는 전염병))

1일 1문장 ✎

However, / for mosquitoes, / the temperature in Iceland(주어) changes(동사) **too** *quickly*(수식어) / **to hide** from the cold.

해석 TIP to부정사 앞에 「too+형용사/부사」가 오면 '**너무 ~해서 …할 수 없는**'이라고 해석해요.

✔ **해석** 하지만, 모기들에게, 아이슬란드의 기온은 너무 빨리 변해서 추위로부터 숨을 수 없어요.

#to부정사 표현 #too+형용사/부사+to부정사

중심 생각

1 **글의 주제로 가장 알맞은 것은?**

① why Iceland is a good place for mosquitoes
② Iceland's temperature change stops mosquitoes
③ scientific facts on how to avoid mosquito bites
④ differences between Iceland and other countries
⑤ Iceland as a popular place to visit in the summer

빈칸 완성

2 **글의 빈칸 (A), (B)에 들어갈 말로 가장 알맞은 것은?**

	(A)		(B)		(A)		(B)
①	easily	…	show	②	easily	…	cover
③	closely	…	cover	④	easily	…	hide
⑤	closely	…	hide				

세부 내용

3 **글의 내용과 일치하면 T, 그렇지 않으면 F를 쓰세요.**

(1) ________ 매년 약 72만 5천 명의 사람들이 말라리아로 사망한다.
(2) ________ 과학자들은 그린란드가 모기에게 너무 춥다고 생각한다.

지칭 파악

4 **밑줄 친 this가 의미하는 것을 우리말로 쓰세요.**

____

1일 1문장

5 **다음 굵게 표시된 부분에 주의하여 문장의 해석을 완성하세요.**

She was **too** young / **to watch** that movie.

→ 그녀는 ____.

Words

- mosquito 명 모기
- insect 명 곤충
- spread 동 퍼트리다; 펼치다
- disease 명 병, 질병
- per 전 ~마다
- survive 동 살아남다
- cold 형 추운, 차가운
  명 (the cold) 추위
- difference 명 차이, 다름
- come out (밖으로) 나오다
- temperature 명 기온, 온도
- hide 동 숨다; 감추다
- escape 동 도망치다, 탈출하다
- bite 명 물린 상처; 한 입

[문제]
1 scientific 형 과학적인, 과학의
  avoid 동 피하다
2 cover 동 덮다, 가리다
  closely 부 주의 깊게, 면밀하게

05

Society

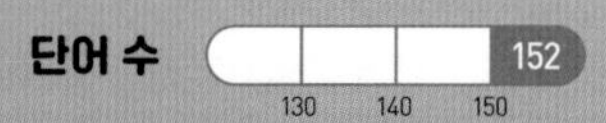

단어 수 152

Some people get too close to wild animals for *selfies. Signs for safety are everywhere, but they are often ignored. This can put people in serious danger. Even if the animals seem friendly, they could attack selfie-takers at any moment.

We often see wild animals in places like zoos, so the animals seem less real and dangerous. (①) People could think that getting closer to them is ok. (②) Posting selfies with dangerous animals can get lots of ***Likes* and comments. (③) This **makes** people **take** bigger risks, such as entering animals' space! (④) It's very dangerous because some people were actually attacked or killed by animals. (⑤)

Getting too close to animals also puts them in danger because they might be killed to protect people. So, never get too close to animals for selfies. A selfie is never more ____________ than our lives or the lives of wild animals.

*selfie 셀피 ((스마트폰 등으로 찍은 자신의 사진))
**Like 좋아요 ((SNS에서 타인이 쓴 글에 공감을 나타내는 행위))

1일 1문장

This **makes** people **take** bigger risks, / such as entering animals' space!
(This: 주어 / makes: 동사 / people: A / take: 동사원형)

해석 TIP 동사 make 뒤에 「A(목적어)+동사원형」이 오면, '**A가 ~하게 하다[만들다]**'라고 해석해요.

해석 이것은 사람들이 동물들의 공간에 들어가는 것과 같은 더 큰 위험을 무릅쓰게 한다!

#문장의 구조 #주+동+목+보(동사원형)

내용 요약

1 **이 글을 한 문장으로 요약할 때, 빈칸에 알맞은 말을 본문에서 찾아 쓰세요.**

Getting too close to wild animals for ⓐ ____________ can be ⓑ ____________ for both people and animals.

글의 흐름

2 **다음 문장이 들어갈 위치로 가장 알맞은 곳은?**

Social media also plays a big role.

① ② ③ ④ ⑤

빈칸 완성

3 **글의 빈칸에 들어갈 말로 가장 알맞은 것은?**

① honest ② terrible ③ simple
④ exciting ⑤ important

내용 요약

4 **글의 내용과 일치하도록 빈칸에 알맞은 말을 본문에서 찾아 쓰세요.**

Why People Take Risks for Selfies

- They see the wild animals as ⓐ ____________ real and dangerous.
- They want to get more attention by ⓑ ____________ selfies with dangerous animals on social media.

1일 1문장

5 **다음 굵게 표시된 부분에 주의하여 문장의 해석을 완성하세요.**

Green plants around you / **can make** you **feel** good.

→ 당신 주변의 녹색 식물들은 / ______________________________.

Words

- wild animal 야생 동물
- sign 명 표지(판), 간판
- safety 명 안전
- ignore 동 무시하다
- put A in danger A를 위험에 빠뜨리다
- serious 형 심각한; 진지한
- seem 동 ~인 것 같다, ~처럼 보이다
- friendly 형 친절한, 우호적인
- attack 동 공격하다
- at any moment 언제라도
- real 형 현실적인, 진짜의 (= actual)
- post 동 (글, 사진을) 올리다, 게시하다
- comment 명 댓글; 비평, 의견
- take a risk 위험을 감수하다[무릅쓰다]
- such as ~와 같은[예를 들어]

[문제]
2 social media 소셜 미디어
play a role 역할을 하다
4 see A as B A를 B로 여기다[간주하다]
attention 명 관심; (주의) 집중

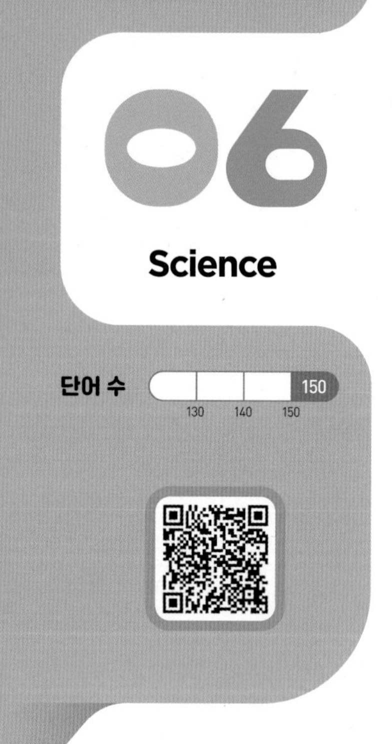

A good shower can relax **not only** your body **but also** your mind. It can help you think more clearly and have creative ideas. Some of our best ideas don't just happen at work or school. They can happen when we're doing everyday things like taking a shower. Scientists call this the "shower effect," and research shows that it can also occur ______________.

In a study, about 200 writers and scientists recorded their most creative ideas every day. Most of the time, they got ideas at work. But 20% of their best ideas came while they were doing something else like washing dishes!

How does this work? (A) This way, you can come up with creative ideas without trying! (B) Those activities take some of your attention, but not all of it. (C) Then, your mind starts to wander, and you might start dreaming and wondering about all kinds of things.

1일 1문장

A good shower (주어) / can relax (동사) / **not only** your body (목적어1) / **but also** your mind (목적어2).

also는 생략할 수 있어요.

해석 TIP 「not only A but (also) B」는 '**A뿐만 아니라 B도**'라고 해석해요. A와 B에는 '명사-명사' 또는 '형용사-형용사' 등과 같이 문법적으로 성격이 같은 어구가 쓰여요.

해석 좋은 샤워는 당신의 몸뿐만 아니라 당신의 마음도 편안하게 할 수 있다.

#접속사 표현 #not only A but also B

1 What is the passage mainly about?

① how to use the shower effect
② how taking a shower helps us relax
③ the importance of creative thinking
④ what stops our minds from wandering
⑤ how the shower effect helps make great ideas

2 What is the best choice for the blank?

① during sleep　② in the brain
③ in the classroom　④ outside the shower
⑤ during a meeting

3 What is the best order of the sentences (A)~(C)?

① (A)-(B)-(C)　② (B)-(A)-(C)
③ (B)-(C)-(A)　④ (C)-(A)-(B)
⑤ (C)-(B)-(A)

4 Fill in the blanks with the words from the passage.

When you're in the shower, it doesn't take all of your ⓐ ____________. Your mind starts to wander and this allows you to think of ⓑ ____________ ideas.

5 Fill in the blank with the Korean translation.

He can speak **not only** English **but also** French.

→ 그는 ______________________________________ 할 줄 안다.

Words

- relax 동 편하게 하다; 휴식을 취하다
- clearly 부 분명하게
- creative 형 창의적인, 창조적인
- happen 동 일어나다, 발생하다 (= occur)
- everyday 형 일상적인, 매일의
- take a shower 샤워하다
  cf. shower 명 샤워; 샤워실, 샤워장
- effect 명 영향, 효과
- research 명 조사, 연구
- record 동 기록하다; 녹음하다
- while 접 ~하는 동안
- else 부 또 다른, 그 밖의 다른
- come up with ~을 생각해 내다
- activity 명 활동
- attention 명 주의, 주목
- wander 동 (생각이) 다른 데로 팔리다[흐르다]; 돌아다니다
- wonder 동 궁금해하다
- kind of ~의 종류[유형]

[문제]
1 importance 명 중요성
  stop A from v-ing A가 ~하지 못하게 막다

Review

정답과 해설 p.14

영영 뜻 파악

A 다음 단어에 해당하는 알맞은 의미를 찾아 연결하세요.

1 wonder •
2 record •
3 avoid •

• ⓐ to stay away from someone or something
• ⓑ to write something so you can look at it later
• ⓒ to have an interest in knowing something

문장 완성

B 빈칸에 알맞은 단어를 〈보기〉에서 찾아 쓰세요.

보기				
spread	hide	difference	research	seem

1 Sports made a big ______________ in his life.

2 We used the internet for our ______________.

3 The virus ______________ the disease around the world.

4 Rabbits tend to ______________ if they're feeling afraid.

문장 완성

C 다음 우리말과 일치하도록 빈칸에 알맞은 표현을 써보세요.

1 그는 높은 산에 오를 때 위험을 감수한다.

→ He ______________ ______________ ______________ when he climbs high mountains.

2 여러분은 자신만의 케이크 레시피를 생각해 낼 수 있어요.

→ You can ______________ ______________ ______________ your own recipes for a cake.

3 시끄러운 소음이 그녀가 잠을 잘 못 자게 막았다.

→ The loud noise ______________ her ______________ ______________ well.

A ⓐ stay away from ~에서 떨어져 있다 ⓒ interest 명 흥미, 관심 **B 3** virus 명 바이러스 **4** tend to-v ~하는 경향이 있다
C 2 recipe 명 조리[요리]법, 레시피

1일 1문장 Review

정답과 해설 p.14

문장 해석

A 다음 굵게 표시된 부분에 주의하여 문장을 해석해보세요.

1 This shirt is **not only** warm, **but also** soft.

→ 이 셔츠는 ______________________________.

2 It was **too** cold **to go** for a walk / last night.

→ ______________________________ / 어젯밤에.

3 My alarm **makes** me **get up** / early in the morning.

→ 내 알람은 ______________________________ / 아침 일찍.

배열 영작

B 다음 우리말과 의미가 같도록 주어진 어구들을 올바르게 배열하세요.

1 우리 선생님은 오늘 우리가 더 일찍 집으로 돌아가게 했다. (us / made / go back / home)

→ Our teacher ______________________________ earlier today.

2 그는 너무 피곤해서 주말에 외출을 할 수 없었다. (go out / to / too / tired)

→ He was ______________________________ on the weekend.

3 그 책은 재미있을 뿐만 아니라 감동적이었다. (funny / touching / but also / not only)

→ The book was ______________________________.

조건 영작

C 다음 우리말과 의미가 같도록 주어진 단어를 사용하여 문장을 완성하세요.

1 나는 점심뿐만 아니라 저녁도 걸렀다. (dinner, lunch, but)

→ I skipped not only ______________________________.

2 내 여동생은 너무 어려서 롤러코스터를 탈 수 없었다. (ride, young, the roller coaster)

→ My younger sister was too ______________________________.

3 Tommy는 내가 슬플 때 나를 웃게 한다. (make, laugh)

→ Tommy ______________________________ when I'm sad.

A 2 go for a walk 산책하러 가다 **B 3** touching 형 감동적인 **C 1** skip 동 빼먹다, 거르다

TRUTHS & WONDERS

Nature

코코넛으로 해안가를 보호해요

“이 방파제는 친환경적이에요!”

여러분은 해안가에 콘크리트로 만들어진 방파제가 놓인 것을 본 적이 있을 거예요. 이 방파제들은 해안선이 파도로 인해 침식되는 것을 막아주는 역할을 해요. 최근 들어, 일부 국가들은 콘크리트 대신 코코넛으로 방파제를 만들기 시작했어요! 코코넛은 시멘트보다 저렴하고 구하기 쉽기 때문에 특히 개발도상국에서 코코넛 방파제를 많이 사용하고 있어요. 또한, 코코넛이 환경친화적이고 주변 생물들의 번식을 돕기 때문에 선진국에서도 코코넛 방파제를 많이 도입하고 있어요. 하지만, 파도가 거센 지역은 코코넛 방파제가 오래 버티지 못하고 망가져 이를 도입하기 힘들 수 있대요.

Society

동물원을 운영하려면 허가를 받아야 해요

“동물들에게 더 행복한 공간을 제공해요.”

한국의 동물원 법이 크게 바뀌었어요. 예전에는 동물원을 운영하는 데 법적으로 크게 어렵지 않았어요. 동물 종, 개체 수, 그리고 사육장 크기와 같은 일정 조건을 충족해 관공서에 동물원이나 수족관으로 등록하면, 상대적으로 쉽게 운영할 수 있었거든요. 하지만 ‘동물원 허가제’로 바뀌면서, 전문 검사관의 평가를 통과하지 않으면 동물원을 운영하기 어려워졌어요. 이는 동물들의 복지를 위해서예요. 예전에는 동물원이 어떻게 운영되는지 전문적으로 검사를 하는 사람이 없었기 때문에, 동물들이 방치되거나 죽는 일이 많았어요. 하지만, 이제 바뀐 법 아래에서는 동물들이 더 행복한 공간에서 우리와 마주할 수 있을 거예요.

Unit 03

Reading 07

요세미티 국립공원으로 오세요!

Reading 08

티백에 숨겨진 비밀

Reading 09

미세플라스틱을 먹고 있다고요?

Yosemite National Park's Firefall

Don't miss out on the amazing "Firefall" at Yosemite National Park in California! During the Firefall, the Sun's glow turns the waterfall into something that looks like fire. In February, the Horsetail Fall turns into this beautiful Firefall, **creating** a burning orange glow. But, this burning orange glow only lasts for a few minutes before sunset. So, you need to be in the right spot at the right time to fully enjoy this. Here are some more requirements and details to think about:

- Snowfall: There must be enough snow.
- Temperature: The weather should be warm enough to melt the snow.
- Sky conditions: Clear and cloudless skies are necessary.
- Sun angle: The Sun has to hit the waterfall at the right angle.

When

- During the last two weeks of February
- 5 to 15 minutes before sunset

Requirements

- Make a reservation for entrance to the park.

1일 1문장

In February, / the Horsetail Fall(주어) turns into(동사) this beautiful Firefall(목적어), / **creating**(동′) a burning orange glow(목′).

해석 TIP 문장 뒤에 콤마(,)로 현재분사(v-ing)가 이끄는 어구가 이어질 때, '**~하면서[~한 채]**'로 해석할 수 있어요. 분사구문은 두 개의 동작이 동시에 일어나는 상황을 나타낼 때 자주 쓰여요.

해석 2월에, Horsetail 폭포는 타오르는 주황색 불빛을 만들어 내면서 이러한 아름다운 Firefall로 변해요.

#분사 #분사구문

중심 생각

1 글의 목적으로 가장 알맞은 것은?

① To advertise the waterfalls tour
② To explain how to camp at Yosemite
③ To provide information about Yosemite
④ To explain how to see Yosemite's Firefall
⑤ To explain the science behind waterfalls

세부 내용

2 요세미티 국립공원의 Firefall에 관한 글의 내용과 일치하지 않는 것은?

① 태양빛 때문에 불처럼 보이기도 한다.
② 일몰 전 몇 분 동안만 지속된다.
③ 태양이 폭포에 적절한 각도로 닿아야 한다.
④ 2월 내내 관광객들로 붐빈다.
⑤ 관람 전에 예약이 필요하다.

빈칸 완성

3 다음은 요세미티 국립공원 직원과의 전화 통화 내용이다. 이 글의 내용을 바탕으로 빈칸에 알맞은 말을 본문에서 찾아 쓰세요.

A: Hello. This is Yosemite National Park. How may I help?
B: I'd like to make a ⓐ ____________ to see the Firefall.
Is February 8th available?
A: No, I'm sorry. You can only see it in the last ⓑ ____________ ____________ of February.

1일 1문장

4 다음 굵게 표시된 부분에 주의하여 문장의 해석을 완성하세요.

She looked out the window, / **pointing** to the rainbow.

→ 그녀는 창밖을 내다보았다, / ________________________.

Words

- **national park** 국립공원
- **miss out** ~을 놓치다
- **glow** 명 (은은한) 불빛
- **turn A into B** A를 B로 변화시키다[바꾸다]
- **waterfall** 명 폭포 (= fall)
- **last** 동 (특정 시간 동안) 계속되다
- **sunset** 명 해 질 녘, 일몰
- **spot** 명 장소; 점, 얼룩
- **fully** 부 완전히, 충분히 (= completely)
- **requirement** 명 필요조건
- **detail** 명 세부 사항
- **snowfall** 명 강설(량)
- **temperature** 명 기온, 온도
- **melt** 동 녹다, 녹이다
- **condition** 명 상태, 상황
- **clear** 형 (날씨가) 맑은; 분명한
- **cloudless** 형 맑은, 구름 한 점 없는
- **necessary** 형 필요한, 필수의
- **angle** 명 각도
- **make a reservation** 예약하다
- **entrance** 명 입장, 등장

[문제]
1 **advertise** 동 광고하다
tour 명 여행, 관광
explain 동 설명하다
provide 동 제공하다
information 명 정보
4 **point** 동 가리키다

Thomas Sullivan was a famous tea trader in New York. One of the keys to his success was sending his customers new tea samples.

However, he faced a problem: The tins that he used to send samples became too expensive. He needed a cheaper solution. Thomas didn't want to disappoint his customers by not sending the samples anymore. Then, he had a great idea! In 1908, he decided to use silk bags for tea samples, instead of tins. These bags were cheaper, and also looked fancy.

Interestingly, **what happened next** accidentally led to the invention of tea bags! Thomas thought people would take the tea leaves out of the silk bags and make tea with an *infuser. But instead, some customers put the whole silk bag in boiling water. They found this more convenient, and the tea still tasted great. Soon, these tea bags became very popular.

***infuser** 인퓨저 ((차 등을 우려내는 기구))

1일 1문장

Interestingly, / what happened next // accidentally led to the invention of tea bags!
(what happened next: 주어 / led to: 동사 / the invention of tea bags: 목적어)

해석 TIP 관계대명사 what이 이끄는 절은 명사처럼 쓰여 문장의 주어, 목적어, 보어 역할을 하며, **'~하는 것(들)'**로 해석해요. 관계대명사절 안에서 what이 주어 역할까지 하는 경우, what 바로 뒤에 동사(happened)가 이어져요.

해석 흥미롭게도, 다음에 일어난 일은 우연히 티백의 발명으로 이어졌다!

#관계대명사 #what

중심 생각

1 **글의 제목으로 가장 알맞은 것은?**

① How Thomas Sullivan Became Famous
② The Most Popular Drink of the 1900s
③ How People Enjoyed Tea in New York
④ How Tea Bags Were Accidentally Invented
⑤ The Problems with Infusers for Making Tea

세부 내용

2 **Thomas Sullivan에 관한 글의 내용과 일치하면 T, 그렇지 않으면 F를 쓰세요.**

(1) ________ 그의 성공 비결 중 하나는 고객들에게 차 샘플을 보내는 것이었다.

(2) ________ 그는 고객들에게 실크 주머니에서 찻잎을 꺼내 사용하도록 안내해 주었다.

내용 요약

3 **글의 내용과 일치하도록 빈칸에 알맞은 말을 본문에서 찾아 쓰세요.**

Thomas sent his customers tea samples in ⓐ ______________ ______________, instead of expensive tins.

↓

When some of his customers made tea, they didn't use an infuser. They put the ⓑ ______________ silk bag in boiling water.

↓

Making tea with silk bags was more ⓒ ______________, and these tea bags became popular.

1일 1문장

4 **다음 굵게 표시된 부분에 주의하여 문장의 해석을 완성하세요.**

What keeps me warm // is this jacket.

→ ____ // 이 재킷이다.

Knowledge+

티백의 다양한 모양들

티백은 우리가 흔히 아는 꼬리표 모양 외에도 피라미드형, 원형 등 다양한 형태가 있다. 하지만 이 형태들이 차 맛에 영향을 끼친다는 것을 알고 있는가? 모양마다 장단점이 있는데, 납작한 티백은 제조가 간단하고 보관이 용이하지만 뜨거운 물 아래 찻잎이 완전히 확장하지 못해 본연의 맛을 다 내지 못한다는 단점이 있다. 한편, 피라미드형 티백은 물이 잘 통하므로 납작한 티백과 비교 시 찻잎의 맛이 더 잘 우러나지만 제조 비용이 높다는 단점이 있다.

Words

- trader 명 상인, 거래자
- key to success 성공 비결
- sample 명 샘플, 견본품
- face 동 직면하다, 맞닥뜨리다
- tin 명 (양철)통
- expensive 형 비싼 (↔ cheap 값싼)
- solution 명 해결책, 해법
- disappoint 동 실망시키다
- silk 명 비단, 실크
- instead of 전 ~ 대신에
- fancy 형 멋진, 화려한
- interestingly 부 흥미롭게도
- accidentally 부 우연히
- lead to (결과적으로) ~에 이르다, ~로 이어지다 (lead-led-led)
- invention 명 발명; 발명품
  cf. invent 동 발명하다
- whole 형 전체의, 전부의
- boil 동 끓다, 끓이다
- convenient 형 편리한, 간편한
- soon 부 곧, 머지않아

*Microplastics are very small pieces of plastic from larger plastics that break down over time. Surprisingly, the microplastics we eat in a week add up to about the size of a plastic card!

Microplastics are found in almost everything we eat and drink. Clothes we wear are the biggest source, making up about 35% of the microplastic pollution. When we make, wash, wear, or dry clothes, they release little **fibers that can travel very far. They can even make people have trouble breathing and damage their lungs. Now, you might wonder **how to keep** yourself safe from microplastics. Here are some tips:

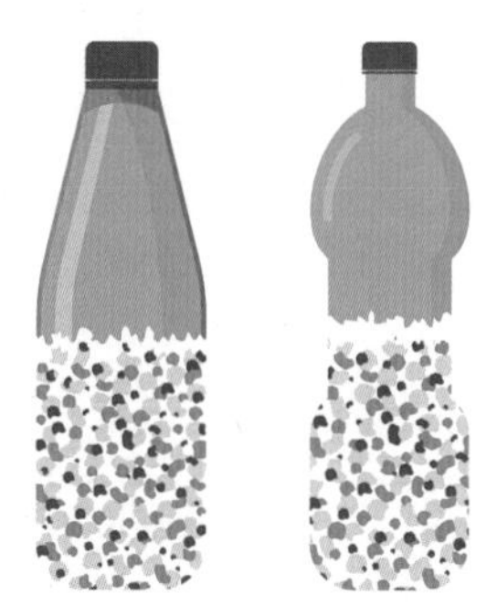

- Choose clothes and items made from eco-friendly materials.
- Clean your home often and let fresh air in to remove plastic fibers.
- Wash your clothes at a lower temperature and for a shorter time to reduce fibers.

If you do these things, you can keep some microplastics away from yourself. This will keep you healthy and help the environment too.

*microplastic 미세플라스틱
**fiber 섬유 (조직)

1일 1문장

Now, / you might wonder / **how to keep** yourself safe / from microplastics.
(you: 주어, might wonder: 동사, how to keep yourself safe from microplastics: 목적어)

해석 TIP 「how+to부정사」는 **'어떻게 ~해야 할지, ~하는 방법'**이라는 뜻으로, 문장에서 주로 목적어나 직접목적어 자리에 쓰여요.

해석 이제, 당신은 미세플라스틱으로부터 스스로를 안전하게 지키는 방법이 궁금할지도 모른다.

#to부정사 #의문사+to부정사

중심 생각

1 글의 주제로 가장 알맞은 것은?

① why microplastics are more dangerous
② many kinds of tiny plastics in our lives
③ how larger plastics become microplastics
④ why our clothes easily release microplastics
⑤ understanding microplastics and how to avoid them

세부 내용

2 글의 내용과 일치하지 않는 것은?

① 거의 모든 음식에서 미세플라스틱이 발견된다.
② 옷은 미세플라스틱 오염의 약 35%를 차지한다.
③ 옷에서 배출되는 섬유는 매우 멀리 이동할 수 있다.
④ 옷에서 나오는 작은 섬유는 폐를 손상시킬 수 있다.
⑤ 높은 온도에서 짧은 시간 동안 세탁하면 미세플라스틱 오염을 줄일 수 있다.

내용 요약

3 글의 내용과 일치하도록 빈칸에 알맞은 말을 본문에서 찾아 쓰세요.

Our clothes can be harmful because they ⓐ ____________ microplastics. By following some tips, we can ⓑ ____________ ourselves safe from the possible dangers of microplastics.

1일 1문장

4 다음 굵게 표시된 부분에 주의하여 문장의 해석을 완성하세요.

My cousin learned / **how to play** the guitar / online.

→ 내 사촌은 배웠다 / ______________________ / 온라인에서.

Words

- piece 명 조각
- break down 분해되다
- add up to 합계[총] ~이 되다
- plastic card 신용카드 (= credit card)
- source 명 원천, 근원
- make up ~을 이루다, 구성하다
- pollution 명 오염, 공해
- release 동 방출하다, 내뿜다
- have trouble v-ing ~하는 데 어려움을 겪다
- breathe 동 숨 쉬다, 호흡하다
- damage 동 손상을 주다 (= hurt)
- lung 명 폐
- wonder 동 궁금해하다
- tip 명 (실용적인) 조언
- item 명 물품, 항목
- eco-friendly 형 친환경적인
- material 명 재료, 물질
- remove 동 제거하다, 없애다
- reduce 동 줄이다, 축소하다
- keep away from ~을 멀리하다

Review

정답과 해설 p.21

영영 뜻 파악

A 다음 단어에 해당하는 알맞은 의미를 찾아 연결하세요.

1 explain •　　• ⓐ to make something clear to understand

2 remove •　　• ⓑ to move air into and out of your lungs

3 breathe •　　• ⓒ to take something away from a place

문장 완성

B 다음 빈칸에 알맞은 단어를 〈보기〉에서 찾아 쓰세요.

보기				
temperature	material	provide	damage	detail

1 We need ______________ like paper for our art class.

2 Libraries ______________ books that we can read and enjoy.

3 The ______________ of the pool water is perfect for swimming.

4 Be careful not to ______________ the vase when you move it.

문장 완성

C 다음 우리말과 일치하도록 빈칸에 알맞은 표현을 써보세요.

1 나는 안경 없이는 책을 읽는 데 어려움이 있다.
→ I ______________ ______________ ______________ books without my glasses.

2 건강을 유지하려면 설탕을 멀리하세요.
→ To maintain your health, ______________ ______________ ______________ sugar.

3 우리의 현장학습을 위해 선생님께서는 투어 버스를 예약해 주셨다.
→ For our field trip, the teacher ______________ ______________ ______________ for the tour bus.

B 4 vase 명 꽃병　**C** 2 maintain 동 유지하다　3 field trip 현장 학습

Review

정답과 해설 p.21

문장 해석

A 다음 굵게 표시된 부분에 주의하여 문장을 해석해보세요.

1 **What** makes her look beautiful // is her smile.

→ ______________________________ // 그녀의 미소이다.

2 My mom taught me / **how to cook** spaghetti.

→ 나의 엄마는 나에게 가르쳐 주셨다 / ______________________________.

3 She walked along the street, / **talking** on the phone.

→ ______________________________, / 그녀는 길을 따라 걸었다.

배열 영작

B 다음 우리말과 의미가 같도록 주어진 어구들을 올바르게 배열하세요.

1 모바일 게임을 하면서, 그는 그의 친구를 기다렸다. (waited for / playing / his friend)

→ He ______________________________, ______________ a mobile game.

2 아이들이 무서워하는 것은 어둠이다. (scares / what / the children)

→ ______________________________ is the dark.

3 나의 남동생은 수영하는 방법을 모른다. (to / know / swim / doesn't / how)

→ My brother ______________________________.

조건 영작

C 다음 우리말과 의미가 같도록 주어진 단어를 사용하여 문장을 완성하세요.

1 그녀를 흥분시키는 것은 다가올 방학이다. (excite, what, be)

→ ______________________________ the upcoming vacation.

2 James는 그의 삼촌으로부터 그 컴퓨터를 고치는 방법을 배웠다. (the computer, how, fix, to)

→ James learned ______________________________ from his uncle.

3 음악을 들으면서, 그는 샤워를 하고 있다. (listen to, music)

→ He is taking a shower, ______________________________.

B 1 mobile game 모바일 게임, 휴대전화 게임 **2** scare 동 ~에게 겁을 주다 **C 1** excite 동 흥분시키다 upcoming 형 곧 있을, 다가오는

Places

Quiz #1

Q1 1840년대에 캘리포니아주에서 금이 발견되어 ☐☐ 러시가 일어났고, 이로 인해 '황금의 주'라는 별명을 얻었어요.

Q2 캘리포니아주는 세계에서 가장 ☐☐☐를 많이 생산하는 곳으로, 전 세계 공급량의 약 80%를 차지하고 있어요.

Q3 캘리포니아주는 바다와 접해있어, 많은 사람이 주(州)를 대표하는 운동인 ☐☐을 해요.

Environment

Quiz #2

Q4 플라스틱 용기, 통조림 캔, 헤어 스프레이 등에 들어 있는 유해한 화학 물질로, 우리 몸에서 정상적인 호르몬이 만들어지는 것을 방해하는 이것은 무엇일까요?

ㅎ ㄱ ㅎ ㄹ ㅁ

Inventions

Quiz #3

Q5 '세계의 발명왕'인 에디슨은 1,000개가 넘는 개수의 특허를 보유하고 있어요. ······ O X

Q6 감자칩은 1800년대 중반에 감자튀김이 너무 두껍다는 손님의 요구에 화가 난 뉴욕의 한 셰프가 발명했어요. ······ O X

Q7 미국의 유명한 발명가인 벤자민 프랭클린은 11살에 수영용 오리발을 발명했어요. ······ O X

정답 **Q1** 골드 **Q2** 아몬드 **Q3** 서핑 **Q4** 환경호르몬 **Q5** ○ **Q6** ○ **Q7** ○

Unit
04

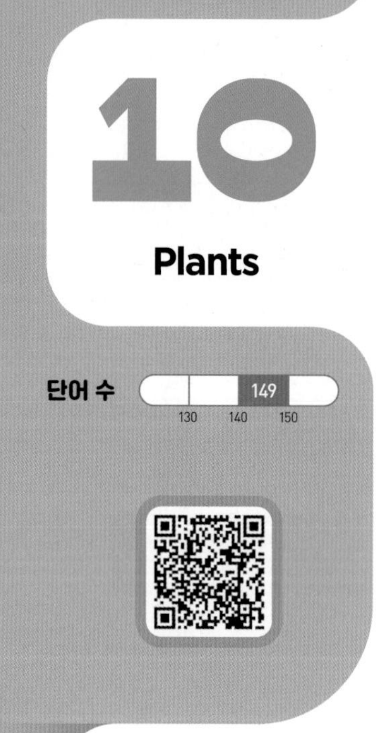

Have you ever heard of "*glacier mice"? They are not real mice, but rather small balls of moss that grow on glaciers. These moss balls can be found on glaciers in places like Iceland and Alaska.

Scientists were surprised to learn that the moss balls move across the ice. They wanted to know **what** makes them move, and it turns out that they move because of the sun. In summer, when the sun melts the glacier around them, they move about 2.5 centimeters per day. Scientists also found that the moss balls can survive on glaciers for six years or more.

But the researchers noticed something strange about the movement. The moss balls moved together, and even changed direction together, like a **herd of animals! Scientists are still trying to find out why they move this way, but haven't found a clear answer yet. It's a mousy mossy mystery.

*glacier 빙하
**herd 동물의 떼, 무리

1일 1문장

They wanted to know // **what** makes them move, ~ .
주어 / 동사 / 목적어
간접의문문은 to부정사의 목적어 역할도 할 수 있어요.

해석 TIP 「what(주어)+동사 ~」가 동사의 목적어 자리에 오면 '**무엇이 ~인지(를)**'이라고 해석해요.
여기서 의문사 what은 주어 역할을 하며, 의문사가 주어일 때는 바로 뒤에 동사(makes)가 와요.

해석 그들은 무엇이 그것들을 움직이게 만드는지 알고 싶었다. ~.

#접속사 #간접의문문 #what

정답과 해설 p.22

중심 생각

1 글의 주제로 가장 알맞은 것은?

① what moss balls are made of
② why glacier mice don't move alone
③ how moss balls can grow on glaciers
④ the mysterious movement of glaciers
⑤ how moss balls live and move on glaciers

세부 내용

2 글을 읽고 대답할 수 없는 질문은?

① Where can you find glacier mice?
② What makes the moss balls move across the ice?
③ How much do glacier mice grow per day?
④ How long can the moss balls live on glaciers?
⑤ What is strange about the movement of the moss balls?

밑줄 추론

3 글의 밑줄 친 a mousy mossy mystery가 의미하는 것은?

① 빙하 쥐라는 이름이 붙여진 배경
② 빙하 쥐가 오랜 시간 살아남는 이유
③ 빙하 쥐가 얼음을 가로지르는 방법
④ 빙하 쥐가 무리 지어 움직이는 이유
⑤ 빙하 쥐가 얼음에서 섭취하는 영양분

1일 1문장

4 다음 굵게 표시된 부분에 주의하여 문장의 해석을 완성하세요.

I couldn't know // **what** made her upset.

→ 나는 알 수 없었다 // ______________________.

Knowledge +

빙하 개척자들!

빙하 지역은 아주 낮은 온도와 강한 바람, 그리고 적은 영양분 때문에 식물이 자라기 어렵다. 하지만, 이 황폐한 땅을 개척하는 식물이 있는데, 바로 이끼와 녹조류다. 이들은 이 극악의 조건에도 불구하고 얼음 표면 위나 느러난 바위 위에 자리 잡아 생존할 수 있으며 다른 식물이 자리 잡을 수 있도록 환경을 다듬어 준다고 한다.

Words

- mice 명 mouse(쥐)의 복수형
  cf. mousy 형 쥐를 닮은
- not A but B A가 아니라 B
- real 형 진짜의, 실제의 (= actual)
- rather 부 오히려, 차라리
- moss 명 이끼
  cf. mossy 형 이끼로 뒤덮인
- learn 동 ~을 알게 되다 (= discover); 배우다
- it turns out that ~인 것으로 밝혀지다
- melt 동 녹이다, 녹다
- per 전 ~마다
- survive 동 살아남다, 생존하다
- researcher 명 연구원
- notice 동 알아차리다, 주목하다
- movement 명 움직임
- direction 명 방향; 안내
- still 부 아직, 여전히
- find out 알아내다, 알게 되다
- yet 부 (부정문에서) 아직
- mystery 명 미스터리, 수수께끼
  cf. mysterious 형 수수께끼 같은, 기이한

Body & Health

단어 수 139

130 140 150

Sophie and Megan are twin sisters from Scotland. In 2017, Sophie got a rare type of *kidney cancer. Megan has never had this sickness before, but surprisingly, she has the (A) [same / different] feelings as Sophie! Megan has stomach pain, back pain, and has lost weight just like her sister. The doctors did many tests on Megan, but they found nothing (B) [right / wrong] with her. **It's strange that these twins feel sick at the same time when only one of them is really sick.**

How do we explain this? It looks like Megan is experiencing "**sympathy pain." Sometimes, people can feel the same pain as others, even if they aren't hurt. This can happen when close friends or family have a (C) [pleasant / hard] time. We don't know why this pain happens. But, it seems clear that Megan and Sophie have ________________________.

*kidney 신장, 콩팥

**sympathy 공감 ((상대방의 상황 또는 기분을 비슷하게 경험하는 심적 현상))

1일 1문장

It's strange // that these twins feel sick at the same time ~.

가주어 동사 보어 진주어

it은 가짜 주어이므로 '그것'으로 해석하지 않도록 주의해야 해요.

해석 TIP that절이 주어 역할을 할 때는 가주어 It을 맨 앞에 써서, 「It(가주어) ~ that+주어+동사 …」 형태로 나타내요. '**…하다는 것은 ~하다**'라고 해석하며, It(가주어) 뒤에 오는 보어 자리에는 strange, true, interesting 등과 같은 형용사가 잘 쓰여요.

해석 ~, 이 쌍둥이들이 동시에 아픔을 느낀다는 것은 이상하다.

#접속사 #명사절 that #주어

중심 생각

1 글의 제목으로 가장 알맞은 것은?

① Two Sick Twin Sisters' Story
② The Reason behind Sympathy Pain
③ Why Twins Suffer from Fake Sickness
④ How Doctors Helped Two Twin Sisters
⑤ Twins' Mysterious Shared Pain Experience

빈칸 완성

2 글의 빈칸 (A), (B), (C)에 들어갈 말로 가장 알맞은 것은?

	(A)		(B)		(C)
①	same	…	right	…	hard
②	same	…	wrong	…	pleasant
③	same	…	wrong	…	hard
④	different	…	wrong	…	pleasant
⑤	different	…	right	…	hard

세부 내용

3 글의 내용과 일치하면 T, 그렇지 않으면 F를 쓰세요.

(1) ________ Megan은 과거에 신장암에 걸린 적이 있다.
(2) ________ 공감고통이 발생하는 이유는 의학적으로 밝혀졌다.

빈칸 완성

4 글의 빈칸에 들어갈 말로 가장 알맞은 것은?

① a weak bond
② good friends
③ the same habits
④ a special connection
⑤ an unhealthy friendship

1일 1문장

5 다음 굵게 표시된 부분에 주의하여 문장의 해석을 완성하세요.

It's true // **that** he told me a lie.

→ (~은) 사실이다 // ______________________________.

Knowledge+

태어나기 전부터 소통하는 쌍둥이들

쌍둥이들은 깊은 유대관계를 가지고 있다. 이는 놀랍게도 그들이 자궁 속에서부터 서로 소통한 결과일지도 모른다. 쌍둥이들은 빠르면 14주 차 때부터 서로를 인지하고 소통을 시작한다고 한다. 쌍둥이들은 자주 손을 뻗어 서로를 만지기도 하고, 한 명이 움직이면 다른 한 명이 그에 반응하여 움직이기도 한다. 연구에 의하면 자궁 속에서 소통을 더 활발히 한 쌍둥이들은 태어나서 더 강한 유대 관계를 가질 확률이 높다고 한다.

Words

- twin 명 쌍둥이 (중의 한 명)
- rare 형 드문, 희귀한
- cancer 명 암
- sickness 명 질병; 아픔
- surprisingly 부 놀랍게도
- stomach 명 위, 복부, 배
- pain 명 아픔, 통증
- lose weight 살이 빠지다 (lose-lost-lost)
- at the same time 동시에
- experience 동 경험하다
- seem 동 ~인 것 같다, ~처럼 보이다

[문제]

1 suffer from ~로 고통받다
fake 형 가짜의, 거짓의
2 pleasant 형 즐거운, 기분 좋은
4 bond 명 유대
connection 명 관계, 연결
unhealthy 형 (감정·행동이) 불건전한 (↔ healthy 건전한); 병약한

Food

단어 수 151

130 140 150

"Bunny Chow" might sound like a dish with bunnies, but it has nothing to do with bunnies! It's actually a bread bowl filled with curry and is a popular fast food from South Africa. This tasty dish started in a city called Durban among the Indian South Africans.

Though no one is sure **how Bunny Chow started exactly**, many believe it dates back to the 1940s. A common story is that Indian workers who came to South Africa to work in *sugar cane fields created it. They wanted an easy way to carry their lunch to the fields. So they **hollowed out a loaf of bread and filled it with curry. The bread served as a bowl for the curry and helped keep it warm.

Today, Bunny Chow is a favorite street food in South Africa. Bunny Chow is available in many small take-out places and Indian restaurants throughout the country.

*sugar cane 사탕수수
**hollow out ~의 속을 파내다

1일 1문장

Though no one(주어) is(동사) sure(보어) // **how** Bunny Chow started exactly, ~.

해석 TIP 「how+주어+동사」는 **'어떻게 …가 ~하는지(를)'**라고 해석해요. 의문사가 이끄는 명사절은 주로 동사의 목적어로 쓰이지만, 여기서는 보어 뒤에 쓰여 보어의 내용을 설명해 주고 있어요.

해석 비록 아무도 어떻게 Bunny Chow가 정확히 시작되었는지 확신하지 못하지만, ~.

#접속사 #간접의문문 #how

정답과 해설 p.25

1 **What is the best title for the passage?**

① How to Make Bunny Chow
② How Bunny Chow Became Popular
③ The Origin of Bunny Chow's Name
④ Bunny Chow: The Best Dish by Indians
⑤ South African's Favorite Fast Food: Bunny Chow

2 **Which is NOT mentioned about Bunny Chow?**

① what kind of food it is
② which city it started in
③ who made it
④ where it is sold
⑤ why it is named that

3 **Fill in the blanks with the words from the passage.**

Bunny Chow

Materials	Bread and curry
Cooking Method	Take out the inside of a loaf of bread and ⓐ ____________ it with curry.
Origin	Indian workers in the sugar cane fields thought of an idea to ⓑ ____________ their lunch to work easily.

4 **Fill in the blank with the Korean translation.**

I'm not sure // **how** the plant grew so tall / in a week.

→ 나는 확신하지 못한다 // ______________________________ / 일주일 안에.

Words

- **bunny** 명 토끼 (구어 · 어린이말)
- dish 명 요리; 접시
- **have nothing to do with** ~와 관계없다
- bowl 명 (우묵한) 그릇, 사발
- filled with ~로 가득 찬
  cf. fill A with B A를 B로 채우다
- **curry** 명 카레
- **tasty** 형 맛있는
- among 전 ~중에, ~사이에
- **Indian** 명 인도인
- **exactly** 부 정확히
- **date back to** (시기 따위가) ~까지 거슬러 올라가다
- common 형 흔한, 공통의
- create 동 창조하다, 만들다
- **loaf** 명 빵 한 덩이
- **serve as** ~로 쓰일 수 있다, 적합하다
- **available** 형 구할 수 있는, 이용할 수 있는
- **take-out** 형 (음식 등을) 사서 들고 가는
- **throughout** 전 ~의 전체에 걸쳐

[문제]
1 **origin** 명 기원, 유래
3 method 명 방법, 방식

단어 Review

정답과 해설 p.27

문맥 파악

A 다음 괄호 안에서 알맞은 단어를 고르세요.

1 The team's (pain / bond) grew stronger after the victory.

2 Despite all the noise, the baby is (rather / still) sleeping.

3 The restaurant is famous for its pasta (dish / loaf).

4 After the long journey, she (seemed / happened) tired.

유의어 찾기

B 다음 밑줄 친 단어와 비슷한 의미의 단어를 고르세요.

1 I was shocked to learn that there was an accident.

① happen ② lose ③ discover ④ experience ⑤ create

2 She couldn't hide her real emotions and cried.

① mysterious ② actual ③ rare ④ fake ⑤ pleasant

문장 완성

C 다음 빈칸에 알맞은 단어를 〈보기〉에서 찾아 쓰세요.

보기
melt survive notice tasty available

1 The chocolate will ______________ if you leave it in the sun.

2 This juice is not only healthy but also ______________.

3 The tickets for the concert are no longer ______________.

4 The desert flower could ______________ with very little water.

A 1 victory 명 승리 **2** despite 전 ~에도 불구하고 **4** journey 명 여행, 여정 **B 1** shocked 형 충격을 받은 accident 명 사고 **2** emotion 명 감정
C 3 no longer 더 이상 ~ 아닌

Review

정답과 해설 p.27

문장 해석

A 다음 굵게 표시된 부분에 주의하여 문장을 해석해보세요.

1 **It** is true // **that** my friend is in hospital.

→ (~은) 사실이다 // ______________________________.

2 I wonder // **what** happened to him / last night.

→ 나는 궁금하다 // ______________________________ / 어젯밤에.

3 Emily isn't sure // **how** she solved the math problem.

→ Emily는 확신하지 못한다 // ______________________________.

배열 영작

B 다음 우리말과 의미가 같도록 주어진 어구들을 올바르게 배열하세요.

1 아무도 어떻게 그 소문이 시작되었는지 확신하지 못한다. (how / started / the rumor)

→ No one is certain ______________________________.

2 그녀가 세 시간 만에 마라톤을 완주했다는 것은 놀랍다.
(she / amazing / is / that / finished / the marathon)

→ It ______________________________ in three hours.

3 그들은 컴퓨터에 무엇이 잘못되었는지 찾을 수 없었다. (with the computer / what / wrong / went)

→ They couldn't find ______________________________.

조건 영작

C 다음 우리말과 의미가 같도록 주어진 단어를 사용하여 문장을 완성하세요.

1 패스트푸드가 사람들을 살찌게 만드는 것은 분명하다. (clear, that, be, it)

→ ______________________________ fast food makes people gain weight.

2 우리는 무엇이 그를 웃게 만드는지 모른다. (what, make, laugh)

→ We don't know ______________________________.

3 우리는 어떻게 그녀가 그 놀라운 아이디어를 떠올렸는지 확실히 알지 못한다. (how, come up with)

→ We're not sure ______________________________ the amazing idea.

A 2 wonder 동 궁금하다, 궁금해하다 **3** solve 동 해결하다, 풀다 **B 1** rumor 명 소문 **3** go wrong 잘못되다 **C 1** gain weight 살이 찌다
3 come up with (아이디어 등을) 생각해내다

Interesting World

Food

일본의 크리스마스 만찬, KFC 치킨

일본의 크리스마스에는 특이한 문화가 있는데, 바로 크리스마스이브에 KFC 치킨을 먹는 것이에요! 일본은 1940~1950년대에 경제적으로 부흥했고, 당시 문화적 영향력이 강했던 미국에 관심이 많았어요. 이에 많은 미국의 프랜차이즈 회사들이 일본에 들어오게 되었죠. 그 당시만 해도 일본에서 크리스마스는 지금과 같이 큰 기념일이 아니었어요. 그러나 일본 KFC의 광고에서 크리스마스 저녁에 치킨으로 풍족한 식사를 하는 것이 '진정한 미국 스타일로 크리스마스를 즐기는 방법'이라는 메시지를 전달하게 되면서, 모든 것을 바꿔놓았어요. 미국 문화를 선망했던 일본인들은 너도나도 크리스마스이브에 치킨을 구매해 가족들과 함께 나눠 먹었고, 이는 곧 크리스마스 문화의 일부로 자리 잡게 되었어요. 일부 사람들은 KFC 치킨이 일본의 닭튀김인 가라아게와 맛이 비슷했기 때문에, 큰 거부감 없이 일본 문화의 일부분이 될 수 있었을 것이라 분석하기도 해요. 지금은 예전보다 더 다양한 종류의 음식을 먹을 수 있게 되었지만, 크리스마스에 치킨을 대신하기는 쉽지 않아 보여요!

Unit 05

Reading 13

세상에서 가장 작은 예술 작품

Reading 14

오래된 전자 제품은 이렇게 해봐

Reading 15

염소에게 이런 재주가!

Willard Wigan is an artist who makes small sculptures of famous paintings and characters like the Mona Lisa and Pinocchio. But guess what? These sculptures are **so small that** they can be placed even in the eye of a needle!

Making these tiny artworks is a big challenge. First, the artist has to use a microscope to see them clearly, and use really small tools made from needles. Then, he paints his sculptures by using an eyelash and must work between heartbeats because even the *pulse in his fingers can cause problems.

Wigan's small artwork has an important message: "Small things matter in a disappearing world." He reminds us that our world is in trouble, and we need to make changes to protect the variety of life on Earth. His tiny work makes people think that even the smallest things can have a big impact.

*pulse 맥박

1일 1문장

These sculptures (주어) are (동사) [so] *small* (보어) // [that] they (주어') can be placed (동사') / even in the eye of a needle! (수식어')

해석 TIP 「so+형용사/부사+that ...」의 형태로 쓰이는 접속사는 '결과'를 나타내며, 앞에서부터 차례대로 '**너무 ~해서 …하다 (결과)**'로 해석해요.

해석 이 조각품들은 너무 작아서 심지어 바늘구멍 안에도 놓일 수 있답니다!

#접속사 #부사절 #so ~ that …(결과)

중심 생각

1 **글의 제목으로 가장 알맞은 것은?**

① Wigan's Disappearing Tiny Artworks
② Bigger is Better: Willard Wigan's Message
③ The Smallest Artworks through a Microscope
④ Tiny Art, Big Impact: Willard Wigan's Sculptures
⑤ How Needles Changed the World of Small Artwork

세부 내용

2 **Willard Wigan에 관한 글의 내용과 일치하면 T, 그렇지 않으면 F를 쓰세요.**

(1) ________ 잘 알려지지 않은 그림이나 캐릭터를 작업한다.
(2) ________ 속눈썹을 사용하여 작품을 만든다.

내용 요약

3 **글의 내용과 일치하도록 빈칸에 알맞은 말을 본문에서 찾아 쓰세요.**

Willard Wigan's Artworks

Size	• ⓐ ____________ enough to be in the eye of a needle
Tools	• a ⓑ ____________ to see them clearly • really small tools made from needles • an ⓒ ____________ to paint them
Message	• Even the smallest things can have a big ⓓ ____________.

1일 1문장

4 **다음 굵게 표시된 부분에 주의하여 문장의 해석을 완성하세요.**

The book was **so** interesting // **that** I read it in a day.

→ 그 책은 ______________________ // 나는 그것을 하루 만에 읽었다.

Knowledge +

난독증을 이겨낸 조각가, 윌라드 위간(Willard Wigan)

조각가 윌라드 위간은 어린 시절 난독증(글자를 읽고 이해하는 데 어려움이 있는 증상)을 가지고 있었다. 그는 친구들에게 놀림을 받았고, 이에 늘 고개를 푹 숙인 채 땅만 보고 걸어 다녔다. 그러던 어느 날, 윌라드는 개미 떼를 보게 됐고 자신이 직접 개미집을 만들어 주기로 한다. 그가 만든 것은 나뭇조각을 접착제로 붙인 2cm 정도의 작은 집이었다. 그 뒤 자신감이 붙은 윌라드는 점점 더 작은 것에 도전했고 결국 바늘구멍에까지 작품을 만들게 되었다고 한다.

Words

- sculpture 명 조각(품)
- character 명 등장인물, 캐릭터
- place 동 놓다, 두다
- even 부 심지어, ~조차도
- eye 명 바늘귀, 바늘구멍; 눈
- needle 명 바늘
- tiny 형 아주 작은
- artwork 명 미술품
- challenge 명 (힘들지만 의미 있는) 도전, 과제
- microscope 명 현미경
- clearly 부 뚜렷하게, 분명하게
- tool 명 도구, 공구
- eyelash 명 속눈썹
- heartbeat 명 심장 박동
- cause 동 ~을 일으키다, 초래하다
- matter 동 중요하다
- disappear 동 사라지다
- remind 동 생각나게 하다, 상기시키다
- in trouble 곤경에 처한
- a variety of 다양한, 여러 가지의
- impact 명 영향(력)

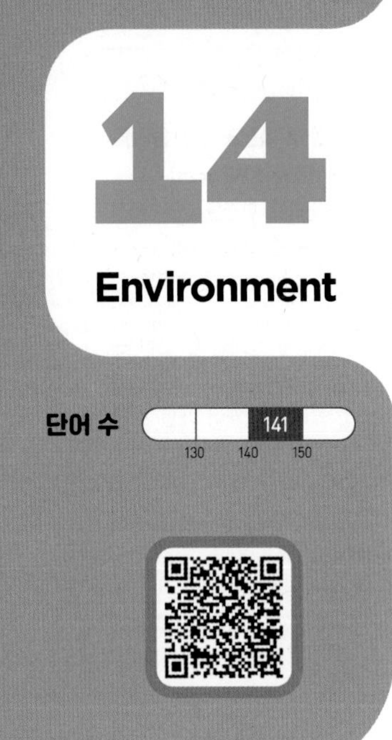

14
Environment

단어 수 141 (130 140 150)

When your electronic item stops working, do you put it in a drawer? A study shows that many households in Europe do this too. Out of 74 electronic items in a household, 13 aren't used anymore. We call these unused items e-waste or electronic waste.

People keep e-waste for various reasons. For example, they think "I might use it again," or "I don't know how to throw it away." **Whatever the reason is**, e-waste includes anything with plugs, cords, and electronic parts. But, e-waste ____________________. It has valuable metals like gold, silver, and *copper. These can be reused to make batteries for electric cars and **solar panels.

So, if you have any e-waste in your house, take it to a local recycling center. By doing this, you'll help the Earth and make a better future for everyone!

*copper 구리
**solar panel 태양 전지판

1일 1문장

Whatever the reason(주어) is(동사), // e-waste includes anything with plugs, cords, and electronic parts.

Whatever는 부사절을 이끄는 접속사이자, 복합관계대명사에 해당해요.

해석 TIP 「whatever+주어+동사 ~」는 '**어떤 ~일지라도, 어떤 ~이든**'이라고 해석할 수 있어요.

해석 어떤 이유이든, e-폐기물은 플러그와 코드, 그리고 전자 부품이 있는 어느 것이든 포함해요.

#관계대명사 #복합관계대명사 #whatever

중심 생각

1 글의 목적으로 가장 알맞은 것은?

① e-폐기물의 재활용 사례를 소개하려고
② 환경 보호를 위한 쓰레기 처리 방법을 알리려고
③ 전자 제품으로 인한 환경오염의 심각성을 알리려고
④ e-폐기물의 재활용 필요성에 대한 관심을 촉구하려고
⑤ 유럽의 전자 제품 폐기에 관한 연구 결과를 공유하려고

세부 내용

2 글의 내용과 일치하면 T, 그렇지 않으면 F를 쓰세요.

(1) ________ 유럽의 많은 가정에서는 전자 제품 대부분을 재활용한다.
(2) ________ e-폐기물은 전기차 배터리나 태양 전지판을 만드는 데 재사용된다.

빈칸 완성

3 글의 빈칸에 들어갈 말로 가장 알맞은 것은?

① is a big problem
② should be thrown away
③ has some limits to using it
④ is more than regular trash
⑤ is not different from waste

1일 1문장

4 다음 굵게 표시된 부분에 주의하여 문장의 해석을 완성하세요.

Whatever you decide, // I'll support you.

→ ________________________________, // 나는 너를 지지할게.

Words

- **electronic** 형 전자의
  cf. electric 형 전기의
- **item** 명 물품; 항목
- **drawer** 명 서랍
- **household** 명 가정
- **out of** ~ 중[가운데]에서
- **anymore** 부 이제, 더 이상
- **unused** 형 사용하지 않는
  (↔ used 사용된)
  cf. **reuse** 동 재사용하다
- **waste** 명 폐기물, 쓰레기
  (= trash)
- **various** 형 다양한, 여러 가지의
- **reason** 명 이유
- **throw away** (필요 없는 것을) 버리다, 없애다
- **include** 동 포함하다 (= contain)
- **plug** 명 (전기) 플러그
- **cord** 명 (전기) 코드
- **valuable** 형 귀중한, 가치 있는
- **metal** 명 금속
- **battery** 명 배터리, 건전지
- **local** 형 지역의, 현지의
- **recycling** 명 재활용

[문제]
3 limit 명 제한, 한계
regular 형 일반적인, 보통의
4 support 동 지지하다

Fun Facts

단어 수 153

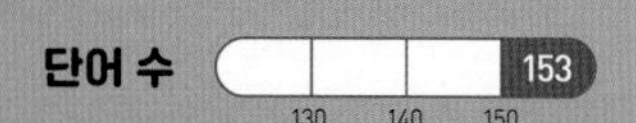

In West Sacramento, California, a huge wildfire broke out. The fire was moving fast toward an apartment building. Then suddenly, the fire stopped and the building was safe. It looked like magic, but actually, 400 hungry goats saved the day. The goats **had eaten** most of the dry plants in the area, so the fire had nothing to burn and stopped.

So where did these goats come from? A few weeks before the fire, the city had let the goats out to remove weeds because goats are great at eating plants, including the poisonous ones. Every day, the goats ate dry plants covering an area as large as two football fields. That created a space with no plants and prevented the fire from spreading.

Goats are not only environmentally friendly for removing weeds but also effective in fire prevention. Plus, goats use less water than firefighters. Goats might be the heroes we need!

1일 1문장

The goats(주어) **had eaten**(동사) most of the dry plants in the area(목적어), // so the fire had nothing to burn and stopped.

해석 TIP 과거완료 「had+과거분사(p.p.)」는 문맥에 따라 여러 의미로 해석할 수 있는데, 여기서는 과거에 일어난 두 가지 사건(① 염소가 풀을 먹은 것, ② 화재가 멈춘 것) 중 '먼저 일어난 일'을 명확하게 나타내기 위해 사용되었어요. **'~했다'**로 해석하면 돼요.

해석 염소들이 그 지역의 마른 풀을 대부분 먹어치워서, 불은 아무것도 태울 것이 없어 멈췄다.

#시제 #과거완료

중심 생각

1 **글의 제목으로 가장 알맞은 것은?**

① Goats as Firefighters' Perfect Pets
② Why Goats Put Out Huge Wildfires
③ Goats: The Best way to Control Weeds
④ Training Goats to Remove Poisonous Plants
⑤ Goats: Environmentally Friendly Firefighters

세부 내용

2 **글의 내용과 일치하면 T, 그렇지 않으면 F를 쓰세요.**

(1) ________ 염소는 독성이 있는 풀은 먹지 않는다.
(2) ________ 염소는 소방관보다 더 적은 양의 물을 사용한다.

내용 요약

3 **글의 내용과 일치하도록 빈칸에 알맞은 말을 본문에서 찾아 쓰세요.**

West Sacramento had let goats out to ⓐ ____________ weeds.

↓

The goats had eaten almost all the ⓑ ____________ in the area.

↓

A few weeks later, a huge ⓒ ____________ broke out.

↓

The fire stopped because there was nothing left to ⓓ ____________, thanks to the goats.

1일 1문장

4 **다음 굵게 표시된 부분에 주의하여 문장의 해석을 완성하세요.**

David **had hurt** his leg, // so he couldn't join the game.

→ David는 ______________________________ // 경기에 함께할 수 없었다.

Knowledge+

외래종 확산을 막는 염소

기후변화와 인간 활동이 활발해지며 외부에서 유입되는 생물은 다양해졌다. 그중 침략적인 외래종의 확산은 고유 생태계를 교란하고 생물의 종 다양성을 위협한다. 다행히, 염소의 왕성한 식욕은 특정 외래 식물들을 먹어치우는 데에도 유용하다고 한다. 또한 염소 등의 동물들에게 방목을 당한 식물은 스트레스를 받아 다시 원래처럼 자라기 힘들다고 한다. 외래종을 제거할 뿐만 아니라 염소의 배도 채울 수 있으니 그야말로 일석이조라고 할 수 있다.

Words

- wildfire 명 들불, 산불
- break out 발발[발생]하다 (break-broke-broken)
- toward 전 ~쪽으로, ~을 향하여
- suddenly 부 갑자기
- save the day 가까스로 해결하다
- burn 동 (불이) 타오르다; 태우다
- let A out A를 밖으로 내보내다 (let-let-let)
- remove 동 제거하다, 없애다
- weed 명 잡초
- be great at ~에 능숙하다
- including 전 ~을 포함하여
- poisonous 형 독성의, 독이 있는
- prevent 동 막다, 예방하다
  cf. prevention 명 예방, 방지
- environmentally friendly 환경 친화적인
- effective 형 효과적인

[문제]
1 put out (불 등을) 끄다 (put-put-put)

정답과 해설 p.33

영영 뜻 파악

A 다음 단어에 해당하는 알맞은 의미를 찾아 연결하세요.

1 prevent •　　　　• ⓐ to stop something from happening

2 cause •　　　　• ⓑ to damage something with fire

3 burn •　　　　• ⓒ to make something happen

문장 완성

B 다음 빈칸에 알맞은 단어를 〈보기〉에서 찾아 쓰세요.

보기				
sculpture	matter	remind	weed	challenge

1 I will ______________ him that the exam is next week.

2 The artist made a beautiful ______________ out of ice.

3 The sizes of the tables ______________ for the customers.

4 He spent hours pulling every ______________ from his garden.

문장 완성

C 다음 우리말과 일치하도록 빈칸에 알맞은 표현을 써보세요.

1 그 학생들은 학교에 늦어서 곤경에 처했다.

→ The students are ______________ ______________ for being late for school.

2 정원에는 다양한 색상의 꽃이 피어 있다.

→ The garden has ______________ ______________ ______________ colorful flowers.

3 그 화재는 밤에 모든 사람이 자는 동안 발생했다.

→ The fire ______________ ______________ at night while everyone was asleep.

A ⓑ damage 동 피해를 입히다 **B 1** exam 명 시험 (= examination) **C 2** colorful 형 형형색색의, 다채로운 **3** asleep 형 잠이 든

Review

정답과 해설 p.33

문장 해석

A 다음 굵게 표시된 부분에 주의하여 문장을 해석해보세요.

1 Amy **had cleaned** her room, so it looked tidy.

→ Amy는 ______________________________ 그것은 깔끔해 보였다.

2 The music is **so** loud // **that** I can't hear you.

→ 음악이 ____________________ // 나는 ____________________.

3 **Whatever** the weather is, // I'm ready for the trip.

→ ______________________________, // 나는 여행을 떠날 준비가 됐어.

배열 영작

B 다음 우리말과 의미가 같도록 주어진 어구들을 올바르게 배열하세요.

1 내가 파티에 도착했을 때, 그들은 이미 떠난 뒤였다. (had / they / left)

→ When I arrived at the party, ______________________________ already.

2 너무 추워서 나는 장갑을 착용했다. (that / cold / so / put on / I / my gloves)

→ It was ______________________________.

3 시간이 어떨지라도, 나는 너를 태우러 갈게. (is / the time / whatever)

→ ______________________________, I'll come pick you up.

조건 영작

C 다음 우리말과 의미가 같도록 주어진 단어를 사용하여 문장을 완성하세요.

1 엄마가 일어나시기 전에, 나는 아침을 준비했다. (prepare, breakfast, have)

→ Before my mom woke up, ______________________________.

2 어떤 질문이었을지라도, 나는 정답을 알지 못했다. (the question, be, whatever)

→ ______________________________, I didn't know the answer.

3 그는 너무 열심히 운동을 해서 근육통을 얻었다. (hard, that, so, get)

→ He worked out ______________________________ muscle pain.

A 1 tidy 형 깔끔한 **3** be ready for ~할 준비가 되다 **B 2** put on 입다, 착용하다 **3** pick A up A를 (차에) 태우러 가다 **C 1** prepare 동 준비[대비]하다 **3** muscle pain 근육통

TRUTHS & WONDERS

Art

AI가 찾은 라파엘로의 숨겨진 작품

"모작이 아니라 진품이라고요?"

1981년에 미술품 수집가인 조지 레스터 윈워드(George Lester Winward)는 한 작품을 구매했어요. 그는 한눈에 그 그림이 이탈리아의 화가인 라파엘로 작품일 것이라고 확신했어요. 하지만, 모든 사람이 그의 의견에 동의하지는 않았어요. 장장 40년간 의혹에 휩싸였던 이 작품은 결국 모작이 아닌, 진짜 라파엘로의 작품이었음이 밝혀졌어요. 그것도 다름 아닌 AI(인공 지능)를 통해서요! AI는 얼굴 인식 기능을 통해 해당 작품 속 얼굴이 다른 라파엘로 작품 속 인물들과 유사함을 분석했어요. 조지의 좋은 눈썰미가 돋보이는 순간이었어요!

Fun Facts

산에 불을 지르는 전문가들

"불을 일부러 낸다고요?"

대기 환경이 건조해지는 계절인 가을이 오면, 산불이 많이 발생해요. 산불은 수많은 나무를 태우고 숲에 사는 야생 동물들의 목숨을 위협하죠. 그런데 이 사실을 알고 있었나요? 산불을 막기 위해서는 오히려 산불을 내기도 한대요! 미국의 국립공원에서는 화재 전문가들이 주기적으로 산불을 내요. 이는 나무의 개체수를 줄이기 위해서예요. 산불은 나무가 너무 빽빽하게 자라 있으면 오히려 번지기 쉽거든요. 고의적인 산불로 나무의 밀집도를 낮추면 오히려 나무에 질병이나 전염병이 퍼질 가능성도 함께 낮아져서 생태계의 건강에도 유익하다고 해요.

Reading 16

용감한 새의 거침없는 비행

Reading 17

발을 쏙! 이렇게 신기 편할 수가

Reading 18

강 속에 이것이 없다면?

16

Animals

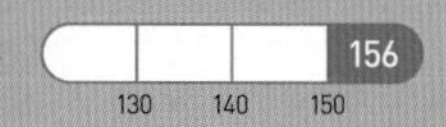

*Shearwaters are birds that live near the ocean. They have a special way to deal with big storms. While most birds fly away from ⓐ them, shearwaters fly straight into them!

Scientists noticed that during storms, these birds sometimes fly very close to the storm's center, **which** is called the "eye." They stayed there for up to eight hours. This was very surprising because no other birds are known to act this way.

To learn more about shearwater behavior, scientists tracked their flight paths during storms for 11 years. Scientists found out that some shearwaters choose to fly around the storm's edges. They use the strong winds there to move faster. Meanwhile, other shearwaters head straight into the storm's center. Scientists think shearwaters might do this to save energy and avoid dangers near the land, like flying things that could hurt ⓑ them. Flying into a storm's center is a smart trick that only shearwaters seem to know!

*shearwater 슴새 ((여름 철새))

1일 1문장

~, these birds sometimes fly / very close to *the storm's center*, // **which** is called the "eye."
(these birds: 주어 / fly: 동사 / very close to the storm's center: 수식어)

해석 TIP 콤마(,) 뒤에 이어지는 관계대명사절은 콤마 앞에 있는 명사(선행사)에 대한 설명을 덧붙이는 역할을 해요. **'~하다, 그리고[그런데] 그것은** …'과 같이 앞에서부터 차례대로 해석하면 돼요.

해석 ~, 때때로 이 새들은 태풍의 중심 매우 가까이 날아간다, 그리고 그것은 '눈'이라고 불린다.

#관계대명사 #계속적 용법 #which

중심 생각

1 글의 제목으로 가장 알맞은 것은?

① The Speed of Shearwaters in Storms
② Why Shearwaters Head into the Ocean
③ Shearwaters' Smart Ways to Use Winds
④ How Big Storms Put Seabirds in Trouble
⑤ A Surprising Bird That Flies into the Storms

세부 내용

2 글의 내용과 일치하면 T, 그렇지 않으면 F를 쓰세요.

(1) ________ 슴새들은 최대 8시간 폭풍의 눈 가까이에서 비행했다.
(2) ________ 슴새들은 강한 바람을 피하려고 폭풍 가장자리 주변을 비행한다.

지칭 파악

3 밑줄 친 ⓐ them과 ⓑ them이 각각 가리키는 것을 글에서 찾아 쓰세요.

ⓐ: ______________________ (2 단어)
ⓑ: ______________________ (1 단어)

내용 요약

4 글의 내용과 일치하도록 빈칸에 알맞은 말을 본문에서 찾아 쓰세요.

Shearwaters fly ⓐ __________ into storms instead of away from them. Scientists think this smart trick helps them save energy and ⓑ __________ dangers near the land.

1일 1문장

5 다음 굵게 표시된 부분에 주의하여 문장의 해석을 완성하세요.

We watched a movie, // **which** was really funny.

→ 우리는 영화를 한 편 봤다, // ______________________.

Knowledge +

고요하지만 위험한 태풍의 눈

태풍은 안쪽으로 갈수록 풍속이 증가하지만, 중심부는 오히려 하늘이 맑고 바람이 없는 고요한 상태를 유지한다. 이러한 태풍의 눈은 지름이 수십 킬로미터에 이르는데, 태풍이 계속 이동하는 특성 탓에 오래 유지되지 못하고 바로 폭풍우에 휩싸이게 된다고 한다. 한편, 우리나라에 영향을 미치는 태풍은 여름철인 7월과 8월에 많지만, 9월과 10월에 오기도 한다.

Words

- ocean 명 바다, 대양
- deal with ~을 다루다, ~에 대처하다
- storm 명 폭풍, 폭풍우
- straight 부 곧장, 곧바로
- notice 동 알아차리다, 주목하다
- up to (특정한 수·정도) ~까지
- behavior 명 행동, 태도
- track 동 추적하다, 뒤쫓다
- flight path 비행경로
- find out 알아내다, 알게 되다 (find-found-found)
- edge 명 (가운데에서 가장 먼) 끝, 가장자리
- meanwhile 부 한편; 그동안에
- head 동 가다, 향하다
- avoid 동 피하다
- trick 명 비결, 요령; 속임수

[문제]
1 put A in trouble A를 곤란에 빠뜨리다
4 instead of 전 ~ 대신에

Matthew Walzer was born with *cerebral palsy and tried to overcome many challenges in his life. (A) By 16, he still couldn't tie his shoes, and felt frustrated about it. (B) So, he wrote an open letter to the shoe company Nike, and asked for shoes that people with disabilities could easily put on. (C) But there was one thing that he couldn't overcome: tying his shoes.

Surprisingly, Nike invited him to design such shoes. After three years of working together, they released *The Nike FlyEase* in 2015. This shoe, with a zipper and **Velcro strap, is **easy to put on** and **take off**. The back of the shoe opens with the zipper. This allows the foot to slide in and out easily.

These shoes helped Matthew achieve his dream. He was able to be independent and go to college away from home. He wants people to know that anyone can speak up and make a difference, just as he did.

*cerebral palsy 뇌성 마비
**Velcro 벨크로, 찍찍이

1일 1문장

This shoe, / with a zipper and Velcro strap, / is *easy* **[to put on** and **(to) take off]**.
주어 동사 보어
and 뒤에 오는 to부정사의 to는 생략할 수 있어요.

해석 TIP to부정사가 뒤에서 형용사를 꾸며 주는 부사 역할을 할 때는 '**~하기에 …인[…한]**'이라고 해석해요.

해석 이 신발은 지퍼와 벨크로 끈이 있어서 신고 벗기에 쉽다.

#to부정사 #부사 역할 #형용사 수식

중심 생각

1 **글의 제목으로 가장 알맞은 것은?**

① Shoes for Everyday Wear
② Speak Up for the Disabled
③ How Nike Made a Difference
④ Better Shoes for the Disabled
⑤ Make Changes in Everyday Life

글의 흐름

2 **문장 (A)~(C)를 글의 흐름에 알맞게 배열한 것은?**

① (A)-(B)-(C)
② (B)-(A)-(C)
③ (B)-(C)-(A)
④ (C)-(A)-(B)
⑤ (C)-(B)-(A)

세부 내용

3 **글의 내용과 일치하면 T, 그렇지 않으면 F를 쓰세요.**

(1) ________ Matthew는 16살이 되어서야 신발 끈을 묶을 수 있었다.
(2) ________ FlyEase는 신발의 뒷면이 지퍼로 열려서 신고 벗기 편리하다.

내용 요약

4 **글의 내용과 일치하도록 빈칸에 알맞은 말을 본문에서 찾아 쓰세요.**

Matthew Walzer asked Nike to make shoes that people with disabilities can easily ⓐ ____________ ____________. That's how *the Nike FlyEase* was made. Now, he wants everyone to ⓑ ____________ ____________ and make a difference.

1일 1문장

5 **다음 굵게 표시된 부분에 주의하여 문장의 해석을 완성하세요.**

This book is easy **to read** and **understand**.

→ 이 책은 ____.

Knowledge+

장애인을 위한 어댑티브 패션

장애인들이 편하게 입고 벗을 수 있는 옷 또는 신발의 디자인을 가리켜 '어댑티브 패션(Adaptive Fashion)'이라고 한다. 세계 보건 기구의 조사에 따르면 전 세계 약 10억 명의 사람들이 평생 장애를 앓고 살아가지만, 대부분의 의류 브랜드는 비장애인의 기준에 맞춘 의류를 판매하고 있다. 어댑티브 의류는 착용하는 사람의 편의를 최우선으로 하여 접합 부분에 신축성이 있는 원단을 사용하여 활동성을 높이고 바지의 잠금 버튼 대신 벨크로 또는 자석을 사용하는 등의 특징을 갖고 있다.

Words

- overcome 통 극복하다
- tie 통 묶다
- frustrated 형 좌절한
- ask for ~을 요청하다
- disability 명 장애
  cf. the disabled 장애인들
  disabled 형 장애를 가진
- such 형 그러한
- release 통 출시하다, 발표하다; 풀어 주다
- zipper 명 지퍼
- strap 명 끈, 줄
- allow A to-v A가 ~하도록 허락하다
- slide 통 미끄러뜨리듯이 넣다 (= slip); 미끄러지다
- achieve 통 이루다, 성취하다
- independent 형 독립적인, 독립심 있는
- away from ~로부터 떨어져
- speak up (의견을) 거리낌 없이 말하다; 더 크게 말하다
- make a difference 변화를 가져오다

[문제]
1 everyday 형 일상적인, 매일의

18

Environment

단어 수 147
130 140 150

You might think of oysters as tasty seafood. But in New York City, they're doing a great job for the environment too! Thanks to them, the Hudson River gets cleaner every day and is growing an underwater world.

New York City is helping oysters grow in the Hudson River. The city has put over 11 million young oysters in the river, and these small shellfish are making the water cleaner. But how does this work?

Oysters have a special way of cleaning up. They take in water, ___________ ___________________, and leave them at the bottom of the river. As a result, the water becomes less polluted! In addition, oysters make *reefs or underwater homes. These oyster reefs provide places where lots of plants and animals can live. Because of the reefs, the ecosystem is getting healthier, and many sea animals have returned to the area.

*reef 암초

1일 1문장

These oyster reefs provide *places* [**where** lots of plants and animals can live].
주어 동사 목적어
where는 선행사가 장소를 나타낼 때 쓰여요.

해석 TIP 관계부사 where는 「where+주어+동사 ~」의 형태로 장소를 나타내는 앞의 명사(선행사)를 꾸며 줘요.
이때, '**~하는[~한] (명사)**'라고 해석하면 돼요.

해석 이러한 굴 암초는 많은 식물과 동물이 서식할 수 있는 장소를 제공한다.

#관계부사 #where

1 What is the best title for the passage?

① What Pollutes the River in New York
② Stop Growing Oysters for a Clean River
③ Why We Should Protect the Hudson River
④ How to Clean the Hudson River in New York
⑤ Underwater Cleaners: Oysters in the Hudson River

2 What is the best choice for the blank?

① make shells clean
② help sea animals grow
③ get healthier in reefs
④ filter out harmful things
⑤ provide places for plants

3 Fill in the blanks with the words from the passage.

Oysters filter the water and make it less ⓐ ____________. They also make the ecosystem ⓑ ____________ by providing places for underwater life.

4 Fill in the blank with the Korean translation.

The garden is / the place **where** Grandma grows vegetables.

→ 그 정원은 ~이다 / ______________________________.

Words

- think of A as B A를 B로 생각하다[여기다]
- oyster 명 굴
- tasty 형 맛있는
- seafood 명 해산물
- environment 명 환경
- thanks to ~ 덕분에
- underwater 형 수중의, 물속의
- million 명 100만
- shellfish 명 조개류, 갑각류
- clean up ~을 치우다, 청소하다
- take in ~을 흡수하다
- bottom 명 밑바닥, 아랫부분
- as a result 결과적으로
- polluted 형 오염된
- in addition 게다가
- provide 동 제공하다, 주다
- ecosystem 명 생태계

[문제]
2 filter out (액체 등에서) ~을 걸러 내다
cf. filter 동 거르다, 여과하다
harmful 형 해로운, 유해한

Review

정답과 해설 p.39

영영 뜻 파악

A **다음 단어에 해당하는 알맞은 의미를 찾아 연결하세요.**

1 slide •
2 achieve •
3 polluted •

• ⓐ to move smoothly over something
• ⓑ to get or reach something by working hard
• ⓒ dangerously dirty and not safe to use

문장 완성

B **다음 빈칸에 알맞은 단어를 〈보기〉에서 찾아 쓰세요.**

보기
edge　zipper　head　notice　ecosystem

1 We'll ______________ to the library to study for the exam.

2 Use the ______________ of a ruler to draw a straight line.

3 Did you ______________ the beautiful painting in the lobby?

4 Scientists study the ______________ to understand nature better.

문장 완성

C **다음 우리말과 일치하도록 빈칸에 알맞은 표현을 써보세요.**

1 여러분은 시험 스트레스에 어떻게 대처하시나요?
→ How do you ______________ ______________ exam stress?

2 그 요리사는 부엌을 그의 무대로 생각한다.
→ The chef ______________ ______________ the kitchen ______________ his stage.

3 나무를 심는 것은 환경에 변화를 만들어 낼 수 있다.
→ Planting trees can ______________ ______________ ______________ to the environment.

A ⓐ smoothly 부 부드럽게 ⓑ reach 동 (목표한 것에) 이르다 **B 2** straight 형 곧은, 일직선의 **C 2** chef 명 요리사, 주방장 stage 명 무대 **3** plant 동 심다

1일 1문장 Review

정답과 해설 p.39

문장 해석

A 다음 굵게 표시된 부분에 주의하여 문장을 해석해보세요.

1 The mountain is difficult **to climb** / for the elderly.

→ 그 산은 ______________________ / 노인들이.

2 The place **where** I spent my vacation / was interesting.

→ ______________________ / 흥미로웠다.

3 I'm reading **the books**, // **which** I borrowed / from the library.

→ 나는 책들을 읽고 있다, // ______________________ / 도서관에서.

배열 영작

B 다음 우리말과 의미가 같도록 주어진 어구들을 올바르게 배열하세요.

1 나는 파리에 갔는데, 그곳은 내가 가장 좋아하는 도시이다. (Paris / is / which / my / favorite city)

→ I went to ____________, ______________________.

2 이 춤 동작은 모든 사람들이 따라 하기에 쉽다. (to / easy / follow / is / dance move / this)

→ ______________________ for everyone.

3 이곳이 내가 방과 후에 친구들과 어울려 노는 장소이다.
(hang out / with / where / my friends / the place / I)

→ This is ______________________ after school.

조건 영작

C 다음 우리말과 의미가 같도록 주어진 단어를 사용하여 문장을 완성하세요.

1 이곳은 우리가 처음 만난 곳이다. (meet, the place, we, where)

→ This is ______________________ for the first time.

2 나는 작년에 새 노트북을 샀는데, 지금은 사용하지 않는다. (use, a new laptop, which)

→ I bought ____________ last year, ____________ now.

3 그 영화는 가족과 함께 보기에 좋다. (good, watch, be, to)

→ The movie ______________________ with your family.

A 1 the elderly 노인들 **B 2** follow 동 따라 하다; 따라 오다[가다] **3** hang out with ~와 많은 시간을 보내다

Questions & Answers

Animals

Q 굴도 성별이 있나요?

A 굴의 성별은 다른 생물들과는 조금 달라요. 신기하게도 굴은 처음에는 모두 수컷으로 태어난대요. 대다수의 굴은 일 년 정도 후에 영구적으로 암컷으로 성을 바꿔요. 굴의 생식기관은 난자와 정자를 둘 다 만들어 내기 때문에 자가 번식할 수 있어요. 암컷 굴은 자가 번식한 수백만 개의 수정된 알들을 한 번에 밖으로 내보내요. 이렇게 내보내진 알은 6시간이면 어린 굴로 재탄생하고 2~3주 후에는 해저에 자리 잡아요.

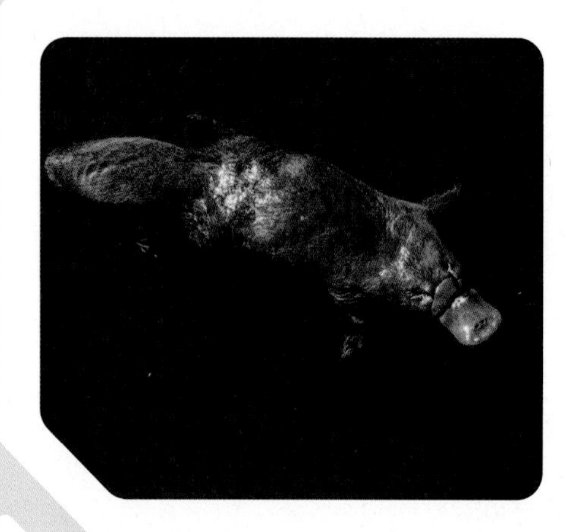

Q 오리너구리는 포유류인데 왜 알을 낳을까요?

A 오리너구리는 특이한 동물이에요. 포유류지만 알을 낳거든요. 일반적으로 개, 고양이 등과 같은 대부분의 포유류 동물은 알이 아닌 새끼를 낳아요. 과학자들은 오리너구리의 유전자를 분석해, 알을 낳는 이유를 밝혀냈어요. 오리너구리는 닭과 같은 유전자를 공유하는데, 이 유전자의 이름은 '비텔로제닌'이라고 해요. 오리너구리는 한때 닭처럼 비텔로제닌 유전자를 세 개 가지고 있었어요. 하지만 약 1억 3천만 년 전에 비텔로제닌 유전자 두 개를 잃었고, 그중 하나는 여전히 남아있기 때문에 오리너구리는 알을 낳는다고 해요!

Q 포유류 중 가장 두꺼운 털을 가진 동물은 무엇일까요?

A 포유류 중 가장 두꺼운 털을 가진 동물은 바로 해달이에요! 해달은 평방인치마다 60만에서 100만 개나 되는 털 가닥들을 가지고 있어요. 다른 해양 동물들과 달리, 해달은 따뜻하게 해 줄 지방층이 없어, 그들은 빽빽하고 방수 기능이 있는 털에 의존해야만 해요. 체온을 유지하기 위해 해달들은 아주 오랜 시간을 그들의 털을 손질하고 길들이는데 보내요. 이 행동이 그들의 피부 주위의 공기와 열을 잡아두는 역할을 한다고 해요.

Unit 07

Reading 19

지리 찾기의 달인

Reading 20

바삭! 감자튀김은 어디서 왔을까?

Reading 21

부모님과 엇갈린 음악 취향

19

Animals

단어 수 146 (130 140 150)

Magawa was a very special rat who helped find *landmines in Cambodia for five years. After he was born in Tanzania, he learned to find bombs by using his great sense of smell.

He began his work after moving to Cambodia. In Cambodia, many years of conflict have left behind dangerous landmines. He helped clear more than 225,000 square meters of land. That's equal to 40 soccer fields! During his work, he found more than 100 landmines and other hidden dangers. To thank him for this, he was given a gold medal.

Unfortunately, Magawa died at the age of 8 after retiring from work. The people who trained him said that he left a "lasting **legacy" because he saved so many lives. People are sad **that** Magawa has passed away, but they are thankful for this brave rat who helped make the world a safer place.

*landmine 지뢰
**legacy 유산 ((앞 세대가 남긴 가치 있는 물질·정신적 전통))

1일 1문장

People are *sad* // **that** Magawa has passed away, ~.
주어 동사 보어
〈결과〉 〈원인〉

해석 TIP 「접속사 that+주어+동사 ~」는 원인이나 이유를 나타낼 수 있는데, 이때 that절 앞에는 sad/glad/happy/sorry 등과 같은 감정을 나타내는 형용사가 함께 자주 쓰여요. '**~해서[~하다는 것이] 슬픈/기쁜/행복한/유감인**' 등으로 해석할 수 있어요.

해석 사람들은 Magawa가 사망했다는 것에 슬퍼한다. ~.

#접속사 #that #원인

중심 생각

1 글의 제목으로 가장 알맞은 것은?

① Training Animals to Find Bombs
② The Bravest Animals in the World
③ Dangers in Cambodia: Landmines
④ How to Clear Cambodia's Landmines
⑤ Magawa: The Hero Rat Who Saved Lives

세부 내용

2 Magawa에 관한 글의 내용과 일치하면 T, 그렇지 않으면 F를 쓰세요.

(1) ________ 5년간 탄자니아에서 지뢰 찾는 업무를 수행했다.
(2) ________ 직장에서 은퇴 후 8살의 나이로 세상을 떠났다.

내용 요약

3 글의 내용과 일치하도록 빈칸에 알맞은 말을 본문에서 찾아 쓰세요.

About Magawa

Born	in Tanzania
Special Skill	a great sense of ⓐ ____________
Work in Cambodia	• cleared over 225,000 square meters of land • ⓑ ____________ more than 100 landmines and hidden dangers
Award	a gold medal for his work

1일 1문장

4 다음 굵게 표시된 부분에 주의하여 문장의 해석을 완성하세요.

I was glad // **that** our team won the game / yesterday.

→ 나는 기뻤다 // ________________________________ / 어제.

Words

- rat 명 쥐 ((mouse(생쥐)보다 몸집이 크고 꼬리가 김))
- be born 태어나다
- bomb 명 폭탄
- sense 명 감각, 느낌
- conflict 명 싸움, 전투; 갈등
- leave behind (문제·상황 등을) 뒤에 남기다 (leave-left-left)
- clear 동 치우다, 제거하다
- square meter 제곱미터(㎡)
- equal to ~와 같은, 동일한
- field 명 경기장; 들판
- other 형 다른
- hidden 형 숨겨진, 숨은
- thank A for B A에게 B에 대해 감사하다
  cf. thankful 형 감사하는
- unfortunately 부 유감스럽게도, 불행히도
  (↔ fortunately 다행히도, 운 좋게)
- retire 동 은퇴하다
- train 동 훈련시키다
- lasting 형 영속적인, 지속적인
- pass away 사망하다, 돌아가시다

[문제]
3 skill 명 기술, 솜씨
award 명 상, 상패

Who doesn't love French fries? In fact, the average American eats nearly 14 kilograms of French fries each year. But do you know where they actually come from? You might think "French fries" come from France, but Belgium claims that they invented them.

In Namur, a city in Belgium, people enjoyed eating fried fish. (A) They decided to fry potatoes instead of fish, and that's how French fries were first created. (B) This historical story supports that they were made in Belgium. (C) However, in 1680, a very cold winter caused the local river to freeze, so **it was difficult to catch fish.**

But then why do we call them "French fries"? The name actually comes from how they are prepared, not where they were invented. "Frenching" means cutting food into thin pieces to cook well. "French fries" should actually be "frenched fried potatoes."

1일 1문장

~ a very cold winter caused / the local river to freeze, // so it was difficult / to catch fish.

가주어 동사 보어 진주어

이때, it은 가짜 주어이므로 따로 해석하지 않아요.

해석 TIP to부정사가 주어로 쓰일 때는 「It(가주어) ~ to부정사(진주어) …」 형태로 쓰이며, '**…하는 것은 ~하다**'라고 해석해요.

해석 ~ 아주 추운 겨울이 지역의 강을 얼게 해서, 물고기를 잡는 것이 어려웠어요.

#to부정사 #명사 역할 #주어

중심 생각

1 **글의 제목으로 가장 알맞은 것은?**

① French Fries Cooking Recipe
② Americans' Love of French Fries
③ Fishing Traditions in Belgium
④ The True Origin of French Fries
⑤ The French's Favorite Potato Dish

글의 흐름

2 **문장 (A)~(C)를 글의 흐름에 알맞게 배열한 것은?**

① (A)-(B)-(C) ② (B)-(A)-(C)
③ (B)-(C)-(A) ④ (C)-(A)-(B)
⑤ (C)-(B)-(A)

세부 내용

3 **글의 내용과 일치하는 것을 모두 고르세요.**

① 프랑스인은 매년 약 14킬로그램의 French fries를 먹는다.
② French fries는 프랑스에서 처음으로 만들어진 요리이다.
③ 벨기에의 한 도시 사람들은 튀긴 생선을 즐겨 먹었다.
④ 벨기에인은 감자 대신 생선을 튀겨 먹기 시작했다.
⑤ French fries는 만들어진 방식에서 비롯된 이름이다.

1일 1문장

4 **다음 굵게 표시된 부분에 주의하여 문장의 해석을 완성하세요.**

It's difficult / **to learn** a new language.

→ (~은) 어렵다 / ______________________________.

Knowledge

감자튀김의 원조 논쟁

감자튀김은 그 기원에 관하여 다양한 설이 존재하는데, 특히 프랑스와 벨기에에서 오랫동안 원조 논쟁이 이어졌다. 하지만 벨기에가 그 자격을 가질 만한 것으로 보인다. 벨기에인은 프랑스인보다 감자튀김을 더 많이 먹을 뿐만 아니라, 세계에서 가장 많은 감자튀김 가게(fritkots)를 보유하고 있는 나라 중 하나이다. 또한, 벨기에에는 세계 최초이자 지금까지 유일하게 프렌치프라이 박물관이 있다고 한다.

Words

- average 형 평균의, 보통의
- nearly 부 거의, 대략
- Belgium 명 벨기에 ((유럽 북서부의 왕국))
- claim 동 (사실이라고) 주장하다
- invent 동 발명하다
- fried 형 튀긴, 기름에 볶은
  cf. fry 동 기름에 튀기다
- create 동 창조하다, 만들다
- historical 형 역사적인, 역사상의
- support 동 (사실임을) 뒷받침하다; 지지하다
- cause A to-v A가 ~하도록 야기하다
- local 형 지역의, 현지의
- freeze 동 얼다; 얼리다
- prepare 동 준비하다
- cut A into pieces A를 조각으로 자르다
- thin 형 얇은, 가는

[문제]

1 recipe 명 요리법
  tradition 명 전통
  origin 명 기원

21

Psychology

단어 수 153
130 140 150

Sometimes, your parents don't like the music you listen to. They think it's just "a lot of noise." Interestingly, this happens with many parents, not just yours.

People often start to develop their musical taste when they're around 13 or 14 years old. In their 20s, they usually know what kinds of music they like, and they don't ______(A)______ much after that.

Why does this happen? First, teenagers have more time to find new music and make special memories with the songs. But as people get older, they usually get busier, and they will just listen to the music they know and love from the past. Some scientists think our brains ______(B)______ with age. This **makes it harder to tell** the difference between *chords, rhythms, and melodies. So to older people, newer and less familiar songs might all "sound the same."

There's nothing wrong with your parents. It's just how people naturally change.

*chord 화음, 코드

1일 1문장

This makes it harder / to tell the difference / between chords, rhythms, and melodies.
주어 동사 가목적어 보어 진목적어
이때, it은 가짜 목적어이므로 따로 해석하지 않아요.

해석 TIP 「make+it(가목적어)+형용사+to부정사(진목적어)」는 '…**하는 것을 ~하게 만들다**'라고 해석해요.
「주어+find/make+목적어+형용사」 구조에서 목적어 자리에 to부정사(구)가 쓰이면, 그 자리에 가짜 목적어 it을 쓰고 진짜 목적어인 to부정사(구)는 보어 뒤로 보내요.

해석 이것은 화음, 리듬, 그리고 멜로디 사이의 차이점들을 구별하는 것을 더 어렵게 만든다.

#to부정사 #명사 역할 #가목적어

중심 생각

1 글의 주제로 가장 알맞은 것은?

① why our parents listen to new songs
② how to change your musical taste
③ how age affects the music we listen to
④ different music tastes for each person
⑤ ways to communicate with your parents

빈칸 완성

2 글의 빈칸 (A), (B)에 공통으로 들어갈 말로 가장 알맞은 것은?

① begin ② stop ③ change
④ grow ⑤ listen

내용 요약

3 글의 내용과 일치하도록 빈칸에 알맞은 말을 〈보기〉에서 찾아 쓰세요.

보기: musical familiar new difference

Teenagers	• have more time to find ⓐ ____________ music • make special memories with songs
Older People	• are busier with life • listen to more ⓑ ____________ songs • have a harder time telling the ⓒ ____________ between chords, rhythms, and melodies

1일 1문장

4 다음 굵게 표시된 부분에 주의하여 문장의 해석을 완성하세요.

A dictionary makes **it** easier / **to understand** difficult words.

→ 사전은 ______________________________ 더 쉽게 만든다.

Words

- noise 명 소음, 소리
- interestingly 부 흥미롭게도
- develop 동 발전시키다
- musical 형 음악의, 음악적인
- taste 명 기호, 취향; 맛
- around 전 약, ~쯤
- teenager 명 십 대, 청소년
- memory 명 기억, 추억; 기억력
- past 명 과거; 지난날
- with age 나이가 들수록
- tell the difference (차이를) 구별하다
- rhythm 명 리듬, 음률
- melody 명 멜로디, 선율
- familiar 형 익숙한, 친숙한
- naturally 부 자연스럽게, 당연히

[문제]

1 communicate 동 의사소통하다
affect 동 영향을 미치다
3 have a hard time v-ing ~하는 데 어려움을 겪다
4 dictionary 명 사전

단어 Review

정답과 해설 p.45

영영 뜻 파악

A 다음 단어에 해당하는 알맞은 의미를 찾아 연결하세요.

1 communicate •　　　• ⓐ to cause a person or thing to change

2 claim •　　　• ⓑ to give information about something to someone

3 affect •　　　• ⓒ to say that something is true

문장 완성

B 다음 빈칸에 알맞은 단어를 〈보기〉에서 찾아 쓰세요.

보기				
familiar	local	conflict	prepare	retire

1 After 30 years, she will ______________ from her teaching career.

2 The ______________ market is a great place to find fresh vegetables.

3 His face looked ______________, but I couldn't remember his name.

4 Where do you usually ______________ for your exams?

문장 완성

C 다음 우리말과 일치하도록 빈칸에 알맞은 표현을 써보세요.

1 나는 그 쌍둥이들을 구별할 수 없다.

→ I can't ______________ ______________ ______________ between the twins.

2 미술 수업에서 우리는 색종이를 조각으로 잘랐다.

→ In the art class, we ______________ the colored paper ______________ ______________.

3 많은 유명한 예술가들이 젊은 나이에 세상을 떠났다.

→ Many famous artists ______________ ______________ at a young age.

B 1 career 명 직업, 직장 생활　C 1 twin 명 쌍둥이 (중의 한 명)

Review

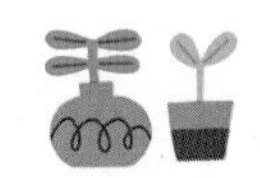

정답과 해설 p.45

문장 해석

A 다음 굵게 표시된 부분에 주의하여 문장을 해석해보세요.

1 I'm sad // **that** the summer vacation is over.

→ 나는 슬프다 // ______________________.

2 **It** is important / **to learn** from your mistakes.

→ (~은) 중요하다 / ______________________.

3 A lot of homework makes **it** hard / **to have** free time.

→ 많은 숙제는 ______________________ 만든다.

배열 영작

B 다음 우리말과 의미가 같도록 주어진 어구들을 올바르게 배열하세요.

1 내 새 신발은 하루 종일 걸어다니는 것을 편안하게 해주었다. (made / walk around / it / to / comfortable)

→ My new shoes ______________________ all day.

2 우리는 숙제를 제시간에 끝내서 행복하다. (happy / finished / our / homework / that / we)

→ We're ______________________ on time.

3 가족과 함께 시간을 보내는 것은 의미가 있다. (it's / time / spend / to / meaningful)

→ ______________________ with your family.

조건 영작

C 다음 우리말과 의미가 같도록 주어진 단어를 사용하여 문장을 완성하세요.

1 아이들이 젓가락을 사용하는 것은 쉽지 않다. (easy, use, chopsticks, to)

→ It's not ______________________ for children.

2 나의 선생님은 새로운 언어를 배우는 것을 쉽게 해주었다. (make, learn, to, easy, it)

→ My teacher ______________________ a new language.

3 나는 그가 자신의 생일에 아파서 안타까웠다. (sorry, be, sick, that)

→ I felt ______________________ on his birthday.

A 2 mistake 명 실수, 잘못 **3** free time 여가 시간 **B 1** comfortable 형 편안한 **2** on time 제시간에 **3** meaningful 형 의미 있는, 중요한
C 1 chopstick 명 젓가락 **3** sorry 형 안타까워하는, 유감스러워하는

DID YOU KNOW ...?

호주인들은 앵무새와 전쟁 중이라고요?

Animals

호주의 시드니에서는 코카투(cockatoo) 앵무새 때문에 곤욕을 겪고 있어요. 도시에 앵무새라니, 참 어울리지 않는 조합이에요. 이 앵무새는 원래 숲에 살던 똑똑한 새예요. 하지만 사람들이 숲을 개발하기 시작하면서, 서식지를 잃고 도시까지 내려오게 되었어요. 특히, 앵무새들이 쓰레기통을 뒤지는 문제가 심각해 시드니의 사람들은 쓰레기통 뚜껑을 열지 못하게 하기 위해 창의적인 방법들을 시도했어요. 벽돌과 같은 무거운 것들을 올려놓아 보기도 하고, 앵무새들이 겁을 먹도록 고무 뱀이나 날카로운 뿔들을 뚜껑 위에 올려 두기도 했어요. 이 방법들은 코카투 앵무새가 너무 똑똑한 나머지 오래가지 않아 소용없게 되었어요. 앵무새와 사람들이 서로 공존하는 방법을 찾지 못한다면, 앵무새 대 사람들의 전쟁은 앞으로도 계속될 것 같아요.

어른들과 아이들은 시간을 다르게 인식한다고요?

Psychology

어렸을 때는 길게만 느껴졌던 시간이 이제 짧게 느껴지는 경험을 해본 적이 있나요? 연구 결과에 따르면 어른과 아이는 시간을 다르게 인식한다고 해요. 어린아이들은 어른과 달리 시간을 절대적으로 받아들이지 않아요. 같은 10분이 지났더라도, 남에게 말할 수 있는 특별한 일이 많이 발생한 10분이 더 긴 시간이었다고 생각해요. 아이들은 이렇게 처음에는 시간을 나타내기 위해 특정한 일이 일어난 사건에 의존하지만, 학교에 입학하고 나면 정해진 시간표를 따르며 절대 시간 개념을 파악하기 시작한다고 해요.

Unit 08

Universe

단어 수 158
130 140 150

It has been more than 50 years since people last visited the Moon. Soon, astronauts will go back there on NASA's special mission. This time, they will wear new spacesuits! These new suits are the first redesign in 40 years.

The old suits were hard to move in and didn't fit everyone. On the other hand, the new spacesuits can be worn by at least 90% of American men and women. (①) Also, they are lighter and more flexible than the old ones. (②) So, astronauts can move more easily and study the Moon better. (③) The helmet has a video camera and lights for better viewing. (④) However, the actual spacesuit will still be white, just like the old one, to reflect heat and protect astronauts from extreme temperatures. (⑤)

The head of NASA said, "The new suit **will allow** more people **to visit** the Moon and **do** new science tests."

1일 1문장

~, "The new suit **will allow** / more people **to visit** the Moon [and] **(to) do** new science tests."

주어 / 동사 / A / to부정사1 / to부정사2

and 뒤에 반복되는 to부정사의 to는 생략할 수 있어요.

해석 TIP 동사 allow 뒤에 「A(목적어)+to부정사」가 오면, **'A가 ~하는 것을 허락하다[가능하게 하다]'**라고 해석해요.

해석 ~, "새 우주복은 더 많은 사람들이 달에 방문하고 새로운 과학 실험을 하게 해줄 것입니다."

#문장의 구조 #주+동+목+보(to부정사)

중심 생각

1 글의 제목으로 가장 알맞은 것은?

① History of NASA's Spacesuits for 40 Years
② Possible Dangers of Missions on the Moon
③ Various Spacesuits: The New Trend for NASA
④ Problems of the Old Spacesuits for the Mission
⑤ NASA's New Upgraded Spacesuits for Astronauts

글의 흐름

2 다음 문장이 들어갈 위치로 가장 알맞은 곳은?

The new design appears black to keep some of its secrets.

① ② ③ ④ ⑤

내용 요약

3 글의 내용과 일치하도록 빈칸에 알맞은 말을 본문에서 찾아 쓰세요.

The Strengths of the New Spacesuits

Better Fitting	At least 90% of American men and women can ⓐ ____________ them.
Easier to Move	They are lighter and more ⓑ ____________ than the old ones.
Better ⓒ ____________	The helmet has a video camera and lights.

1일 1문장

4 다음 굵게 표시된 부분에 주의하여 문장의 해석을 완성하세요.

The museum **allows** / visitors **to take** pictures.

→ 그 박물관은 ________________________________.

Knowledge

우주복이 없다면 어떤 일이 생길까?

우주복 없이 인체는 우주의 가혹한 환경을 오래 버티지 못할 것이다. 인간의 몸에는 적절한 기압이 필요한데 우주는 진공 공간으로 기압과 산소가 거의 없다. 우주복을 입지 않은 인간은 숨을 쉬지 못해 몇 분 내로 의식을 잃을뿐더러 결국 목숨까지 잃게 될 것이다. 또한, 만약 우주복이 제공해 주는 압력 보호 없이 우주의 진공에 갑자기 노출된다면, 체내의 기체(산소, 질소 등)가 아주 빠른 속도로 팽창해 목숨을 위협하는 상황에 놓이게 될 것이다.

Words

- **astronaut** 명 우주 비행사
- **go back** 돌아가다
- **mission** 명 임무, 사명
- **spacesuit** 명 우주복
  cf. suit 명 ~옷[복]; 정장
- **fit** 동 꼭 맞다
- **on the other hand** 반면에
- **at least** 적어도, 최소한
- **light** 형 가벼운 명 등, 빛
- **flexible** 형 신축성 있는; 유연한
- **view** 동 보다, 바라보다
- **actual** 형 실제의
- **reflect** 동 반사하다
- **protect** 동 보호하다, 지키다
- **extreme** 형 극도의, 극심한
- **temperature** 명 기온, 온도
- **head** 명 (단체, 조직의) 책임자
- **allow** 동 허락하다; 가능하게 하다

[문제]

1 possible 형 가능한
(↔ impossible 불가능한)
various 형 다양한, 여러 가지의
trend 명 유행, 트렌드
upgrade 동 개선하다
2 appear 동 ~인 것 같이 보이다 (= seem); 나타나다
3 strength 명 강점, 장점; 힘

23

Culture

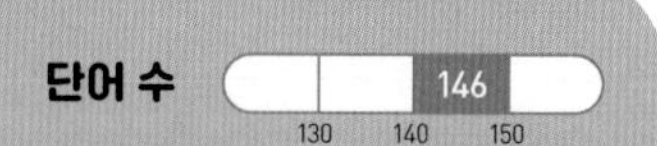

More than 80 different cultures use whistles as a language, especially those in places like forests or mountains. This is because a whistle's sound can travel much **farther than** regular talking or shouting.

On La Gomera in Spain's Canary Islands, some people use a whistle language named *Silbo Gomero* for communication. The language replaces each *vowel or **consonant with a whistling sound. Two whistles replace the five Spanish vowels, and there are four whistles for consonants. You can hear the difference in the whistles by how high or low they sound, and whether they are short or long.

In East and Southeast Asia, the Hmong people also communicate in whistles. They use different tones of whistles to carry different messages. So the same word can have different meanings.

Whistling is an interesting way to ______________. It shows that people can understand each other without using spoken words.

*vowel 모음
**consonant 자음

1일 1문장

This is // because a whistle's sound (주어) can travel (동사) *much* (수식어) **farther** / **than** regular talking or shouting.
= ~ than regular talking or shouting can travel.

해석 TIP 「A 형용사/부사의 비교급+than B」는 '**A는 B보다 더 ~한/~하게**'라고 해석해요.
이때, 비교급 앞에 much, even, a lot 등과 같은 부사를 쓰면 비교급을 강조하여 '**훨씬 더 ~한/~하게**'라는 의미를 나타낼 수 있어요.

해석 이것은 휘파람 소리가 일반적인 말이나 고함보다 훨씬 더 멀리 이동할 수 있기 때문이다.

#비교 표현 #비교급 #형용사/부사의 비교급+than

중심 생각

1 글의 주제로 가장 알맞은 것은?

① the problem of whistle languages
② the ways to make whistle languages
③ whistles as a language in different cultures
④ the steps for whistles to become a language
⑤ the reason why people use whistle languages

Knowledge 유네스코 문화유산에 등재된 휘파람 언어

유네스코 무형문화유산 위원회는 라고메라섬 전역에서 쓰이는 휘파람 언어인 실보 고메로(Silbo Gomero)를 2009년 인류무형문화유산으로 선정했다. 실보 고메로가 지역 사회에 대한 인식을 높이는 데 기여한 점이 높이 평가되었으며, 섬 주민들에 의해 이 언어가 널리 사용되는 점과 국가와 지역 사회가 언어의 보호와 촉진을 위해 지속 가능한 지지를 보장하는 점 등을 고려하여 선정했다고 밝혔다.

세부 내용

2 〈보기〉의 ⓐ~ⓔ 중, 두 휘파람 언어에 해당하는 것을 각각 골라 쓰세요.

보기
ⓐ 카나리아 제도의 한 섬에서 사용된다.
ⓑ 동아시아 및 동남아시아 지역에서 사용된다.
ⓒ 모음 휘파람과 자음 휘파람으로 표현된다.
ⓓ 소리의 높낮이와 길이로 구분할 수 있다.
ⓔ 음에 따라 같은 단어가 다른 의미를 나타낼 수도 있다.

Silbo Gomero	Hmong's Whistle Language

빈칸 완성

3 글의 빈칸에 알맞은 한 단어를 본문에서 찾아 쓰세요.

____

1일 1문장

4 다음 굵게 표시된 부분에 주의하여 문장의 해석을 완성하세요.

She finished the test much **faster** / **than** anyone else.

→ 그녀는 ______________________ / 다른 누구보다도.

Words

- whistle 명 휘파람 (소리) 동 휘파람을 불다
- language 명 언어
- **especially** 부 특히, 특별히
- **travel** 동 이동하다 (= move); 여행하다
- **farther** 부 더 멀리 (= further)
- regular 형 일반적인, 보통의
- shout 동 외치다, 소리치다
- **communication** 명 의사소통
  cf. communicate 동 의사소통하다
- replace A with B A를 B로 대신[대체]하다
- **difference** 명 차이
  cf. **different** 형 다른 (↔ same 같은)
- tone 명 음, 음색; 어조, 말투
- **carry** 동 전달하다; 운반하다
- message 명 메시지, 문자
- **each other** 서로
- **spoken word** 구어 ((음성으로 나타내는 말))

[문제]
1 step 명 단계
  reason 명 이유
4 **else** 부 또 다른

24

Food

단어 수 150

130 140 150

In the late 19th century, people made ice cream in fun shapes like turkeys, flowers, and even famous people's heads! They wanted their ice cream to look unique, so they created these fancy designs by using special metal *molds.

However, molded ice creams **weren't for everybody**. The ingredients for the ice cream were expensive, and it took a lot of time and effort to shape the ice cream. Keeping it from melting was also not easy. So, these desserts were mainly enjoyed by wealthy people at expensive restaurants and dinner parties.

But in the early 20th century, ice cream cones and bars were introduced. Everyone loved them because they were easier to eat and clean up. Also, new fridge technology made ice cream easier to store and cheaper. ____________, there was no need to make fancy-shaped ice cream anymore. That's why these molds became a part of history.

*mold 틀; (틀에 넣어) 만들다

1일 1문장

However, / molded ice creams weren't for **everybody**.

주어 / 동사 — 일부만 부정하는 것이므로 다른 일부는 '긍정'하는 의미를 나타내요.

해석 TIP every, all 등 전체의 의미를 나타내는 단어가 부정어와 함께 쓰이면 '**모두 ~인 것은 아닌**'과 같이 일부만 부정하는 의미를 나타내요.

해석 하지만, 틀에 넣어 만들어진 아이스크림이 모든 사람을 위한 것은 아니었다.

#특수 구문 #부정 #부분 부정

정답과 해설 p.49

1 What is the best title for the passage?

① Fancy Designs for Ice Cream
② Fancy Ice Cream for Rich People
③ Why Ice Cream Molds Became Popular
④ The History of Fancy Molded Ice Cream
⑤ The New Technology for Making Ice Cream

2 What is the best choice for the blank?

① However ② Similarly
③ For example ④ Meanwhile
⑤ In other words

3 Write T if the statement is true or F if it is false.

(1) ________ The special designs for ice cream were created by using plastic molds.
(2) ________ Ice cream cones and bars were introduced before the 19th century.

4 Fill in the blanks with the words from the passage.

Molded Ice Creams	• are mainly for ⓐ ____________ people • use expensive ⓑ ____________ • are difficult to shape and keep
Ice Cream Cones and Bars	• are for everyone • are easier to eat and clean up • are easier to store and ⓒ ____________

5 Fill in the blank with the Korean translation.

Not every book is interesting.

→ ______________________________________ 아니다.

Knowledge+

최초의 아이스크림은 어떤 형태였을까?

아이스크림은 생각보다 훨씬 오래된 디저트로 기원전 400년까지 거슬러 올라간다. 최초의 아이스크림은 오늘날 우리가 알고 있는 지금의 부드러운 식감이 아닌, 눈에 향료로 양념을 한 다소 거친 형태였다고 한다. 우유를 넣은 아이스크림은 고대 중국 상나라에서 물소 젖을 이용한 것에서 유래된 것으로 알려져 있으며, 지금의 아이스크림과 유사한 형태를 보이게 된 것은 1500년대에 아이스크림이 유럽으로 넘어가게 되면서부터라고 한다.

Words

- century 명 세기, 100년
- shape 명 모양, 형태 동 (어떤) 모양[형태]으로 만들다
- turkey 명 칠면조
- unique 형 독특한
- create 동 창조하다, 만들다
- fancy 형 멋진, 화려한
- metal 형 금속(제)의
- ingredient 명 재료, 성분
- effort 명 노력, 수고
- keep A from v-ing A가 ~하는 것을 막다
- melt 동 녹다, 녹이다
- dessert 명 후식, 디저트
- mainly 부 주로
- wealthy 형 부유한 (= rich)
- cone 명 (아이스크림용) 콘; 원뿔
- bar 명 막대기 모양의 것; 막대
- introduce 동 (처음으로) 들여 오다, 도입하다; 소개하다
- clean up 치우다, 청소하다
- fridge 명 냉장고 (= refrigerator)
- technology 명 (과학) 기술
- store 동 보관하다, 저장하다

단어 Review

정답과 해설 p.52

문맥 파악

A 다음 괄호 안에서 알맞은 단어를 고르세요.

1 The pond (acts / reflects) the trees like a mirror.

2 The artist used sand to (shape / carry) the castle.

3 I received a (message / step) from my friend yesterday.

4 The magazine shows this year's beauty (tones / trends).

유의어 찾기

B 다음 밑줄 친 단어와 비슷한 의미의 단어를 고르세요.

1 In winter, birds <u>travel</u> thousands of miles.

① protect ② create ③ move ④ view ⑤ replace

2 The island is a popular place for <u>wealthy</u> people.

① actual ② extreme ③ regular ④ various ⑤ rich

문장 완성

C 다음 빈칸에 알맞은 단어를 〈보기〉에서 찾아 쓰세요.

보기
shout   effort   fit   language   bar

1 This puzzle piece doesn't ______________ here.

2 It took a lot of ______________ to finish the marathon.

3 Reading is a great way to improve ______________ skills.

4 The coach began to ______________ to the players on the field.

A 1 pond 명 연못 2 castle 명 성, 성곽 3 receive 동 받다 **B** 1 mile 명 (복수로) 수 마일 (긴 거리) **C** 1 piece 명 조각 3 improve 동 향상시키다, 개선하다 4 coach 명 (스포츠 팀의) 코치

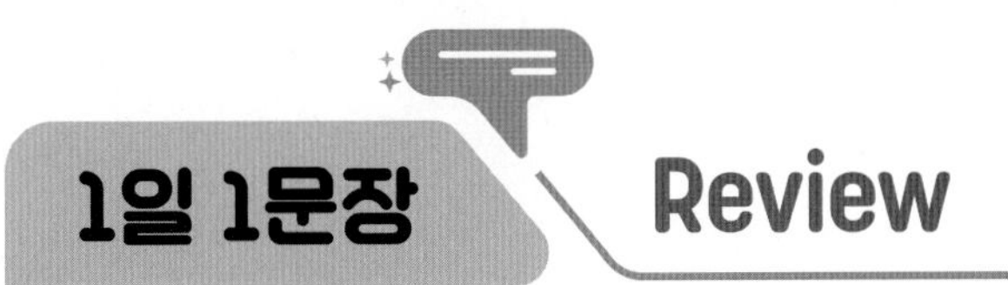

Review

정답과 해설 p.52

문장 해석

A 다음 굵게 표시된 부분에 주의하여 문장을 해석해보세요.

1 **Not every** dog is friendly / to strangers.

→ ______________________________ / 낯선 사람들에게.

2 This key **allows** / you **to open** the door.

→ 이 열쇠는 ______________________________.

3 This coat is much **warmer** / **than** my old jacket.

→ 이 코트는 ______________________________ / 내 오래된 재킷보다.

배열 영작

B 다음 우리말과 의미가 같도록 주어진 어구들을 올바르게 배열하세요.

1 시골은 도시보다 훨씬 더 조용하다. (quieter / much / the city / than)

→ The countryside is ______________________________.

2 리모컨은 우리가 TV 채널을 변경할 수 있게 해준다. (us / change / to / allows / the TV channel)

→ The remote control ______________________________.

3 모든 학생이 그 시험을 통과한 것은 아니다. (passed / the exam / every / not / student)

→ ______________________________.

조건 영작

C 다음 우리말과 의미가 같도록 주어진 단어를 사용하여 문장을 완성하세요.

1 이곳의 겨울은 우리 고향보다 훨씬 더 춥다. (cold, much, than)

→ The winter here is ______________________________ in our hometown.

2 그 특별한 티켓은 그들이 오늘 밤 영화를 볼 수 있게 해준다. (see, allow, the movie, to)

→ The special ticket ______________________________ tonight.

3 모든 문제가 해답을 가지고 있는 것은 아니다. (every, have, not, question)

→ ______________________________ an answer.

A 1 friendly 형 친절한, 우호적인 stranger 명 낯선 사람 **B 1** countryside 명 시골 지역 **C 1** hometown 명 고향

Interesting World

Culture

베트남의 색다른 십이지신, 고양이

2023년에 중국, 일본, 한국 등의 나라들은 '토끼의 해'를 맞이했어요. 하지만 한 나라만은 '고양이의 해'를 맞이했는데, 그 나라는 바로 베트남이에요! 베트남은 십이지신 중 토끼를 고양이로 대체하고 있어요. 한 전문가는 그 이유가 베트남이 저지대에 위치해 있기 때문이라고 해요. 초원지대인 중국은 야생 초원에 발견되는 토끼를 상징 동물로 삼았지만, 베트남인들은 토끼보다 더 쉽게 볼 수 있는 동물인 고양이를 고른 것이에요. 또한, 베트남인들이 토끼는 식량으로 여기는 반면, 고양이를 '같은 집에 거주하는 친구'로 여기는 경향이 있어요. 사실 동양권에서 구전으로 전해져 오는 십이지신 전설에는 고양이가 자주 등장해요. 고양이가 믿었던 쥐에게 배신을 당해, 늦잠을 자게 되어 옥황상제의 궁에 13번째로 도착하고 말았다는 이야기 말이에요. 결국, 고양이는 12개의 달을 상징하는 동물이 되지 못했으니 얼마나 안타까울까요? 적어도 베트남에서는 십이지신이 되었으니 고양이가 기뻐할지도 모르겠어요!

Unit
09

25

Body & Health

단어 수 130
130 140 150

*Saliva is more than just the liquid in our mouths; it helps us taste food and enjoy flavors. **Though it is 99 percent water**, it has a big effect on how things taste. It mixes with food and allows us to taste sweet, salty, or sour flavors.

Moreover, saliva changes depending on what we eat. In an experiment, when rats were fed bitter food, their saliva changed, and they started to accept the taste. (a) Of course, rats aren't people. (b) But researchers think our saliva works in a similar way. (c) For example, if you eat broccoli all the time, broccoli won't taste bad to you!

(d) Researchers hope to make healthy foods taste better by studying these interactions between saliva and food. (e) Saliva is unique for each person too. It may lead to new ways to encourage healthy eating.

*saliva 침, 타액

1일 1문장

Though it is 99 percent water, // it has a big effect on how things taste.
접속사 주어 동사 보어
although로 바꿔 쓸 수 있어요.

해석 TIP 「though+주어+동사 ~」는 '**(비록) ~이긴 하지만**'이라고 해석하며, 앞뒤 문장의 관계가 대조될 때 사용해요.

해석 비록 그것은 99퍼센트가 물이기는 하지만, 그것은 음식이 어떤 맛이 나는지에 큰 영향을 미친다.

#접속사 #부사절 #though

정답과 해설 p.53

중심 생각

1 글의 제목으로 가장 알맞은 것은?

① How Saliva Influences Taste
② Saliva Is Different for Each Person
③ Ways to Encourage Healthy Eating
④ Research on How to Enjoy Vegetables
⑤ Why Saliva Is Important for Our Health

Knowledge+

입 안을 깨끗하게 해주는 침

건강한 성인은 하루에 약 1.5리터의 침을 분비한다고 한다. 침은 우리 몸을 건강하게 유지하는 데 많은 역할을 하는데, 특히 우리의 입 안을 깨끗하게 유지하는 데 큰 역할을 한다. 침은 자연적인 구강청결제로서 음식 조각이나 박테리아를 입 안에서 씻어낸다. 또한 항균 효과가 있어, 충치나 잇몸 질환의 위험성을 줄이는 데에도 도움이 된다고 한다.

글의 흐름

2 글의 (a)~(e) 중, 전체 흐름과 관계없는 문장은?

① (a)　② (b)　③ (c)　④ (d)　⑤ (e)

내용 요약

3 글의 내용과 일치하도록 빈칸에 알맞은 말을 본문에서 찾아 쓰세요.

Saliva helps us ⓐ ____________ our food, and it ⓑ ____________ depending on what we eat. Researchers hope to use this knowledge to make ⓒ ____________ foods taste better.

1일 1문장

4 다음 굵게 표시된 부분에 주의하여 문장의 해석을 완성하세요.

Though the shirt was a bit expensive, // he bought it.

→ ______________________________, // 그는 그것을 구입했다.

Words

- liquid 명 액체
- flavor 명 맛, 풍미 (= taste)
- have an effect on ~에 영향을 미치다
- mix 동 섞다, 혼합하다
- allow A to-v A가 ~하도록 허락[허용]하다
- salty 형 짠, 짠맛이 나는
- sour 형 (맛이) 신, 시큼한
- depending on ~에 따라
- experiment 명 실험
- feed 동 먹이를 주다 (feed-fed-fed)
- bitter 형 맛이 쓴
- accept 동 받아들이다
- similar 형 비슷한, 유사한 (↔ different 다른)
- broccoli 명 브로콜리
- all the time 항상
- interaction 명 상호작용
- lead to (결과적으로) ~에 이르다
- encourage 동 권장하다; 격려하다

[문제]

1 influence 동 영향을 주다
3 knowledge 명 지식
4 a bit 약간, 조금

26

Technology

단어 수 150

130 140 150

Benjamin Franklin invented the *lightning rod to protect people from lightning. Now, scientists are trying to use lasers instead. We still use metal lightning rods on buildings today, but they only work for small areas, not large places like airports. That's why scientists have a new idea to keep us safe from lightning.

Scientists decided to test **if** a laser beam pointed at the sky could work like a big, movable lightning rod. Before, some studies said lasers might change the path of lightning, but they only tested this inside a lab. Recently, they tried this idea outside, and the laser lightning rod actually changed the path of some lightning strikes!

Next, scientists want to guide lightning across broad areas with lasers. ______________, they hope to make the laser device cheaper. If they can solve these problems, lasers could become a new kind of lightning rod for big areas.

*lightning rod 피뢰침

1일 1문장

Scientists decided to test // **if** a laser beam pointed at the sky could work like ~.

(Scientists: 주어 / decided: 동사 / to test // if ... could work like: 목적어)

if절은 to부정사의 목적어 역할도 할 수 있어요.

해석 TIP 「if+주어+동사 ~ (or not)」가 동사의 목적어 자리에 오면, **'~가 …인지 (아닌지)'**라고 해석해요.

해석 과학자들은 하늘을 가리키는 레이저 광선이 ~처럼 작동할 수 있는지 실험하기로 결정했다.

#접속사 #명사절 if #목적어

정답과 해설 p.54

중심 생각

1 **글의 제목으로 가장 알맞은 것은?**

① The Invention of the Lightning Rod
② The Laser: Necessary for a Better Life
③ The New Lightning Rod Using Lasers
④ The Efforts to Make the Lightning Rod
⑤ The Best Invention in History: The Lightning Rod

빈칸 완성

2 **글의 빈칸에 들어갈 말로 가장 알맞은 것은?**

① Instead
② However
③ In addition
④ For example
⑤ For this reason

세부 내용

3 **글의 내용과 일치하면 T, 그렇지 않으면 F를 쓰세요.**

(1) ________ 금속 피뢰침은 좁은 장소에서만 효과가 있다.
(2) ________ 과학자들은 레이저를 이용하여 번개의 움직임을 바꾸는 데 성공하지 못했다.

밑줄 추론

4 **글의 밑줄 친 a new idea가 의미하는 것으로 알맞은 것은?**

① 야외에서 피뢰침 사용이 가능해지는 방법
② 레이저 피뢰침을 더 저렴하게 만드는 방법
③ 레이저 피뢰침을 금속 피뢰침으로 바꾸는 방법
④ 레이저를 이용하여 금속 피뢰침을 대체하는 방법
⑤ 피뢰침을 사용하여 번개의 움직임을 바꾸는 방법

1일 1문장

5 **다음 굵게 표시된 부분에 주의하여 문장의 해석을 완성하세요.**

I want to know // **if** the store is open / tomorrow.

→ 저는 알고 싶어요 // ______________________________ / 내일.

Words

- **invent** 동 발명하다
  cf. **invention** 명 발명; 발명품
- **lightning** 명 번개
  cf. **lightning strike** 명 벼락, 낙뢰
- **protect A from B** A를 B로부터 보호하다
- **laser** 명 레이저
- **instead** 부 대신에
- **metal** 명 금속
- **work** 동 작동하다; 일하다
- **area** 명 지역, 구역
- **airport** 명 공항
- **beam** 명 광선, 빛줄기
- **point at** ~을 가리키다
- **movable** 형 움직이는
- **path** 명 길, 방향
- **lab** 명 실험실 (= laboratory)
- **recently** 부 최근에
- **guide** 동 (특정한 방향으로) 이끌다; 안내하다
- **broad** 형 (폭이) 넓은
- **device** 명 장치, 기기
- **solve** 동 해결하다, 풀다

[문제]
1 **necessary** 형 필요한
  effort 명 노력, 수고

27

Fun Facts

단어 수 151
130 140 150

It may sound strange, but horses were actually the biggest ____(A)____ for bakers in England for centuries. In *the Middle Ages, people ate a lot of bread — about 1.3 kilograms a day. But horses ate even more! They were fed a flat, brown bread called horse bread, which was different from the white bread people ate.

This special horse bread was made for working horses by using leftovers from the bakery. It was cheap, easy to carry and also good for the horses. It provided them with the energy **needed** for their hard work. When they had to carry people and things across the country, their owners didn't have to feed them huge amounts of grain and grass.

____(B)____, when the first railways opened in England in 1830, they replaced horses for carrying people or heavy things. So, horses didn't need to work as much and finally stopped eating horse bread.

*the Middle Ages 중세 시대

1일 1문장

It provided them / with *the energy* [**needed** for their hard work].
주어 동사 목적어
과거분사를 문장의 동사로 혼동하지 않도록 주의하세요.

해석 TIP 과거분사(p.p.)가 이끄는 어구가 바로 앞의 명사를 꾸며 줄 때는 '**~하게 된[~된] (명사)**'라고 해석해요.

해석 그것은 그것들에게 힘든 일에 필요한 에너지를 제공해 주었다.

#분사 #명사 수식 #과거분사

정답과 해설 p.56

중심 생각

1 **글의 주제로 가장 알맞은 것은?**

① what people in England ate in the Middle Ages
② the importance of horse bread to English bakers
③ the history of horse bread in England
④ why horses liked bread more than grain or grass
⑤ the difference between horse bread and white bread

빈칸 완성

2 **글의 빈칸 (A)에 들어갈 말로 가장 알맞은 것은?**

① changes ② problems
③ successes ④ customers
⑤ challenges

연결어

3 **글의 빈칸 (B)에 들어갈 말로 가장 알맞은 것은?**

① Also ② Therefore
③ However ④ In addition
⑤ For example

세부 내용

4 **글의 내용과 일치하면 T, 그렇지 않으면 F를 쓰세요.**

(1) ________ 중세 시대 영국에서는 말이 사람보다 빵을 더 많이 먹었다.
(2) ________ horse bread는 가격이 비싸지만 운반이 쉽다는 장점이 있었다.

1일 1문장

5 **다음 굵게 표시된 부분에 주의하여 문장의 해석을 완성하세요.**

She gave me / the advice **needed** to pass the test.

→ 그녀는 내게 ______________________________ 해주었다.

Words

- strange 형 이상한, 낯선
- actually 부 실제로는, 사실은
- baker 명 제빵사
  cf. bakery 명 빵집
- century 명 세기, 100년
- flat 형 납작한; 평평한
- different from ~와 다른
- leftovers 명 (먹다) 남은 음식, 찌꺼기
- provide A with B A에게 B를 제공하다
- have to ~해야 한다
- owner 명 주인, 소유주
- huge amounts of 엄청난 양의
- grain 명 곡물, 곡식
- railway 명 철도
- replace 동 대체[대신]하다

[문제]
1 difference 명 차이
2 challenge 명 도전

단어 Review

정답과 해설 p.58

영영 뜻 파악

A 다음 단어에 해당하는 알맞은 의미를 찾아 연결하세요.

1 feed •　　　　• ⓐ to give food to someone or something

2 necessary •　　　　• ⓑ to be used instead of something

3 replace •　　　　• ⓒ so important that you must do it or have it

문장 완성

B 다음 빈칸에 알맞은 단어를 <보기>에서 찾아 쓰세요.

보기
guide　　area　　flavor　　invent　　lab

1 I love the ____________ of vanilla ice cream.

2 Stars were used to ____________ ships at night.

3 This ____________ is well known for its delicious food.

4 The company wants to ____________ a device that saves electricity.

문장 완성

C 다음 우리말과 일치하도록 빈칸에 알맞은 표현을 써보세요.

1 날씨에 따라 나는 코트를 입을 것이다.

→ I'll wear a coat ____________ ____________ the weather.

2 그 농장은 매년 우리에게 신선한 야채를 제공한다.

→ The farm ____________ ____________ ____________ fresh vegetables every year.

3 음악은 사람들의 기분과 감정에 영향을 미친다.

→ Music ____________ an ____________ ____________ people's moods and emotions.

B 3 be known for ~로 알려져 있다　**4** electricity 명 전기, 전력　**C 3** mood 명 기분, 분위기　emotion 명 감정

1일 1문장 Review

정답과 해설 p.58

문장 해석

A 다음 굵게 표시된 부분에 주의하여 문장을 해석해보세요.

1 This is / a book **written** in the 1920s.

→ 이것은 ~이다 / ______________________.

2 She's wondering // **if** the library is open / today.

→ 그녀는 궁금해하고 있다 // ______________________ / 오늘.

3 We played outside // **though** it was getting dark.

→ 우리는 밖에서 놀았다 // ______________________.

배열 영작

B 다음 우리말과 의미가 같도록 주어진 어구들을 올바르게 배열하세요.

1 나의 부모님은 여동생이 씻어준 사과를 드셨다. (washed / the apples / by / my sister)

→ My parents ate ______________________.

2 그는 그 기차가 8시에 떠나는지 9시에 떠나는지 모른다. (the train / if / leaves / at 8 or 9)

→ He doesn't know ______________________.

3 그 팀은 이기지는 못했지만 좋은 경기를 펼쳤다. (they / didn't / though / win)

→ The team played well ______________________.

조건 영작

C 다음 우리말과 의미가 같도록 주어진 단어를 사용하여 문장을 완성하세요.

1 비가 내리고 있었지만 우리는 산책하러 가기로 결정했다. (rain, it, though, be)

→ We decided to go for a walk ______________________.

2 우리는 길에서 구조된 고양이를 돌보고 있다. (rescue, from the street, the cat)

→ We're taking care of ______________________.

3 Jeremy는 그녀가 지금 집에 있는지 확인하고 있다. (at home, if, be)

→ Jeremy is checking ______________________ right now.

A 2 wonder 동 궁금해하다 **C 1** go for a walk 산책하러 가다 **2** rescue 동 구조하다

Questions & Answers

Body & Health

Q 코감기에 걸리면 왜 한쪽 코만 막힐까요?

A 코감기에 걸렸을 때 한쪽 코가 막혀서 숨쉬기가 힘들어지는 경험을 한 적 있나요? 이 현상은 코의 주기(nasal cycle)와 관련 있는데요. 자율신경계에 의해 우리는 양쪽 콧구멍을 번갈아 가면서 숨을 쉬어요. 이때, 찬바람과 같은 자극이 한 쪽 콧구멍으로 들어오면 콧속의 '하비갑개'라는 뼈 점막이 부풀어 올라요. 코의 주기에 의해 이미 한쪽 콧구멍 숨길이 좁아진 상태에서 하비갑개까지 부풀어 오르면, 숨이 들어오고 나가는 길이 더 좁아지며 꽉 막힌 느낌이 들게 돼요. 반면, 넓은 상태였던 반대쪽 콧구멍은 하비갑개가 부풀어 올라도 막힘없이 숨을 쉴 수 있어 상대적으로 뚫린 느낌이 들게 돼요.

Q 초콜릿을 먹은 후에 양치는 언제 하는 게 좋을까요?

A 초콜릿이나 사탕을 먹고 난 후에 이가 썩을까 봐 곧바로 양치질을 하나요? 오히려 이것이 치아를 손상시키는 방법일 수도 있어요. 치아를 보호하는 단단한 덮개인 에나멜질은 음식을 먹게 되면 음식의 산(acid)으로 인해 약해지는데, 이때는 부드러운 칫솔도 치아를 상하게 할 수 있어요. 다행인 점은 입 안에 있는 침이 치아를 깨끗하고 안전하게 유지하는 데 도움을 주는데요. 음식을 먹고 난 후에 바로 양치하는 것보다 침이 충분히 제 역할을 하도록 30분 정도 기다렸다가 하는 것이 좋다고 해요.

Q 추울 때 우리의 머리카락은 빨리 자라나요?

A 춥거나 소름이 끼치면 피부에 닭살이 돋으면서 털이 바짝 서는 경험을 한 적이 있을 거예요. 그런데 추울 때 닭살이 돋는 것이 머리카락을 자라게 하는 데도 도움을 줄 수 있다는 새로운 연구 결과가 밝혀졌어요. 추위를 느낄 때 우리의 뇌는 피부 근육에 신호를 보내 피부를 수축시켜요. 이때 피부가 위로 당겨져 닭살이 돋게 되고 털을 바짝 세우게 돼요. 그런데 바로 이 과정에서 모낭의 줄기세포가 자극되기 때문에 머리카락이 빨리 자라는 데 도움을 준다고 해요. 추운 겨울에 동물의 털이 두껍게 자라는 것도 이런 방식이라고 해요.

Unit 10

단어 수 151 (130 140 150)

Social psychologist David W. Johnson studied how people usually handle problems. He found that we tend to think about **what** we want and **what** other people want too. He categorized five styles that people use to deal with conflicts with others.

The Turtle: Turtles run away from problems. They give up their own goals and relationships.

The Shark: Sharks want to win at any cost and don't care about others' needs.

The Teddy Bear: Teddy bears give up their goals to keep their relationships.

The Fox: Foxes can sacrifice some of their goals or persuade others to give up some of theirs.

The Owl: Owls work together to reach solutions. They try to find a solution everyone is happy with, even if it takes time.

Everyone has their unique ways of solving conflicts, and these styles can influence their relationships. ______________ ______________ can make the relationship last longer and be more satisfying. That's why understanding each person's style is important.

1일 1문장

~ we(주어) tend(동사) to think // about **what** we want [and] **what** other people want too.(목적어)

해석 TIP 관계대명사 what이 이끄는 절은 전치사(about, in, of 등)의 목적어로도 쓰일 수 있어요. **'~하는 것(들)'**로 해석하면 돼요.

해석 ~ 우리는 우리가 원하는 것과 다른 사람이 원하는 것 또한 생각하는 경향이 있다.

#관계대명사 #what

정답과 해설 p.59

세부 내용

1 **five styles에 관한 글의 내용과 일치하지 않는 것은?**

① Turtles: 문제를 회피하고 관계를 포기한다.
② Sharks: 무슨 일이 있어도 상대를 이겨야 한다.
③ Teddy Bears: 관계를 지키기 위해 자신의 목표를 포기한다.
④ Foxes: 상대방을 희생시켜 자신의 목표를 이룬다.
⑤ Owls: 시간이 걸리더라도 모두가 만족하는 방법을 찾는다.

빈칸 완성

2 **글의 빈칸에 들어갈 말로 가장 알맞은 것은?**

① Trying to win conflicts
② Changing your own styles
③ How people handle conflicts
④ Running away from problems
⑤ Giving up their own goals

내용 요약

3 **글의 내용과 일치하도록 빈칸에 알맞은 말을 본문에서 찾아 쓰세요.**

People ⓐ ____________ ____________ conflicts with others in different ways. Everyone has their ⓑ ____________ ways of problem-solving, and we should understand each person's style for a better relationship.

1일 1문장

4 **다음 굵게 표시된 부분에 주의하여 문장의 해석을 완성하세요.**

I'm interested in // **what** you think.

→ 나는 관심이 있다 // ________________________________.

Words

- **social psychologist** 사회 심리학자
- **handle** 동 다루다, 처리하다 (= deal with)
- **tend to-v** ~하는 경향이 있다
- **categorize** 동 분류하다
- **conflict** 명 갈등, 충돌
- **run away from** ~을 피하려 하다; ~로부터 도망치다
- **give up** 포기하다, 그만두다
- **goal** 명 목표 (= aim); 골, 득점
- **relationship** 명 관계
- **at any cost** 무슨 일이 있어도
- **care about** ~에 관심을 가지다, ~에 신경 쓰다
- **sacrifice** 동 희생하다
- **persuade A to-v** A가 ~하도록 설득하다
- **reach** 동 ~에 이르다, 도달하다
- **solution** 명 해결책, 해법
- **even if** (비록) ~일지라도
- **unique** 형 독특한, 특유의
- **influence** 동 영향을 주다
- **last** 동 계속되다, 지속되다 (= continue)
- **satisfying** 형 만족스러운

Universe

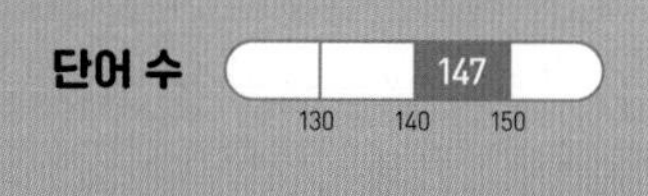

In bright cities, you can hardly see the stars. All around the world, more cities are using lights, causing light pollution. It is becoming a big problem.

Another cause of light pollution is that there are too many satellites near Earth. They mess up astronomers' pictures of the night sky. Because of this, **it's hard for them to make** new discoveries about space.

But what worries astronomers is that the brightness from these satellites adds to light pollution from city lights. This makes the night sky brighter, and makes it even harder to see the stars. Researchers found that the average night sky got brighter by 9.6% per year from 2011 to 2022. They gave an example to explain the result. If a child is born in a place where they can see 250 stars at night, that child will only see 100 stars 18 years later.

1일 1문장

Because of this, / it's hard *for them* to make new discoveries about space.

(it: 가주어 / 's: 동사 / hard: 보어 / for them: 의미상의 주어 / to make new discoveries about space: 진주어)

의미상의 주어가 대명사일 때는 for 뒤에 목적격 형태로 써야 해요.

해석 TIP 「it(가주어) ~ to부정사(진주어)」 문장에서 to부정사의 의미상 주어는 문장의 주어와 구분하기 위해 to부정사 바로 앞에 「for+A(목적격)」로 나타내요. 이때 '주어-동사'의 관계처럼 **'A가 ~하는 것은'**으로 해석하면 돼요.

해석 이 때문에, 그들이 우주에 관한 새로운 발견을 하는 것은 어렵다.

#to부정사 #의미상의 주어

중심 생각

1 글의 주제로 가장 알맞은 것은?

① how city lights cause light pollution
② what makes it hard to see the clear sky
③ how to take clear pictures of the night sky
④ future plans to send more satellites to space
⑤ the causes of light pollution and its problems

세부 내용

2 글의 내용과 일치하면 T, 그렇지 않으면 F를 쓰세요.

(1) ________ 인공위성은 빛공해를 일으키는 원인 중 하나이다.
(2) ________ 2011년부터 2022년까지 매년 평균 밤하늘이 9.6%씩 더 밝아졌다.

내용 요약

3 글의 내용과 일치하도록 빈칸에 알맞은 말을 본문에서 찾아 쓰세요.

Light Pollution

원인	• Bright city lights • Too many ⓐ ____________ near Earth
결과	• Astronomers are having trouble taking pictures of the night sky. • The night sky is becoming ⓑ ____________. • It is becoming ⓒ ____________ to see stars.

1일 1문장

4 다음 굵게 표시된 부분에 주의하여 문장의 해석을 완성하세요.

It's not easy / **for me to learn** a new sport.

→ (~은) 쉽지 않다 / ________________________________.

Knowledge+

어느 날 갑자기 우주쓰레기가 지구에 떨어진다면?

과거 미국의 지구관측위성이 우리나라에 떨어질 뻔하여 모두를 놀라게 한 적이 있었다. 어느 날 갑자기 내 머리 위로 지구 궤도를 돌고 있는 인공 우주물체가 떨어진다면 상상만 해도 끔찍한 일일 것이다. 이 우주 쓰레기들은 초속 7~11km의 매우 빠른 속도로 움직이므로 또 다른 인공위성, 우주선, 우주비행사 등과 충돌한다면 커다란 피해를 일으킬 수 있다.

Words

- bright 형 밝은, 빛나는
  cf. brightness 명 밝음, 빛남
- hardly 부 거의 ~않다
- cause 동 ~의 원인이 되다, 일으키다 명 원인, 이유
- pollution 명 오염, 공해
- satellite 명 인공위성
- mess up ~을 망치다, 엉망으로 만들다
- astronomer 명 천문학자
- discovery 명 발견 (= finding)
- add to ~에 더하다
- researcher 명 연구원
- average 형 평균의
- by 전 ~만큼, ~씩
- per 전 ~마다
- example 명 예, 예시
- explain 동 설명하다
- result 명 결과

[문제]
1 clear 형 맑은; 또렷한
3 have trouble v-ing ~하는 데 어려움을 겪다
4 language 명 언어

Technology

단어 수 147 (130 140 150)

*Solar panels are used to turn sunlight into electricity. Most of them are on land, but recently, people are trying to put floating solar panels on water. They are placed on floating platforms fixed to the bottom of lakes. They cost about 25% more than land panels.

They are expensive, but some benefits make solar panels a good idea. By putting these solar panels on 30% of lakes, they could make **10 times as much** energy **as** all current solar power. They can also save water by reducing **evaporation from lakes. Covering just 30% of lakes with solar panels could save as much water as 300,000 people would use in a year.

However, floating solar panels ________________. Too many solar panels could harm the plants and animals in the water. The scientists say it's important to study how these panels will affect each lake's water.

*solar panel 태양 전지판
**evaporation (액체의) 증발

1일 1문장

~, they could make / *10 times* as much energy / as all current solar power.
(they: 주어, could make: 동사, much energy: 목적어 — as ~ as 사이에 「형용사+명사」가 쓰이기도 해요.)

해석 TIP 비교 표현 「as+형용사/부사+as」 앞에 'twice(2배), three times(3배), four times(4배) ...'와 같은 배수 표현이 쓰이면 '**…의 몇 배 더 ~한/~하게**'라고 해석하며, 비교하는 대상이 몇 배 차이가 나는지 나타낼 수 있어요.

해석 ~, 그것들은 현재의 모든 태양열 에너지보다 10배 더 많은 에너지를 만들어 낼 수 있다.

#비교 표현 #원급 #배수 표현+as ~ as

1 **What is the best title for the passage?**

① How to Make Solar Panels Better
② What Makes Solar Panels Cheaper
③ The Limits of Using Solar Panels on Lakes
④ Great Energy Source: Solar Panels on Water
⑤ Underwater Solar Panels: The Future of Energy

Knowledge+

넘쳐나는 태양 에너지

태양 에너지는 지구에서 가장 풍족한 에너지원이다. 지구가 태양으로부터 한 시간 동안 받는 에너지는 무려 전 세계적인 에너지 필요량의 약 일 년 치를 채운다고 한다. 태양 에너지는 재생 에너지원으로 지구의 자원을 감소시키지 않는다는 장점이 있다. 태양은 앞으로 50억 년 동안은 거뜬하다고 하니, 태양 에너지는 오랜 시간 동안 인간의 에너지원으로 활용될 것으로 보인다.

2 **What is the best choice for the blank?**

① cannot be used
② aren't fixed well
③ aren't perfect yet
④ cannot save money
⑤ are all ready and working

3 **Fill in the blanks with the words from the passage.**

Floating Solar Panels

Pros	• can make more energy • can save water by ⓐ ____________ water evaporation
Cons	• cost about 25% more than land panels • can ⓑ ____________ the underwater life if there are too many

4 **Fill in the blank with the Korean translation.**

A newborn baby needs / **twice as much** sleep **as** an adult.

→ 신생아는 필요하다 / ______________________________.

Words

- be used to-v ~하는 데 사용되다
- turn A into B A를 B로 바꾸다
- sunlight 명 햇빛
- electricity 명 전기, 전력
- most of 대부분의 ~
- float 동 (물 위에) 뜨다
- place 동 설치하다, 두다
- platform 명 (장비 등을 올려놓는) 대(臺); (역의) 플랫폼
- fix 동 고정시키다; 수리하다 (= repair)
- bottom 명 밑바닥, 아랫부분
- cost 동 (비용이) 들다
- benefit 명 이득, 혜택
- current 형 현재의, 지금의
- save 동 절약하다, 아끼다
- reduce 동 줄이다, 낮추다
- harm 동 해치다 (= hurt)
- affect 동 영향을 미치다 (= influence)

[문제]

1 limit 명 제한, 한계
source 명 원천, 근원
underwater 형 물속의, 수중의
2 yet 부 (부정문에서) 아직
3 pros and cons 장단점

Review

정답과 해설 p.65

문맥 파악

A 다음 괄호 안에서 알맞은 단어를 고르세요.

1 We (hardly / recently) had any snow this winter.

2 She told us the (pollution / benefit) of a balanced diet.

3 Her (goal / relationship) was to finish the game, not to win it.

4 You should learn how to (place / handle) conflict with your friends.

유의어 찾기

B 다음 밑줄 친 단어와 비슷한 의미의 단어를 고르세요.

1 Smoking can <u>harm</u> your lungs.

① float ② cause ③ hurt ④ categorize ⑤ order

2 They are excited about the new <u>discovery</u> of the planet.

① researcher ② finding ③ bottom ④ example ⑤ satellite

문장 완성

C 다음 빈칸에 알맞은 단어를 〈보기〉에서 찾아 쓰세요.

보기

satisfying average affect persuade cost

1 My uncle is looking for a new and ________________ job.

2 In our class, the ________________ score on the test was 70.

3 Watching too much TV can ________________ your eyesight.

4 Amy tried to ________________ me to go to the concert with her.

A 2 balanced 형 균형 잡힌 diet 명 식사, 식습관 B 1 smoking 명 흡연 lung 명 폐 2 planet 명 행성; 지구 C 3 eyesight 명 시력

Review

정답과 해설 p.65

문장 해석

A 다음 굵게 표시된 부분에 주의하여 문장을 해석해보세요.

1 She is proud of // **what** she has achieved.

→ 그녀는 자랑스러워한다 // ______________________.

2 Their team has / **twice as many** players **as** our team.

→ 그들의 팀은 가지고 있다 / ______________________.

3 **It**'s difficult / **for him to wake up** / early in the morning.

→ (~은) 어렵다 / ______________________ / 아침에 일찍.

배열 영작

B 다음 우리말과 의미가 같도록 주어진 어구들을 올바르게 배열하세요.

1 식물들이 자라기 위해 햇빛을 받는 것은 필수적이다. (to / get / for / plants / sunlight)

→ It's essential ______________________ to grow.

2 그 차는 오토바이보다 휘발유를 세 배 더 많이 사용한다. (as / much / three times / gas / as)

→ The car uses ______________________ the motorcycle.

3 그들은 미술관에서 본 것에 놀랐었다. (by / saw / what / they)

→ They were surprised ______________________ at the gallery.

조건 영작

C 다음 우리말과 의미가 같도록 주어진 단어를 사용하여 문장을 완성하세요.

1 아이들이 길가에서 노는 것은 위험하다. (kids, play, to, for)

→ It's dangerous ______________________ near the road.

2 그녀는 남동생보다 네 배 더 많은 책을 가지고 있다. (as, books, four times, many)

→ She has ______________________ as her brother.

3 그 부모님은 그들의 아들이 아침 식사로 만든 것에 깜짝 놀랐다. (their son, cook, what)

→ The parents were amazed at ______________________ for breakfast.

A 1 be proud of ~을 자랑스러워하다 achieve 동 성취하다, 달성하다 **B 1** essential 형 필수적인 **3** be surprised by ~에 놀라다 gallery 명 미술관
C 3 be amazed at ~에 깜짝 놀라다

Technology

Quiz #1

Q1 기원전 700년부터 인류는 태양 에너지를 사용했는데, □□ □□를 사용해 불을 만들었어요.

Q2 1950년대부터 많은 국가는 태양 에너지로 인공위성 및 □□ □□□을 쏘아 올렸어요.

Q3 태양 에너지는 □□이나 가스보다 더 저렴하며, 가장 저렴한 전기라고 해요.

Universe

Quiz #2

Q4 태양계에서 에베레스트산보다 세 배나 더 큰 올림푸스 몬스(Olympus Mons) 화산을 가진 행성은 어디일까요?

ㅎ ㅅ

Relationship

Quiz #3

Q5 위험한 상황에서 이성을 만나면 평범한 환경에서 만날 때보다 사랑에 빠질 확률이 더 높아요. …… O X

Q6 사랑하는 두 사람이 서로의 눈을 바라보면 놀랍게도 두 사람의 심장박동이 일치하게 돼요. …… O X

Q7 사랑하는 사람의 사진을 보는 것만으로는 신체적인 고통을 줄여줄 수 없다고 해요. …… O X

정답 **Q1** 유리 렌즈 **Q2** 우주 왕복선 **Q3** 석탄 **Q4** 화성 **Q5** ○ **Q6** ○ **Q7** ×

Unit 11

Reading 31

2,000년이 넘었는데 안 무너진다고요?

Reading 32

프랑스의 국민 빵을 지켜라!

Reading 33

'이것' 없는 영화관은 상상하기 힘들어

31
Technology

단어 수 147
130 140 150

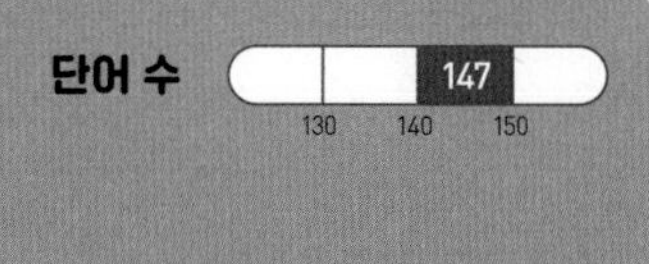

The ancient Romans were great engineers and builders, so they created many impressive structures. Their concrete buildings have survived for over 2,000 years. For many years, researchers **have tried** to figure out the mystery of strong Roman concrete. Now, they believe they have finally found the secret: self-healing concrete!

To make their concrete, Romans mixed *lime, volcanic ash, and water at high temperatures. Researchers noticed small white chunks called "lime **clasts" in Roman concrete. (①) These were formed from high-temperature reactions. (②) In fact, this hot mixing process was what gave the ancient concrete a "self-healing ability." (③) When lime clasts come into contact with water, they act like glue. (④) They fill tiny cracks and repair damage. (⑤)

This explains why ancient Roman buildings remain in good condition today. Researchers hope their findings could help improve modern concrete.

*lime 석회
**clast 쇄설암 ((바위의 부스러기가 이동하고 쌓여서 생긴 암석))

1일 1문장

For many years, / researchers **have tried** to figure out the mystery of strong Roman concrete.
수식어 / 주어 / 동사 / 목적어

해석 TIP 현재완료 「have/has+과거분사(p.p.)」가 'for+기간'과 함께 쓰이면 '**(지금까지) 쭉 ~해왔다**'라는 의미를 나타내요.

해석 수년 동안, 연구원들은 튼튼한 로마 콘크리트의 미스터리를 알아내기 위해 노력해 왔다.

#시제 #현재완료 #계속

중심 생각

1 글의 주제로 가장 알맞은 것은?

① 로마 건축물의 오래된 역사
② 위대한 고대 로마 기술자들
③ 로마의 문화를 엿볼 수 있는 건축물
④ 현대 콘크리트 기술을 개선하는 방법
⑤ 고대 로마 콘크리트가 오래 지속되는 비밀

글의 흐름

2 다음 문장이 들어갈 위치로 가장 알맞은 곳은?

This reaction happens naturally and quickly fixes the cracks before they get bigger.

① ② ③ ④ ⑤

세부 내용

3 lime clasts에 관한 글의 내용과 일치하면 T, 그렇지 않으면 F를 쓰세요.

(1) ________ 저온 반응을 통해 형성된다.
(2) ________ 물과 접촉하면 접착제처럼 작용한다.

내용 요약

4 글의 내용과 일치하도록 빈칸에 알맞은 말을 본문에서 찾아 쓰세요.

The ancient Romans built strong ⓐ ____________ buildings that lasted over 2,000 years. Researchers have finally found the secret: a ⓑ ____________ ability in the ancient concrete.

1일 1문장

5 다음 굵게 표시된 부분에 주의하여 문장의 해석을 완성하세요.

They **have worked** at the store / for 5 years.

→ ________________________________ / 5년 동안.

Words

- ancient 형 고대의
- engineer 명 기술자
- impressive 형 인상적인, 감명 깊은
- structure 명 구조물; 구조
- concrete 명 콘크리트
- figure out 알아내다
- mystery 명 미스터리
- self-healing 형 스스로 치유하는
- volcanic ash 화산재
- temperature 명 기온, 온도
- notice 동 알아차리다, 인지하다; 주목하다
- chunk 명 덩어리
- form 동 형성시키다, 형성되다
- reaction 명 (화학적인) 반응
- in fact 사실은
- ability 명 능력
- come into contact with ~와 접촉하다
- glue 명 풀, 접착제
- tiny 형 아주 작은
- crack 명 갈라진 금, 틈
- repair 동 수리하다 (= fix)
- damage 명 손상, 피해 (= harm)
- remain 동 계속 ~이다; 남다
- improve 동 향상시키다, 개선하다
- modern 형 현대의

[문제]
2 naturally 부 자연스럽게

32

Culture

단어 수 

A baguette is a long, thin type of bread from France. It is very common for the French to eat this bread during every meal. It's surprising to know that six billion baguettes are sold in France every year! Early in the morning, you **can** easily see people **buying** fresh baguettes from bakeries.

(a) In the past, there were many traditional bakeries in France and each of them had unique baguette-baking skills. (b) However, since 1970, France has lost 400 traditional bakeries each year. (c) Most of these small bakeries that closed were in the countryside. (d) Bakeries increased the price of baguettes due to rising ingredient costs. (e) Small bakeries found it hard to stay open because of big supermarkets and stores.

UNESCO tried to protect the traditional baguette-baking methods for the future. They added the traditional know-how and culture of baguette bread to their list of "*Intangible Cultural Heritage." This will help keep such traditions and knowledge alive for a long time.

***Intangible Cultural Heritage** 무형문화유산 ((비물질적인 형태의 문화적 가치를 지닌 유산))

1일 1문장

Early in the morning, / you **can** easily **see** people **buying** fresh baguettes from bakeries.

you: 주어 / can ~ see: 동사 / people: A / buying: 현재분사 (동사원형 buy를 쓸 수도 있어요.)

해석 TIP 동사 see 뒤에 「A(목적어)+현재분사(-ing)」가 오면, **'A가 ~하고 있는 것을 보다'**라고 해석해요.
목적격보어로 동사원형 대신 현재분사(-ing)가 오면 동작이 계속 진행 중이라는 것을 강조해요.

해석 아침 일찍, 당신은 사람들이 빵집에서 신선한 바게트를 사고 있는 것을 쉽게 볼 수 있다.

#문장의 구조 #주+동+목+보(현재분사)

정답과 해설 p.67

중심 생각

1 **글의 주제로 가장 알맞은 것은?**

① why people love baguettes in France
② problems of traditional bakeries in France
③ the worldwide issue of large supermarkets
④ learning traditional baking methods in France
⑤ protecting traditional baguette culture in France

글의 흐름

2 **글의 (a)~(e) 중, 전체 흐름과 관계없는 문장은?**

① (a)　② (b)　③ (c)　④ (d)　⑤ (e)

세부 내용

3 **글의 내용과 일치하면 T, 그렇지 않으면 F를 쓰세요.**

(1) ________ 매년 프랑스에서는 60억 개의 바게트가 팔린다.
(2) ________ 프랑스 전통 빵집들의 바게트를 만드는 기술은 서로 비슷했다.

내용 요약

4 **글의 내용과 일치하도록 빈칸에 알맞은 말을 본문에서 찾아 쓰세요.**

France has lost many ⓐ ____________ bakeries selling baguettes because of big supermarkets and stores. UNESCO ⓑ ____________ the tradition of baking baguettes to their list of intangible cultural heritage to ⓒ ____________ it.

1일 1문장

5 **다음 굵게 표시된 부분에 주의하여 문장의 해석을 완성하세요.**

I **saw** / him **playing** soccer / on the playground.

→ 나는 보았다 / ________________________________ / 운동장에서.

Knowledge

바게트는 왜 길쭉할까?

많은 사람들은 바게트 특유의 가늘고 길쭉한 모양이 굽는 시간을 단축하기 위한 것이라고 주장한다. 실제로 18세기 제빵사들은 아침 식사 시간에 맞춰 신선한 빵을 구워내기 위해 밤새 고된 야근을 해야만 했고, 1902년 프랑스 정부는 제빵사들의 건강을 보호하기 위해 밤 10시부터 새벽 4시까지는 빵을 굽지 못하도록 하는 법을 제정했다. 이에 빵을 구울 시간이 모자라자 반죽이 빨리 익을 수 있도록 빵을 길쭉하게 만들었다는 설이 유력하다.

Words

- thin 형 얇은; 마른
- common 형 흔한; 공통의
- meal 명 식사, 끼니
- billion 명 10억
- easily 부 쉽게, 수월하게
- bakery 명 빵집, 제과점
- in the past 과거에
- traditional 형 전통적인
  cf. tradition 명 전통
- skill 명 기술, 솜씨
- countryside 명 시골 지역
- increase 동 늘다, 증가하다 (↔ decrease 줄다, 감소하다)
- due to ~ 때문에
- rise 동 오르다, 증가하다
- ingredient 명 재료, 성분
- method 명 방법, 방식
- know-how 명 전문 지식, 노하우
- list 명 목록, 명단
- keep A alive A를 그대로 잇다[존속시키다]

[문제]

1 worldwide 형 세계적인

33

History

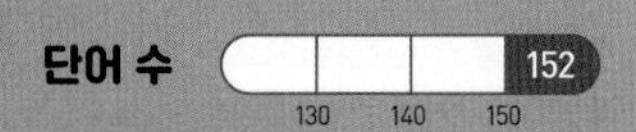
단어 수 152 (130 140 150)

Did you know that popcorn was not always allowed in American movie theaters? This was because movie theaters were luxurious places for only high-class customers before 1927. The theater owners didn't want people to make noise while they were eating popcorn at the movies. So, they weren't sure about allowing popcorn inside their theaters.

_____(A)_____, during *the Great Depression, many people lost their jobs and had a hard time. They needed a place to have fun with less money, and that was the theater. At that time, going to a movie was cheaper than other activities. _____(B)_____, movie theaters became popular places! **As more and more people went to movie theaters**, owners finally started selling popcorn. They allowed the sale of popcorn in the lobby of their theaters.

Today, for most movie theaters, popcorn is a big part of making money. It will always be a favorite snack for moviegoers!

*the Great Depression 대공황 ((1930년대 미국에서 시작된 세계적인 경제 불황))

1일 1문장

As(접속사) more and more people(주어) went(동사) to movie theaters(수식어), // owners finally started selling popcorn.

해석 TIP 접속사 as 뒤에 「주어+동사 ~」가 오면 '**~하면서[~할 때]**'라고 해석해요. 이때, 문맥에 따라 알맞은 의미로 해석하는 것이 중요해요.

해석 점점 더 많은 사람들이 영화관에 가게 되면서, 영화관 주인들은 마침내 팝콘을 팔기 시작했다.

#접속사 #부사절 #as

정답과 해설 p.69

연결어

1 글의 빈칸 (A), (B)에 들어갈 말로 가장 알맞은 것은?

	(A)		(B)
①	Therefore	…	For example
②	However	…	Nevertheless
③	However	…	As a result
④	Therefore	…	As a result
⑤	In short	…	In addition

세부 내용

2 글을 읽고 대답할 수 없는 질문은?

① Who were movie theaters for before 1927?
② Why wasn't popcorn sold in movie theaters?
③ What happened during the Great Depression?
④ How much did it cost to go to the movies?
⑤ Where did theaters allow people to sell popcorn?

내용 요약

3 글의 내용과 일치하도록 빈칸에 알맞은 말을 본문에서 찾아 쓰세요.

Before 1927	Popcorn was not ⓐ ______________ in American movie theaters.
During the Great Depression	Theaters became popular and theater owners started ⓑ ______________ popcorn in the lobby.
Today	Popcorn remains a favorite snack for moviegoers.

1일 1문장

4 다음 굵게 표시된 부분에 주의하여 문장의 해석을 완성하세요.

As he watched TV, // he ate some snacks.

→ ________________________________, // 간식을 약간 먹었다.

Knowledge+

어디서나 쉽게 즐겨요, 이동식 팝콘 기계!

팝콘은 한때 유동 인구가 많은 카니발, 축제, 그리고 시장에 위치한 팝콘 가게에서만 구매 가능한 음식이었다. 하지만, 이동식 팝콘 기계의 등장 덕분에 팝콘은 곧 어디서나 쉽게 찾아볼 수 있게 되었다. 기계의 수레 디자인은 어디서나 팝콘을 만들기 쉽게 했고, 이에 팝콘 노점상들은 수레를 끌어 행사장, 공원, 길거리, 그리고 영화관 등 다양한 곳들에서 자유롭게 팝콘을 판매할 수 있었다. 이곳저곳에서 흔하게 볼 수 있는 간식이 된 팝콘의 인기는 곧 하늘을 찔렀다.

Words

- allow 동 허락하다, 허용하다
- luxurious 형 사치스러운, 호화로운
- high-class 형 상류층의 (↔ low-class 하층 계급의)
- owner 명 소유주, 주인
- make noise 소음을 내다
- be sure about ~에 대해 확신하다
- have a hard time 힘든 시간을 보내다
- activity 명 활동
- sale 명 판매, 매매
- lobby 명 (호텔·극장 등의) 로비
- make money 돈을 벌다, 수익을 얻다
- snack 명 간식
- moviegoer 명 영화 관람객[영화팬]

Review

정답과 해설 p.71

영영 뜻 파악

A 다음 단어에 해당하는 알맞은 의미를 찾아 연결하세요.

1 ability •　　　　• ⓐ a way of doing something

2 method •　　　　• ⓑ the power or skill to do something

3 form •　　　　• ⓒ to make or create something

문장 완성

B 다음 빈칸에 알맞은 단어를 〈보기〉에서 찾아 쓰세요.

보기
improve　　list　　allow　　crack　　snack

1 I noticed a small ____________ in the window.

2 Eating vegetables can ____________ your health.

3 The library does not ____________ food or drinks inside.

4 Please check the shopping ____________ before going to the store.

문장 완성

C 다음 우리말과 일치하도록 빈칸에 알맞은 표현을 써보세요.

1 너는 이 질문에 대해 정답을 확신하니?

→ ____________ you ____________ ____________ the answer to this question?

2 나는 마침내 이 문제를 푸는 방법을 알아냈다.

→ I finally ____________ ____________ a way to solve this problem.

3 그는 여행 동안 다양한 문화와 접촉했다.

→ He ____________ ____________ ____________ with various cultures during his trip.

A ⓒ create 창조하다, 만들다　C 2 solve 동 (문제를) 풀다, 해결하다　3 various 형 다양한, 여러 가지의

1일 1문장 Review

정답과 해설 p.71

문장 해석

A 다음 굵게 표시된 부분에 주의하여 문장을 해석해보세요.

1 They**'ve lived** in Paris / for five years.

→ 그들은 ________________________ / 5년간.

2 **As** I walked on the street, // I felt the fresh air.

→ ________________________, // 신선한 공기를 느꼈다.

3 He **saw** / his dog **running** / around the park.

→ 그는 보았다 / ________________________ / 공원 주변에서.

배열 영작

B 다음 우리말과 의미가 같도록 주어진 어구들을 올바르게 배열하세요.

1 나는 음악을 들으면서, 소파에서 휴식을 취했다. (I / music / listened to / as)

→ ________________________, I relaxed on the sofa.

2 나는 3년 동안 바이올린을 연주해왔다. (the violin / have / played / for three years)

→ I ________________________.

3 우리는 가을에 나무에서 나뭇잎들이 떨어지고 있는 것을 보았다. (the trees / falling / saw)

→ We ________________________ from the trees in the fall.

조건 영작

C 다음 우리말과 의미가 같도록 주어진 단어를 사용하여 문장을 완성하세요.

1 그들은 하늘에서 새들이 날아다니고 있는 것을 보았다. (see, the birds, fly)

→ They ________________________ in the sky.

2 Mike와 나는 수년간 함께 일해왔다. (work)

→ Mike and I ________________________ together for many years.

3 그들은 농구를 하면서, 땀을 많이 흘렸다. (play, basketball, as)

→ ________________________, they sweated heavily.

B 1 relax 통 휴식을 취하다; 긴장을 풀다 **C 3** sweat 통 땀을 흘리다 heavily 부 심하게, 아주 많이

TRUTHS & WONDERS

Technology

폼페이에는 '투명' 태양 전지판이 있어요

"태양 에너지로 전기세를 낮추어요!"

이탈리아의 고대 도시 폼페이는 많은 관광객이 방문하는 거대한 유적지예요. 하지만 그 크기가 워낙 큰 덕분에 조명 시스템에 들어가는 전기세도 어마 무시하다고 해요. 이 문제에 대한 해결책으로 폼페이는 태양 전지판을 선택했어요. 하지만, 고대 유적지인 만큼 태양 전지판이 폼페이의 경관을 해치지 않는 것이 가장 중요했어요. 이에 폼페이는 2018년부터 태양 전지판을 주택의 붉은색 테라코타 기와와 동일한 모양으로 만들어 설치했어요! 태양 전지판은 설치되었다는 사실을 눈치채지 못할 정도로 자연스럽다고 해요. 다른 국가들도 이 혁신적인 기술을 도입할 예정이에요.

Culture

미국인들이 한때 싫어했던 스팸의 인기

"이 맛있는 햄을 싫어했다고요?"

우리나라에서 스팸은 명절 선물에 항상 포함될 정도로 대중적인 인기를 누리고 있어요. 하지만 정작 스팸의 원조 국가인 미국에서는 하대 받았다는 사실을 알고 있나요? 1937년에 발명된 이 통조림 햄은 제2차 세계대전 동안 군인들에게 보급되었어요. 1970~1980년대쯤에는 미국인들 모두가 스팸에 질려 코미디언들이 스팸은 아무도 원하지 않는 음식이라는 농담을 하기도 했어요. 하지만 미국에서 스팸은 최근 들어 인기가 다시 높아지고 있어요. 이는 아시아계 요리사들 덕분이에요. 볶음밥, 무스비 등의 음식을 통해 대중들에게 스팸은 새롭게 소개되었고, 이는 긍정적인 이미지를 심어주었어요!

Unit 12

Reading 34

인터넷이 느리다면 바닷속을 들여다봐!

Reading 35

동물의 심장을 사람에게 줄 수 있다면?

Reading 36

모두가 배부른 세상을 위하여

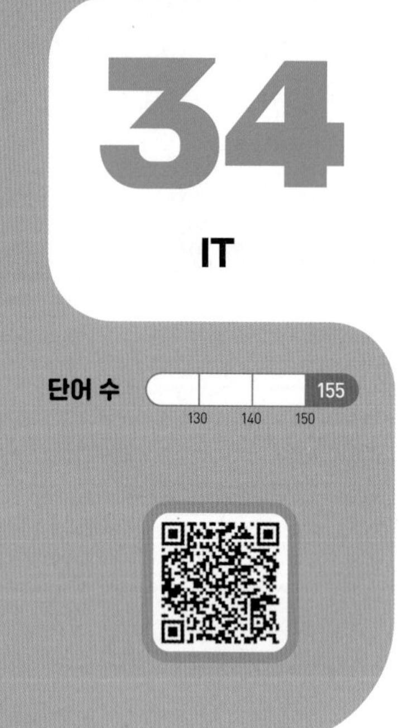

Data doesn't just float in the cloud; it ________________ ________________. More than 95 percent of international data is sent by them. They are hundreds of thousands of miles long and lie 8,000 meters below the ocean's surface — almost as deep as Mount Everest is tall. The cables are safest in deep water.

Laying these cables is hard work. Workers use special ships to place cables and must choose the best path for the cables, avoiding fishing areas or military zones. This work can take months at sea.

You might wonder, "Why don't we use satellites for the internet?" Using satellites can have delays. But, the undersea cables are very fast because they use *optical fibers that send data almost **as fast as** light! As more people use the internet, we'll need more cables. So, if your internet is slow sometimes, just be more patient. The workers are doing their best.

*__optical fiber__ 광섬유 ((빛을 전송하기 위해 유리로 특수 제작된 가는 선))

1일 1문장

~ because they(주어) use(동사) optical fibers that send data almost(목적어) **as fast** / **as** light!

= ~ as light sends data.

해석 TIP 「A as+형용사/부사+as B」는 '**A는 B만큼 ~한/~하게**'라고 해석해요. A와 B 두 대상을 비교해서 서로 정도가 비슷하거나 같을 때 사용해요.

해석 그것들은 거의 빛만큼 빠르게 데이터를 전송하는 광섬유를 사용하기 때문에 ~!

#비교 표현 #원급 #as ~ as

빈칸 완성

1 글의 빈칸에 들어갈 말로 가장 알맞은 것은?

① is sent through satellites
② helps us understand the world
③ comes in many different forms
④ is growing with new information
⑤ travels through big cables under the sea

세부 내용

2 해저 케이블에 관한 글의 내용과 일치하면 T, 그렇지 않으면 F를 쓰세요.

(1) ________ 해저 8,000미터 깊이에 놓여 있다.
(2) ________ 필요시 어업 구역이나 군사 지역에도 설치된다.

내용 요약

3 글의 내용과 일치하도록 빈칸에 알맞은 말을 본문에서 찾아 쓰세요.

Undersea Cables

쓰임	They send more than 95 percent of international ⓐ ____________.
깊이	They are almost as deep as Mount Everest is high.
설치	• Laying cables is a ⓑ ____________ job. • Workers use special ships to place cables. • This work takes months.
속도	They use optical fibers to send data almost as fast as ⓒ ____________.

1일 1문장

4 다음 굵게 표시된 부분에 주의하여 문장의 해석을 완성하세요.

She enjoys playing ping pong **as much** / **as** her brother.

→ 그녀는 탁구를 치는 것을 많이 즐긴다 / ________________________.

Words

- **data** 명 정보, 데이터
- **float** 동 떠다니다, 떠돌다
- **international** 형 국제적인
- **hundreds of thousands of** 수십만의
- **mile** 명 (복수로) 수마일 (긴 거리)
- **lie** 동 (기다랗게 가로) 놓여 있다 (lie-lay-lain)
- **below** 전 ~보다 아래에
- **surface** 명 표면, 지면, 수면
- **Mount** 명 산 (= Mt.)
- **lay** 동 놓다, 두다 (lay-laid-laid)
- **path** 명 길, 통로
- **avoid** 동 피하다
- **area** 명 지역, 구역 (= zone)
- **military** 형 군사의, 군대의
- **wonder** 동 궁금해하다
- **delay** 명 지연, 지체
- **undersea** 형 바다 속의, 해저의
- **patient** 형 참을성 있는
- **do one's best** 최선을 다하다

[문제]
1 **through** 전 ~을 통해, ~ 사이로
travel 동 이동하다
cable 명 케이블, 전선

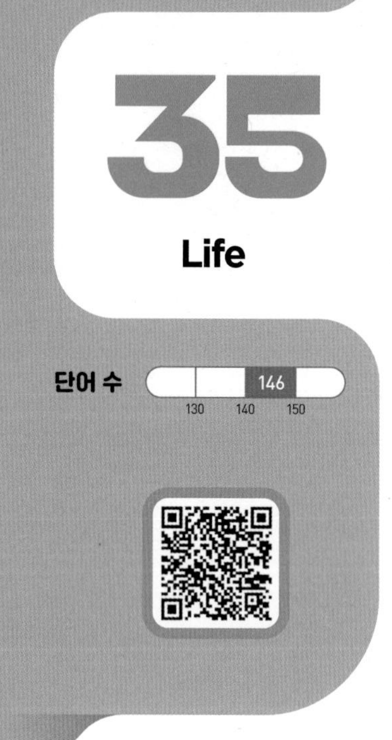

Doctors at the University of Maryland Medical Center achieved something amazing — they *transplanted a pig's heart into a person for the first time! David Bennett was the person who received the new heart. His heart was so weak that he couldn't receive a human heart transplant. That's why doctors decided to try using a pig's heart instead.

In the past, doctors tried to use animal hearts but they didn't succeed. This time, doctors used **special pigs whose genes were partly changed** to make their organs work better in human bodies. David's new heart came from one of these special pigs.

However, David passed away 60 days later. The pig's heart had trouble working properly in David's body. Despite this result, the experiment gave doctors valuable information. They hope that in the future, they can use organs from animals, like pigs' hearts, to help many more patients.

*transplant (생체의 조직 등을) 이식하다; 이식

1일 1문장

This time, / doctors used *special pigs* [whose *genes* were partly changed ~].
주어 동사 목적어

(← Doctors used ***special pigs***. + Their ***genes*** were partly changed ~.)

해석 TIP 명사가 「whose+명사 ~」의 꾸밈을 받을 때는 '**~한 (명사)**'라고 해석해요.
관계대명사 whose는 절을 이끄는 접속사 역할과 his, her, their 등의 소유격 대명사를 대신하는 역할을 해요.

해석 이번에, 의사들은 ~ 유전자가 일부 변형된 특별한 돼지들을 사용했다.

#관계대명사 #소유격 #whose

중심 생각

1 글의 주제로 가장 알맞은 것은?

① 심장 이식 수술의 과정
② 동물 장기 이식의 위험성
③ 장기 기증자 부족의 심각성
④ 최초의 돼지 심장 이식 수술과 그 의미
⑤ 장기 이식을 위한 동물의 유전자 변형

Knowledge+

돼지가 장기 이식에 적합한 이유

과거에는 원숭이 등을 활용한 장기 이식 연구가 진행되기도 했으나, 현재 가장 많이 연구되는 동물은 돼지이다. 그 이유는 기본적으로 돼지와 인간은 장기의 크기, 모양 등이 매우 닮아있기 때문이다. 또한, 이처럼 인간과 장기가 비슷한 돼지를 무균 시설에서 대량으로 사육할 수 있다는 점 역시 돼지가 인체의 장기 이식 대상으로 선호되는 이유 중의 하나로 손꼽히고 있다.

세부 내용

2 글의 내용과 일치하면 T, 그렇지 않으면 F를 쓰세요.

(1) ________ David Bennett는 인간의 심장을 이식받을 수 없었다.
(2) ________ 의사들은 유전자 일부가 변형된 돼지의 심장을 사용했다.

지칭 파악

3 밑줄 친 this result가 의미하는 것을 글에서 찾아 우리말로 쓰세요.

____

내용 요약

4 글의 내용과 일치하도록 빈칸에 알맞은 말을 본문에서 찾아 쓰세요.

Doctors tried to transplant a pig's ⓐ ____________ into a human body for the first time. The patient passed away later, but doctors hope ⓑ ____________ from animals can help other sick people in the future.

1일 1문장

5 다음 굵게 표시된 부분에 주의하여 문장의 해석을 완성하세요.

The teacher **whose classes** are interesting / is very popular.

→ ______________________________ / 매우 인기가 많다.

Words

- achieve 동 (일·목적 등을) 이루다[해내다] (= succeed)
- heart 명 심장
- for the first time 처음으로
- person 명 사람, 개인
- receive 동 받다, 얻다
- instead 부 대신에
- gene 명 유전자
- partly 부 부분적으로, 일부분은
- organ 명 장기, 기관
- work 동 작동하다; 일하다
- pass away 사망하다
- properly 부 적절히, 제대로
- despite 전 ~에도 불구하고
- result 명 결과, 결말 (= outcome)
- experiment 명 실험
- valuable 형 귀중한, 가치 있는 (= precious)
- in the future 장래에, 미래에
- patient 명 환자

단어 수 142 (130 140 150)

Every year, 9 million people around the world die from hunger. Simply growing more food isn't always the solution because ⓐ it requires lots of energy and can cause pollution.

Scientists have tried an interesting idea: transplanting the "FTO gene" from humans into crops. The FTO gene is related to being overweight in humans. The idea was that ⓑ it might make some plants grow larger too.

The experiment was a success! The plants with this gene grew much faster and larger. Rice crops produced three times more, and the potatoes grew bigger. This suggests that we **might be able to** produce more food from fewer plants. However, this is just the beginning. Scientists will do more tests to make sure that these plants can grow well in farms and are safe. This discovery could be a new solution to the world's hunger problems.

1일 1문장

This suggests // that we **might be able to** produce more food / from fewer plants.
(we: 주어 / might be able to produce: 동사 / more food: 목적어)

해석 TIP 「be able to+동사원형」은 '~할 수 있다'라는 의미로, '가능성·추측'을 나타내는 조동사 might와 함께 쓰이면 **'~할 수 있을지도 모른다'**라고 해석해요.

해석 이는 우리가 더 적은 식물로부터 더 많은 식량을 생산할 수 있을지도 모른다는 것을 시사한다.

#조동사 #be able to #능력·가능

정답과 해설 p.75

1 What is the passage mainly about?

① how to grow healthier plants
② human genes related to being overweight
③ the dangers of using human genes on plants
④ why farmers are having trouble growing food
⑤ using human genes on crops to grow more food

Knowledge+

세계 식량 부족

유엔은 적절한 음식을 섭취하지 못해 생명이나 생계가 즉각적으로 위협을 받는 상태를 '극심한 식량 불안'이라고 정의했다. 2022년 기준으로 이 '극심한 식량 불안'을 겪는 세계 인구가 58개국 2억 5천 800만 명으로 추산됐다. 특히 소말리아, 아프가니스탄, 아이티 등의 상황이 심각하다. 분쟁, 기후 변화에 따른 가뭄, 신종 코로나바이러스 감염증 대유행의 여파, 우크라이나 전쟁 등이 식량 문제의 주요 원인으로 분석됐다.

2 What does the underlined ⓐ it and ⓑ it refer to in the passage? Write each of them in English.

ⓐ: ______________________ (3 words)

ⓑ: ______________________ (3 words)

3 Fill in the blanks with the words from the passage.

Scientists' Solution to Hunger

Idea	to transplant the "FTO gene," which makes humans overweight, into ⓐ ________
Goal	to make plants grow bigger and ⓑ ________ more food

4 Fill in the blank with the Korean translation.

He **might be able to** lend you the book.

→ 그는 네게 ______________________.

Words

- million 명 100만
- die from ~으로 죽다
- hunger 명 굶주림, 기아
- simply 부 간단하게
- solution 명 해결책, 해법
- require 동 필요로 하다, 요구하다
- cause 동 ~의 원인이 되다
- pollution 명 오염
- crop 명 농작물
- be related to ~와 관련되다
- overweight 형 과체중의, 비만의
- success 명 성공
- produce 동 생산하다, 만들어내다
- suggest 동 암시하다, 시사하다; 제안하다
- beginning 명 시작
- make sure ~을 확실히 하다, 반드시 ~하다
- discovery 명 발견 (= finding)

[문제]
4 lend 동 빌려주다

단어 Review

정답과 해설 p.77

문맥 파악

A 다음 괄호 안에서 알맞은 단어를 고르세요.

1 To (lie / avoid) the sun, I always wear a hat.

2 Baking a cake (requires / wonders) eggs and flour.

3 The nurse called the next (area / patient) into the room.

4 The train has a ten-minute (delay / surface) due to track repairs.

유의어 찾기

B 다음 밑줄 친 단어와 비슷한 의미의 단어를 고르세요.

1 The result of the experiment was clear.

① hunger ② gene ③ outcome ④ data ⑤ zone

2 She studied hard to achieve her dream of becoming a doctor.

① work ② cause ③ suggest ④ succeed ⑤ transplant

문장 완성

C 다음 빈칸에 알맞은 단어를 〈보기〉에서 찾아 쓰세요.

보기

float valuable overweight produce undersea

1 Trees ______________ oxygen for us to breathe.

2 My grandmother gave me a ______________ ring.

3 The boat will ______________ if it doesn't have a hole.

4 Eating too many sweets can make you ______________.

A **2** flour 명 밀가루 **4** track 명 (기차) 선로; 길 repair 명 수리 **C** **1** oxygen 명 산소 breathe 동 숨쉬다, 호흡하다 **3** hole 명 구멍
4 sweet 명 단것, 사탕 과자 (= candy)

1일 1문장 Review

정답과 해설 p.77

문장 해석

A 다음 굵게 표시된 부분에 주의하여 문장을 해석해보세요.

1 He works **as hard** / **as** his brother.

→ 그는 ______________ / ______________.

2 The girl **whose cat** is white / lives next door.

→ ______________ / 옆집에 산다.

3 I **might be able to** finish the puzzle.

→ 나는 ______________.

배열 영작

B 다음 우리말과 의미가 같도록 주어진 어구들을 올바르게 배열하세요.

1 이번 여름은 작년 여름만큼 덥다. (as / hot / last summer / as)

→ This summer is ______________.

2 빨간 신발을 신은 그 여자는 댄서이다. (whose / are / shoes / the woman / red)

→ ______________ is a dancer.

3 우리는 내일 그 영화를 볼 수 있을지도 모른다. (might / see / be / to / able / the movie)

→ We ______________ tomorrow.

조건 영작

C 다음 우리말과 의미가 같도록 주어진 단어를 사용하여 문장을 완성하세요.

1 연습을 하면, 그녀는 더 나은 피아노 연주를 할 수 있을지도 모른다. (might, play, able to)

→ With practice, she ______________ the piano better.

2 아기는 천사처럼 평화롭게 잠을 잔다. (as, peacefully, an angel)

→ The baby sleeps ______________.

3 화려한 색의 깃털을 가진 새가 아름답게 노래한다. (feathers, colorful, be, whose)

→ The bird ______________ sings beautifully.

A 1 hard 부 열심히 **2** next door 부 옆 방[집]에 **C 2** peacefully 부 평화롭게 **3** feather 명 (새의) 털, 깃털

DID YOU KNOW ...?

거머리가 현대 의학에서도 쓰인다고요?

Life

거머리가 한때 의학 도구로 사용되었다는 것은 그리 놀랍지 않을 거예요. 중세 시대 때 의사들은 거머리를 피 뽑기 치료부터 두통, 기관지염 등 다양한 병의 치료제로 사용했었어요. 하지만 현대 의학에서도 아직까지 거머리를 사용하고 있다는 것을 알고 있나요? 거머리는 특히 피부 성형 및 재건 수술에서 요긴하게 사용되고 있어요. 절단된 신체 부위를 다시 하나로 연결하는 것은 현대 의학기술의 도움에도 쉽지 않아요. 혈관은 매우 섬세하기 때문에 하나라도 이어지지 않으면 이식된 부분에 피가 고일 수 있거든요. 이때 거머리는 고인 피를 먹어치움으로써 의사들이 혈관을 다 연결할 때까지 도움을 주는 역할을 해요. 물론, 거머리를 통제하는 것은 쉽지 않아요. 의사들이 원하는 부위에만 머물러주지 않거든요. 이에 과학자들은 거머리의 피 흡입을 모방하는 로봇 거머리를 개발하는 방안을 고려해 보고 있다고 해요.

이 나무는 탄소를 더 많이 흡수한다고요?

Science

미국 샌프란시스코에 위치한 생명공학 스타트업 회사인 리빙 카본(Living Carbon)은 최근 포플러 나무 5,000그루를 조지아주 남부지역에 심었어요. 그런데 이 포플러 나무들은 일반 나무와는 큰 차이가 있어요. 이 포플러 나무들은 유전자를 변형했기 때문에, 성장 속도가 50%가 더 빨라요. 그에 따라 광합성을 통해 흡수하는 탄소량도 더 많다고 해요! 이런 장점에도 불구하고 모두가 유전자 변형 나무를 반기는 것은 아니에요. 나무가 생태계에 미치는 영향력이 크기 때문에, 일부에서는 이 유전자 변형 나무들이 다른 식물에 악영향을 미치지는 않을지 우려를 표하고 있어요.

Level 3

ReadingGraphy Online Resources

01. Art

유화 물감에 이것을 더해 봐

02. Sports

피클볼은 무슨 스포츠일까?

03. History

초록색 책을 조심하세요!

04. Nature

여름철엔 이곳으로! 모기가 없어요

05. Society

셀피 찍으려다 큰일 날라!

06. Science

아이디어를 얻고 싶다면 이것을 해봐

07. Places

요세미티 국립공원으로 오세요!

08. Inventions

티백에 숨겨진 비밀

09. Environment

미세플라스틱을 먹고 있다고요?

10. Plants

찍찍거리지 않는 이끼 쥐들

11. Body & Health

쌍둥이는 이것도 공유해요

12. Food

남아공의 Bunny Chow를 아시나요?

13. Art

세상에서 가장 작은 예술 작품

14. Environment

오래된 전자 제품은 이렇게 해봐

15. Fun Facts

염소에게 이런 재주가!

16. Animals

용감한 새의 거침없는 비행

17. People

발을 쏙! 이렇게 신기 편할 수가

18. Environment

강 속에 이것이 없다면?

19. Animals

지리 찾기의 달인

20. Origins

바삭! 감자튀김은 어디서 왔을까?

21. Psychology

부모님과 엇갈린 음악 취향

22. Universe

달에 갈 땐 바뀐 옷을 입어요

23. Culture

휘파람으로 이것이 가능하다니!

24. Food

아이스크림 모양의 무한 변신

25. Body & Health

침은 이런 효과도 있어요!

26. Technology

피뢰침의 새로운 변신

27. Fun Facts

말이 빵집의 단골이었다고요?

28. Relationship

나는 어떤 동물에 해당할까?

29. Universe

밤하늘의 별을 볼 수 없다면?

30. Technology

육지를 벗어난 태양 전지판

31. Technology

2,000년이 넘었는데 안 무너진다고요?

32. Culture

프랑스의 국민 빵을 지켜라!

33. History

'이것' 없는 영화관은 상상하기 힘들어

34. IT

인터넷이 느리다면 바닷속을 들여다봐!

35. Life

동물의 심장을 사람에게 줄 수 있다면?

36. Science

모두가 배부른 세상을 위하여

쎄듀

Reading Graphy
리딩그라피

| Level |
3

WORKBOOK

독해를 바라보는 재미있는 시각

리딩그라피

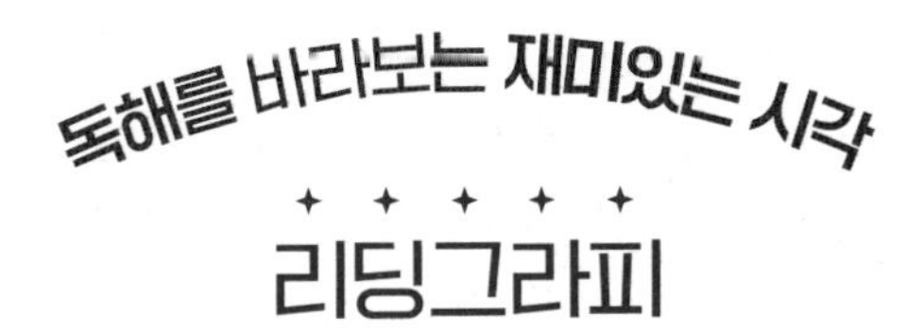

Reading Graphy

| Level |

WORKBOOK

01 유화 물감에 이것을 더해 봐

정답과 해설 p.79

직독직해가 쉬워지는 구문

Reading의 필수 구문 3개를 확인한 후, 각 문장의 해석을 완성하세요.

1일 1문장 구문 「(대)명사+to부정사 ~」: ~하는[~할] (명사)

TIP 이때 to부정사는 앞의 (대)명사를 형용사처럼 꾸며 주는 역할을 해요.

She picked a song **to sing** at the talent show.

그녀는 장기 자랑에서 ______________________ 골랐다.

구문 Plus 1 「as+주어+동사 ~」: ~하면서[~할 때, ~하는 동안]

TIP 접속사 as는 다양한 의미로 쓰이므로, 문맥에 알맞게 해석해야 해요.

As I opened the book, I saw a picture in it.

______________________, 나는 그 안에서 사진 한 장을 보았다.

구문 Plus 2 「help+A(목적어)+not+동사원형」: A가 ~하지 않도록 돕다

TIP 이때 동사원형 대신 to부정사를 쓸 수도 있어요.

She **helped** me **not miss** the bus.

그녀는 ______________________.

직독직해 Practice

각 문장의 주어에는 밑줄을, 동사에는 동그라미 해보세요.

그다음 끊어 읽기한 부분에 주의하여 빈칸에 해석을 써보세요.

1 Without it, / we might not have the chance / to see the famous artists' great paintings / today!

→ ____________, / ______________________ / ______________________ / ____________!

2 Oil paint by itself / changes color and wrinkles // as it dries. Hint 주어 2개, 동사 3개

→ ______________________ / ______________________ // ____________.

3 This helped the paint / not crack or wrinkle.

→ ______________________ / ______________________.

어휘 Practice

1 다음 단어의 우리말 뜻이 잘못된 것은?

① turn: 변하다　② thick: 묽은　③ guard: 보호물
④ chance: 기회, 가능성　⑤ wrinkle: (옷 따위가) 주름지다

2 다음 빈칸에 공통으로 들어갈 단어로 가장 알맞은 것은?

- She doesn't like to ______________ her foods on her plate.
- You can ______________ yellow and blue paint to make green.

① mix　② last　③ protect　④ change　⑤ become

3 다음 우리말과 의미가 같도록 빈칸에 주어진 철자로 시작하는 단어를 쓰세요.

공이 창문에 부딪혔을 때 창문에 금이 갔다.

→ The window c______________ when the ball hit it.

서술형 Practice

[4-5] 배열 영작 다음 우리말과 의미가 같도록 주어진 단어를 올바르게 배열하세요.

4 나는 내 친구 James를 봤다. / 버스에서 내리면서.
↳ 나는 버스에서 내리면서 내 친구 James를 봤다.

(was getting off / as / I / the bus)

→ I saw my friend, James, ______________________________.

5 겨울은 / 가장 좋은 시기이다 / 여행을 가기 / 태국으로.
↳ 겨울은 태국으로 여행을 가기 가장 좋은 시기이다.

(go on a trip / the best time / is / to)

→ Winter ______________________________ to Thailand.

6 조건 영작 다음 우리말과 의미가 같도록 주어진 단어를 사용하여 문장을 완성하세요.

그는 숲에서 우리가 길을 잃지 않도록 도와주었다. (lose)

→ He ________ ________ ________ ________ our way in the forest.

02 피클볼은 무슨 스포츠일까?

정답과 해설 p.79

직독직해가 쉬워지는 구문

Reading의 필수 구문 3개를 확인한 후, 각 문장의 해석을 완성하세요.

1일 1문장 구문 **수동태 과거 「was/were+p.p.(과거분사)」**: ~되었다[~당했다, ~받았다]

TIP be동사와 p.p.(과거분사) 사이에 동사를 꾸며 주는 부사가 쓰이기도 해요.

This letter **was** recently **written** by my best friend.

이 편지는 최근에 나의 가장 친한 친구에 의해 ______________________.

구문 Plus 1 **「형용사+to부정사」**: ~하기에 …인[…한]

TIP 이때 to부정사는 앞의 형용사를 꾸며 주는 부사처럼 쓰이게 돼요.

Mr. Brown's handwriting is difficult **to read**.

Brown 씨의 손글씨는 ______________________.

구문 Plus 2 **「the number of+복수명사」**: ~의 수

TIP 「the number of+복수명사」가 주어 자리에 쓰일 경우, the number에 수를 일치시켜 동사는 단수 형태가 와야 해요.

The number of students in our class is twenty five.

우리 반의 ______________________ 25명이다.

직독직해 Practice

각 문장의 주어에는 밑줄을, 동사에는 동그라미 해보세요.

그다음 끊어 읽기한 부분에 주의하여 빈칸에 해석을 써보세요.

1 In the past, / pickleball was mostly enjoyed / by the elderly.

→ ____________, / ______________________ / ______________________.

2 Pickleball is popular in the U.S. // because it is easy to learn / and gentle on the body.

Hint 주어 2개, 동사 2개

→ ______________________ // ______________________ / ____________ ______________________.

3 Recently, / almost half of the players / were under 55, // and the number of players / under the age of 24 / is increasing fast. Hint 주어 2개, 동사 2개

→ ____________, / ______________________ / ______________________, // ____________ / ____________ / ______________________.

어휘 Practice

1 다음 영영풀이가 설명하는 단어로 가장 알맞은 것은?

one of four equal parts of something

① weak ② half ③ court ④ square ⑤ quarter

2 다음 빈칸에 들어갈 단어로 가장 알맞은 것은?

The number of people living alone ______________ each year.

① tries ② needs ③ stays ④ decreases ⑤ increases

3 다음 우리말과 의미가 같도록 빈칸에 알맞은 단어를 〈보기〉에서 찾아 쓰세요.

보기
mostly get take pick recently

(1) 연필을 집어 들다: ______________ up the pencil

(2) 많은 공간을 차지하다: ______________ up a lot of space

(3) 토요일마다 대부분 밖에 있는: ______________ out on Saturdays

서술형 Practice

[4-5] 배열 영작 다음 우리말과 의미가 같도록 주어진 단어를 올바르게 배열하세요.

4 그 책은 쉽다 / 이해하기에 / 초보자에게도.
↳ 그 책은 초보자도 이해하기 쉽다.

(understand / the book / easy / is / to)

→ ____ even for beginners.

5 방문자 수가 / 그 박물관의 / 1만 명 이상이다 / 한 해에.
↳ 그 박물관의 한 해 방문자 수는 1만 명 이상이다.

(the number / is / at the museum / of / visitors)

→ ____ over 10,000 a year.

6 조건 영작 다음 우리말과 의미가 같도록 주어진 단어를 사용하여 문장을 완성하세요.

우리 정원에 있는 이 나무들은 지난봄에 심어졌다. (plant)

→ These trees in our garden ______________ ______________ last spring.

03 초록색 책을 조심하세요!

정답과 해설 p.79

직독직해가 쉬워지는 구문

✓ Reading의 필수 구문 3개를 확인한 후, 각 문장의 해석을 완성하세요.

1일 1문장 구문 **「don't/doesn't have to+동사원형」**: ~할 필요가 없다 〈불필요〉

TIP don't/doesn't have to는 don't/doesn't need to로 바꿔 쓸 수 있어요.

You **don't have to** join our game if you don't want to.

네가 원하지 않는다면 너는 우리 경기에 ______________________.

구문 Plus ① **명사+with+A(명사구) and B(명사구)**: A와 B를 가진 …(명사)

TIP 명사를 꾸며 주는 전치사구가 길어질 경우, 문장에서 어구가 어디까지 이어지는지 잘 파악해야 해요.

The cat **with** black fur **and** green eyes is very cute.

검은색 털과 ______________________ 그 고양이는 매우 귀엽다.

구문 Plus ② **수동태 과거 「was/were+p.p.(과거분사)」**: ~되었다[~당했다, ~받았다]

TIP 동작의 주체를 나타내는 「by+행위자」는 생략되는 경우가 많아요.

The news **was spread** across the entire town.

그 소식은 마을 전체에 ______________________.

직독직해 Practice

✓ 각 문장의 주어에는 밑줄을, 동사에는 동그라미 해보세요.

✓ 그다음 끊어 읽기한 부분에 주의하여 빈칸에 해석을 써보세요.

1 You don't have to throw away these books.

→ ______________________.

2 Her team made over 900 bookmarks / with pictures of the green book covers / and safety tips.

→ ______________ / ______________ / ______________.

3 These bookmarks were sent / throughout the U.S. / and to 18 other countries.

→ ______________ / ______________ / ______________.

어휘 Practice

1 다음 단어의 우리말 뜻이 잘못된 것은?

① safety: 안전　② chemical: 화학 물질　③ century: 세기, 100년
④ bookmark: 책갈피　⑤ throughout: ~을 통해

2 다음 우리말과 의미가 같도록 빈칸에 주어진 철자로 시작하는 단어를 쓰세요.

(1) 학생들은 학교 규칙을 잘 알고 있어야 한다.

→ Students must b________ a________ o________ school rules.

(2) 오래된 사진들을 버리지 말아 주세요. 그것들은 제게 소중해요.

→ Please don't t________ a________ the old photos. They are precious to me.

(3) 나의 고모는 수년간 돈을 저축하셨다. 그 결과, 그녀는 새 차를 샀다.

→ My aunt saved money for years. A________ a r________, she bought a new car.

서술형 Practice

[3-4] 배열 영작 다음 우리말과 의미가 같도록 주어진 단어를 올바르게 배열하세요.

3 그들은 일찍 일어날 필요가 없다 / 주말 동안.
↳ 그들은 주말 동안 일찍 일어날 필요가 없다.

(early / to / have / wake up / don't)

→ They ________________________ during the weekend.

4 나의 여동생은 이야기책을 좋아한다 / 재미있는 이야기가 있고 / 화려한 그림이 있는.
↳ 나의 여동생은 재미있는 이야기와 화려한 그림이 있는 이야기책을 좋아한다.

(and colorful pictures / an interesting story / with / storybooks)

→ My sister likes ________________________.

5 조건 영작 다음 우리말과 의미가 같도록 주어진 단어를 사용하여 문장을 완성하세요.

그는 다른 선수들에 의해 팀의 주장으로 뽑혀졌다. (elect)

→ He ________ ________ the captain of the team by the other players.

04 여름철엔 이곳으로! 모기가 없어요

정답과 해설 p.80

직독직해가 쉬워지는 구문

✓ Reading의 필수 구문 3개를 확인한 후, 각 문장의 해석을 완성하세요.

1일 1문장 구문 「too+형용사/부사+to부정사」: 너무 ~해서 …할 수 없는

My brother is **too** shy **to speak** in front of people.

내 남동생은 ______________________ 사람들 앞에서 ______________________.

구문 Plus ① 조동사 수동태 「can+be+과거분사(p.p.)」: ~될 수 있다

TIP 조동사(can)가 있는 문장의 수동태에서 조동사 뒤에는 항상 동사원형 be가 와야 해요.

Eggs **can be cooked** in various ways.

달걀은 다양한 방법으로 ______________________.

구문 Plus ② 「if+주어+동사 ~」: (만약) ~한다면

TIP 접속사 if가 이끄는 절은 '조건'을, 나머지 절은 '결과'를 나타내요.

If you exercise everyday, you will lose weight.

______________________, 너는 살이 빠질 것이다.

직독직해 Practice

✓ 각 문장의 주어에는 밑줄을, 동사에는 동그라미 해보세요.

✓ 그다음 끊어 읽기한 부분에 주의하여 빈칸에 해석을 써보세요.

1 However, / for mosquitoes, / the temperature in Iceland changes / too quickly / to hide from the cold.

→ __________, / __________, / __________ / __________ / __________.

2 However, / mosquitoes can easily be found / in other cold countries, / like Greenland and Norway.

→ __________, / __________ / __________, / __________.

3 If you want to escape from mosquitoes / in summer, // why don't you visit Iceland?

Hint 주어 2개, 동사 2개

→ __________ / __________, // __________ __________?

어휘 Practice

1 다음 영영풀이가 설명하는 단어를 〈보기〉에서 찾아 쓰세요.

보기
hide　　escape　　spread　　temperature　　difference

(1) how hot or cold something is: ______________

(2) to get away from something dangerous: ______________

(3) to go or stay in a place where no one will find you: ______________

2 다음 우리말과 의미가 같도록 빈칸에 알맞은 표현을 쓰세요.

보기
cover　　bites　　diseases　　survive

(1) 곰들은 봄까지 살아남기 위해 겨울 내내 잠을 잔다.

→ Bears sleep during the winter to ______________ until spring.

(2) 몇몇 쥐들은 인간에게 해로운 질병을 옮길 수 있다.

→ Some rats can carry harmful ______________ to humans.

서술형 Practice

[3-4] 배열 영작 다음 우리말과 의미가 같도록 주어진 단어를 올바르게 배열하세요.

3 만약 네가 이 버스를 탄다면, / 너는 바로 갈 수 있다 / 그 박물관에.

↳ 만약 네가 이 버스를 탄다면, 너는 그 박물관에 바로 갈 수 있다.

(take / if / this bus / you)

→ ______________________________, you can go directly to the museum.

4 나는 너무 배가 부르다 / 먹기에 / 디저트를.

↳ 나는 너무 배불러서 디저트를 먹을 수 없다.

(the dessert / eat / too / to / full)

→ I am ______________________________.

5 조건 영작 다음 우리말과 의미가 같도록 주어진 단어를 사용하여 문장을 완성하세요.

걱정하지 마. 네 컴퓨터는 쉽게 수리될 수 있어. (can, fix)

→ Don't worry. Your computer ______________ ______________ ______________ easily.

05 셀피 찍으려다 큰일 날라!

정답과 해설 p.80

직독직해가 쉬워지는 구문

Reading의 필수 구문 3개를 확인한 후, 각 문장의 해석을 완성하세요.

1일 1문장 구문 「make+A(목적어)+동사원형」: A가 ~하게 하다[만들다]

The interesting book **makes** me **forget** about time.

그 재미있는 책은 ______________________.

구문 Plus 1 「seem+형용사」: ~해 보이다, ~인 것 같다

TIP 동사 seem이 '~처럼 보이다, ~인 것 같다'라는 의미로 쓰일 때, 그 뒤에는 주로 형용사가 와요.

The new student **seems polite** and **friendly**.

그 새로 온 학생은 ______________________.

구문 Plus 2 주어 역할을 하는 「동사원형+-ing」: ~하는 것은, ~하기는

TIP 동명사가 주어일 때, 동명사가 이끄는 어구가 어디까지인지 파악해야 문장의 동사를 올바르게 찾을 수 있어요.

Wearing a swimming hat in a pool is more important than you think.

______________________ 네가 생각하는 것보다 더 중요하다.

직독직해 Practice

각 문장의 주어에는 밑줄을, 동사에는 동그라미 해보세요.

그다음 끊어 읽기한 부분에 주의하여 빈칸에 해석을 써보세요.

1 This makes people take bigger risks, / such as entering animals' space!

→ ______________________, / ______________________!

2 We often see wild animals / in places like zoos, // so the animals seem less real and dangerous.

Hint 주어 2개, 동사 2개

→ ______________________ / ______________________, // ______________________ ______________________.

3 Posting selfies / with dangerous animals / can get lots of *Likes* and comments.

*selfie 셀피 **Like 좋아요

→ ______________________ / ______________________ / ______________________ ______________________.

어휘 Practice

1 다음 단어의 우리말 뜻이 잘못된 것은?

① attack: 공격하다　② safety: 안전　③ comment: 댓글
④ at any moment: 잠시 동안　⑤ play a role: 역할을 하다

2 다음 우리말과 의미가 같도록 빈칸에 주어진 철자로 시작하는 단어를 쓰세요.

나는 때때로 내 사진들을 내 소셜 미디어에 올린다.

→ I sometimes p____________ my photos on my social media.

3 다음 밑줄 친 부분의 쓰임이 자연스러우면 ○, 그렇지 않으면 ×로 표시하세요.

(1) Running near a swimming pool can put you in danger. __________
(2) I ignored my alarm in the morning. That's why I woke up early. __________
(3) She has visited many countries, such as Italy, Germany, and France. __________

서술형 Practice

[4-5] 배열 영작 다음 우리말과 의미가 같도록 주어진 단어를 올바르게 배열하세요.

4 오늘 날씨는 좋은 것 같다 / 걷기에.
↳ 오늘 날씨는 걷기에 좋은 것 같다.

(seems / for a walk / today's weather / nice)

→ ____.

5 엄마는 내가 사과하게 하셨다 / 나의 오빠에게 / 내 잘못에 대해.
↳ 엄마는 내가 오빠에게 내가 한 잘못에 대해 사과하게 하셨다.

(apologize / me / my mom / made)

→ ______________________________ to my brother for my mistake.

6 조건 영작 다음 우리말과 의미가 같도록 주어진 단어를 사용하여 문장을 완성하세요.

그룹으로 주제에 대해 토론하는 것은 우리 말하기 능력을 기르는 데 도움이 된다. (discuss, in groups, topics)

→ __________ __________ __________ __________ helps build our speaking ability.

06 아이디어를 얻고 싶다면 이것을 해봐

정답과 해설 p.81

직독직해가 쉬워지는 구문

✓ Reading의 필수 구문 3개를 확인한 후, 각 문장의 해석을 완성하세요.

1일 1문장 구문 「**not only A but (also) B**」: A뿐만 아니라 B도

The movie was **not only** interesting **but also** touching.

그 영화는 ______________________________.

구문 Plus 1 「**call+A(목적어)+B(명사)**」: A를 B라고 부르다

TIP 여기서 B(명사)는 A(목적어)가 '누구' 또는 '무엇'인지를 나타내며, 'A = B'의 관계예요.

Her name is Katherine but everyone **calls her Katie**.

그녀의 이름은 Katherine이지만 모두가 ______________________________.

구문 Plus 2 「**was/were+동사의 -ing형**」: ~하고 있었다, ~하는 중이었다

TIP 과거진행형은 '과거의 특정한 시점에 진행 중이던 일'을 나타내요.

I **was taking** a shower when you called me last night.

어젯밤에 네가 전화했을 때 나는 ______________________________.

직독직해 Practice

✓ 각 문장의 주어에는 밑줄을, 동사에는 동그라미 해보세요.

✓ 그다음 끊어 읽기한 부분에 주의하여 빈칸에 해석을 써보세요.

1 A good shower can relax / not only your body / but also your mind.

→ ______________ / ______________ / ______________.

2 Scientists call this the "shower effect," // and research shows / that it can also occur / outside the shower. **Hint** 주어 3개, 동사 3개

→ ______________, // ______________ / ______________ / ______________.

3 But 20% of their best ideas came // while they were doing something else / like washing dishes!

Hint 주어 2개, 동사 2개

→ ______________ // ______________ / ______________!

어휘 Practice

1 다음 밑줄 친 단어와 비슷한 의미의 단어는?

> The traffic accident happened early on Monday morning.

① occurred ② recorded ③ wondered ④ relaxed ⑤ worked

2 다음 빈칸에 공통으로 들어갈 단어로 가장 알맞은 것은?

> • The doctor will explain the ____________ of the new medicine.
> • Eating junk food will have a bad ____________ on your health.

① idea ② activity ③ mind ④ effect ⑤ attention

3 다음 우리말과 의미가 같도록 빈칸에 주어진 철자로 시작하는 단어를 쓰세요.

> 네 생각이 다른 데로 흐르게 두지 마라. 너는 수업에 집중해야 해.

→ Don't let your mind w____________. You have to focus on the lesson.

서술형 Practice

[4-5] 배열 영작 다음 우리말과 의미가 같도록 주어진 단어를 올바르게 배열하세요.

4 그녀는 ~이다 / 훌륭한 음악가일 뿐만 아니라 / 재능 있는 화가.
↪ 그녀는 훌륭한 음악가일 뿐만 아니라 재능 있는 화가이다.

(a talented painter / but / not / a great musician / only / also)

→ She is ____.

5 우리 할머니는 부르신다 / 나의 남동생과 나를 / '내 강아지들'이라고.
↪ 할머니는 내 남동생과 나를 '내 강아지들'이라고 부르신다.

(calls / and me / my brother / "my puppies")

→ Our grandmother ____.

6 조건 영작 다음 우리말과 의미가 같도록 주어진 단어를 사용하여 문장을 완성하세요.

> 비가 내리기 시작했을 때 Sean과 나는 해변을 따라 걷는 중이었다. (walk)

→ Sean and I ____________ ____________ along the beach when it started to rain.

07 요세미티 국립공원으로 오세요!

정답과 해설 p.81

직독직해가 쉬워지는 구문

✓ Reading의 필수 구문 3개를 확인한 후, 각 문장의 해석을 완성하세요.

1일 1문장 구문 **분사구문 「주어+동사 ~, 현재분사(v-ing) ...」**: …하면서[…한 채]

TIP 분사구문은 '~할 때, ~하는 동안, ~한 후에, ~이기 때문에' 등과 같이 다양한 의미를 나타낼 수 있으므로 문맥에 맞게 해석하는 것이 중요해요.

We had dinner, **watching** a movie on TV.

TV에서 ______________________, 우리는 저녁 식사를 했다.

구문 Plus 1 **'목적'을 나타내는 「to+동사원형」**: ~하기 위해

TIP to부정사 바로 앞에 명사가 있다고 해서 무조건 명사를 꾸며 주는 것은 아니므로 해석에 주의해야 해요.

My grandparents moved to the countryside **to enjoy** a quieter life.

나의 조부모님은 더 조용한 삶을 ______________________ 시골로 이사를 가셨다.

구문 Plus 2 **「형용사/부사+enough+to+동사원형」**: ~할 만큼[~하기에] 충분히 …한/…하게

TIP 이때 형용사/부사의 위치에 주의해서 써야 해요.

The library is close **enough to walk** from our house.

그 도서관은 우리 집에서 ______________________.

직독직해 Practice

✓ 각 문장의 주어에는 밑줄을, 동사에는 동그라미 해보세요.

✓ 그다음 끊어 읽기한 부분에 주의하여 빈칸에 해석을 써보세요.

1 In February, / the Horsetail Fall / turns into this beautiful Firefall, / creating a burning orange glow.

→ __________, / __________ / __________, / __________.

2 So, / you need to be / in the right spot / at the right time / to fully enjoy this.

→ __________, / __________ / __________ / __________ / __________.

3 The weather should be warm enough / to melt the snow.

→ __________ / __________.

어휘 Practice

1 **다음 영영풀이가 설명하는 단어로 가장 알맞은 것은?**

a soft light that is not too bright

① angle ② glow ③ sunset ④ snowfall ⑤ condition

2 **다음 빈칸에 공통으로 들어갈 단어로 가장 알맞은 것은?**

• Let's find a quiet __________ to take a rest.
• She was wearing a white shirt with black __________s.

① tour ② point ③ spot ④ detail ⑤ entrance

3 **다음 우리말과 의미가 같도록 빈칸에 주어진 철자로 시작하는 단어를 쓰세요.**

네가 파티에 오지 않는다면, 너는 모든 재미를 놓치게 될 거야.

→ If you don't come to the party, you'll m__________ o__________ on all the fun.

서술형 Practice

[4-5] 배열 영작 **다음 우리말과 의미가 같도록 주어진 단어를 올바르게 배열하세요.**

4 그 콘서트홀은 충분히 넓다 / 수천 명을 수용하기에.
↳ 그 콘서트홀은 수천 명을 수용하기에 충분히 넓다.

(hold / is / to / large / enough / the concert hall)

→ ______________________________ thousands of people.

5 나의 엄마는 첫 기차를 타신다 / 일찍 도착하기 위해.
↳ 나의 엄마는 일찍 도착하기 위해 첫 기차를 타신다.

(the first train / arrive / takes / to / early)

→ My mom ______________________________.

6 조건 영작 **다음 우리말과 의미가 같도록 주어진 단어를 사용하여 문장을 완성하세요.**

우리는 따뜻한 햇살을 즐기면서 자전거를 탔다. (the warm sunshine, enjoy)

→ We rode bikes, __________ __________ __________ __________.

08 티백에 숨겨진 비밀

정답과 해설 p.82

직독직해가 쉬워지는 구문

✓ Reading의 필수 구문 3개를 확인한 후, 각 문장의 해석을 완성하세요.

1일 1문장 구문 「관계대명사 what(+주어)+동사 ~」: ~하는 것(들)

TIP 관계대명사 what은 다른 관계대명사와 달리 선행사를 포함하고 있어서 what 앞에 선행사가 따로 없어요.

What makes me happy is spending time with family.

______________________________ 은 가족과 시간을 보내는 것이다.

구문 Plus ① 보어 역할을 하는 「동사원형+-ing」: ~하는 것

TIP 동명사는 주어를 설명하는 보어로 쓰일 수 있는데, 주로 be동사의 보어로 쓰여요.

The fastest way to get to the airport is **taking** the express bus.

공항에 가는 가장 빠른 방법은 고속버스를 ______________________________.

구문 Plus ② 「find+A(목적어)+형용사」: A가 ~하다는 것을 알게 되다[발견하다]

TIP A(목적어) 뒤에 오는 형용사는 A의 상태나 성질을 나타내요.

I got a new laptop and **found** it very **fast**.

나는 새 노트북을 샀고, 그것이 ______________________________.

직독직해 Practice

✓ 각 문장의 주어에는 밑줄을, 동사에는 동그라미 해보세요.

✓ 그다음 끊어 읽기한 부분에 주의하여 빈칸에 해석을 써보세요.

1 Interestingly, / what happened next // accidentally led to the invention / of tea bags!

→ ____________, / ____________ // ____________ / ____________!

2 One of the keys to his success / was sending his customers / new tea samples.

→ ____________ / ____________ / ____________ ____________.

3 They found / this more convenient, // and the tea still tasted great. Hint 주어 2개, 동사 2개

→ ____________ / ____________, // ____________ ____________.

어휘 Practice

1 다음 단어의 의미에 해당하는 것을 찾아 연결하세요.

(1) whole •　　• ⓐ all of something
(2) invent •　　• ⓑ someone who buys and sells goods
(3) trader •　　• ⓒ to make, design, or think of a new type of thing

2 다음 빈칸에 들어갈 단어로 가장 알맞은 것은?

The soccer team did their best not to ________ their fans.

① become　② boil　③ decide　④ send　⑤ disappoint

3 다음 빈칸에 알맞은 단어를 <보기>에서 찾아 쓰세요.

보기: instead　to　lead　of

(1) Not sleeping enough can ________ ________ feeling tired all day.
(2) We decided to walk ________ ________ taking a subway to home.

서술형 Practice

[4-5] 배열 영작 다음 우리말과 의미가 같도록 주어진 단어를 올바르게 배열하세요.

4 우리를 신나게 하는 것은 / 여행이다 / 뉴욕으로 가는 / 내년에.
↳ 우리를 신나게 하는 것은 내년에 뉴욕으로 가는 여행이다.

(excites / us / what / is / the trip)

→ ________________________ to New York City next year.

5 나는 알게 되었다 / 냉장고에 있는 우유가 상했다는 것을.
↳ 나는 냉장고에 있는 우유가 상했다는 것을 알게 되었다.

(the milk in the refrigerator / sour / I / found)

→ ________________________.

6 조건 영작 다음 우리말과 의미가 같도록 주어진 단어를 사용하여 문장을 완성하세요.

좋은 학습 방법은 매일 연습하는 것이다. (be, practice)

→ A good way of learning ________ ________ every day.

09 미세플라스틱을 먹고 있다고요?

정답과 해설 p.82

직독직해가 쉬워지는 구문

Reading의 필수 구문 3개를 확인한 후, 각 문장의 해석을 완성하세요.

1일 1문장 구문 **「how+to부정사」**: 어떻게 ~해야 할지, ~하는 방법

TIP 「의문사+to부정사」는 문장에서 주어, 목적어, 보어 역할을 할 수 있어요.

I don't know **how to solve** this math problem.

나는 이 수학 문제를 ______________________ 모르겠다.

구문 Plus ① **목적격 관계대명사 that[which]의 생략**

TIP 명사(선행사) 바로 뒤에 목적어가 빠진 「주어+동사+●」 절이 이어질 때, 목적격 관계대명사 that이나 which가 생략된 경우가 많아요.

I like those new pants **you're wearing today**.

나는 네가 오늘 ______________________ 마음에 들어.

구문 Plus ② **「명사+과거분사(p.p.) ~」**: ~된, ~하게 된 (명사)

TIP 과거분사(p.p.) 뒤에 딸린 어구가 있으면 명사 뒤에서 쓰여요.

The phone **found** in the library was returned to its owner.

도서관에서 ______________________ 주인에게 되돌아갔다.

직독직해 Practice

각 문장의 주어에는 밑줄을, 동사에는 동그라미 해보세요.

그다음 끊어 읽기한 부분에 주의하여 빈칸에 해석을 써보세요.

1 Now, / you might wonder / how to keep yourself safe / from microplastics. *microplastic 미세플라스틱

→ __________, / ______________ / ______________ / ______________.

2 Surprisingly, / the microplastics we eat in a week / add up to / about the size of a plastic card!

Hint 주어 2개, 동사 2개

→ __________, / ______________ / ______________ / ______________!

3 Choose clothes and items / made from eco-friendly materials.

→ ______________ / ______________.

어휘 Practice

1 다음 단어의 우리말 뜻이 잘못된 것은?

① lung: 폐　② item: 품목, 항목　③ reduce: 줄이다, 축소하다
④ break down: 분해되다　⑤ make up: ~을 만들어내다

2 다음 밑줄 친 부분의 쓰임이 어색한 것은?

① Factories release smoke into the air.
② The students in the three classes add up to 100.
③ Be careful. There are small pieces of glass on the floor.
④ He gave me some tips on how to improve my grade.
⑤ The source of the broken window was the soccer ball.

3 다음 우리말과 의미가 같도록 빈칸에 주어진 철자로 시작하는 단어를 쓰세요.

나는 때때로 밖이 시끄러울 때 잠드는 데 어려움을 겪는다.

→ I sometimes h________ t________ falling asleep when it's noisy outside.

서술형 Practice

[4-5] 배열 영작 다음 우리말과 의미가 같도록 주어진 단어를 올바르게 배열하세요.

4 그들이 연주한 그 노래는 / 콘서트에서 / 무척 감동적이었다.
↳ 그들이 콘서트에서 연주한 그 노래는 무척 감동적이었다.

(they / at the concert / the song / played)

→ ________________________________ was so touching.

5 금으로 장식된 그 케이크는 / 비싸 보인다.
↳ 금으로 장식된 그 케이크는 비싸 보인다.

(gold / expensive / seems / the cake / decorated with)

→ ________________________________.

6 조건 영작 다음 우리말과 의미가 같도록 주어진 단어를 사용하여 문장을 완성하세요.

아빠는 텐트를 설치하는 법을 설명해 주셨다. (set up)

→ Dad explained ________ ________ ________ ________ the tent.

10 찍찍거리지 않는 이끼 쥐들

정답과 해설 p.83

직독직해가 쉬워지는 구문

Reading의 필수 구문 3개를 확인한 후, 각 문장의 해석을 완성하세요.

1일 1문장 구문 **간접의문문 「what(주어)+동사 ~」: 무엇이 ~인지(를)**

TIP 간접의문문의 의문사가 주어 역할을 하는 경우, 그 바로 뒤에 동사가 와요.

She was curious about **what** caused the noise.

그녀는 ______________________ 궁금했다.

구문 Plus 1 **「명사(선행사)+[that+동사 ~]」: ~하는(~한) (명사)**

TIP 여기서 관계대명사 that은 주어 역할을 하므로 바로 뒤에 동사가 와요.

My teacher recommended a book **that** has many interesting stories.

나의 선생님은 많은 재미있는 이야기를 ______________________ 을 추천해 주셨다.

구문 Plus 2 **'완료'의 「have/has not+과거분사(p.p.) ~ yet」: 아직 ~하지 않았다**

TIP 과거에 시작한 행동을 막 끝냈다는 '완료'의 의미를 나타내는 현재완료는 부정문에서 yet(아직)과 함께 잘 쓰여요.

The student **has not finished** the science project yet.

그 학생은 아직 과학 프로젝트를 ______________________.

직독직해 Practice

각 문장의 주어에는 밑줄을, 동사에는 동그라미 해보세요.

그다음 끊어 읽기한 부분에 주의하여 빈칸에 해석을 써보세요.

1 They wanted to know / what makes them move, // and it turns out / that they move because of the sun. Hint 주어 4개, 동사 4개

→ ______________ / ______________, // ______________ ______________ / ______________.

2 They are not real mice, / but rather small balls of moss // that grow on glaciers. Hint 주어 1개, 동사 2개

*glacier 빙하

→ ______________, / ______________ // ______________ ______________.

3 Scientists are still trying to find out // why they move this way, / but haven't found a clear answer yet. Hint 주어 2개, 동사 3개

→ ______________ // ______________, / ______________.

어휘 Practice

1 다음 짝지어진 단어끼리 같은 관계가 되도록 빈칸에 알맞은 단어를 쓰세요.

moss : mossy = mystery : ______________

2 다음 영영 풀이가 설명하는 단어로 가장 알맞은 것은?

the way that someone or something is going

① still ② rather ③ direction ④ researcher ⑤ movement

3 다음 우리말과 의미가 같도록 빈칸에 알맞은 단어를 〈보기〉에서 찾아 쓰세요.

보기
melt movement discover notice

(1) 파도의 움직임을 보는 것은 나를 편안하게 해준다.

→ Watching the ______________ of the waves makes me relax.

(2) 그녀는 그녀의 폰이 울리고 있는 것을 알아차리지 못했다.

→ She didn't ______________ that her phone was ringing.

서술형 Practice

[4-5] 배열 영작 다음 우리말과 의미가 같도록 주어진 단어를 올바르게 배열하세요.

4 그 식당은 사용한다 / 로봇을 / 음식을 배달하는 / 손님들에게.

↳ 그 식당은 손님들에게 음식을 배달하는 로봇을 사용한다.

(delivers / uses / that / a robot / food)

→ The restaurant ______________________________ to the customer.

5 한 학생이 물어보았다 / 무엇이 좋은 리더를 만드는지.

↳ 한 학생이 무엇이 좋은 리더를 만드는지 물어보았다.

(makes / a good leader / what / one student / asked)

→ ______________________________.

6 조건 영작 다음 우리말과 의미가 같도록 주어진 단어를 사용하여 문장을 완성하세요.

그 영화는 아직 개봉하지 않았다. (have, release)

→ The movie ______________ ______________ ______________ yet.

11 쌍둥이는 이것도 공유해요

정답과 해설 p.83

직독직해가 쉬워지는 구문

Reading의 필수 구문 3개를 확인한 후, 각 문장의 해석을 완성하세요.

1일 1문장 구문 「**It(가주어) ~ that+주어+동사 …**」: …하다는 것은 ~하다

TIP that절이 주어 역할을 할 때 가짜 주어 It을 맨 앞에 쓰고, 진짜 주어인 that절은 문장의 뒤로 보내요.

It is strange **that** he always wears sunglasses indoors.

그가 실내에서 항상 ______________________________.

구문 Plus 1 **'경험'의 「have/has+never+과거분사(p.p.)」**: 한 번도 ~한 적이 없다

TIP 과거에 어떤 일을 한 '경험'을 현재 가지고 있다는 의미를 나타내는 현재완료는 never(한 번도 ~않다)을 사용해 부정의 의미를 강조할 수 있어요.

I **have** never **watched** a horror movie before.

나는 전에 공포 영화를 ______________________________.

구문 Plus 2 「**even if+주어+동사 ~**」: (비록) ~일지라도, ~이라고 할지라도

TIP 접속사 even if는 가정한 조건에도 불구하고 다른 결과가 나타날 수 있을 때 사용해요.

Even if you don't have experience, you can apply for this job.

______________________________, 당신은 이 일에 지원할 수 있다.

직독직해 Practice

각 문장의 주어에는 밑줄을, 동사에는 동그라미 해보세요.

그다음 끊어 읽기한 부분에 주의하여 빈칸에 해석을 써보세요.

1 It's strange / that these twins feel sick / at the same time // when only one of them / is really sick.

Hint 주어 3개, 동사 3개

→ ______________ / ______________ / ______________ //

______________ / ______________.

2 Megan has never had this sickness before, // but surprisingly, / she has the same feelings as Sophie!

Hint 주어 2개, 동사 2개

→ ______________, // ______________, / ______________

______________!

3 Sometimes, / people can feel the same pain / as others, // even if they aren't hurt. Hint 주어 2개, 동사 2개

→ ______________, / ______________ / ______________, //

______________.

어휘 Practice

1 **다음 단어의 우리말 뜻이 잘못된 것은?**

① twin: 쌍둥이 ② cancer: 암 ③ sickness: 아픈
④ stomach: 위, 복부 ⑤ connection: 관계, 연결

2 **다음 대화의 빈칸에 들어갈 단어로 가장 알맞은 것은?**

> **A:** Dad, why is this CD important to you?
> **B:** It's quite ______________ now. It was made in the 1950s and they don't sell it anymore.

① fake ② rare ③ pleasant ④ unhealthy ⑤ surprisingly

3 **다음 우리말과 의미가 같도록 빈칸에 주어진 철자로 시작하는 단어를 쓰세요.**

> 많은 사람들이 봄에 알레르기로 고통받는다.

→ Many people s______________ f______________ allergies in the spring.

서술형 Practice

[4-5] 배열 영작 **다음 우리말과 의미가 같도록 주어진 단어를 올바르게 배열하세요.**

4 비록 네가 그 경주에서 우승하지 못하더라도, / 계속해서 달려라 / 결승선까지.
↳ 비록 네가 그 경주에서 우승하지 못하더라도, 결승선까지 계속 달려라.

(win / even if / don't / the race / you)

→ ____, keep running to the finish line.

5 나의 누나는 한 번도 놓친 적이 없다 / 학교의 하루를 / 지금까지.
↳ 나의 누나는 지금까지 학교를 하루도 결석한 적이 없다.

(never / a day of school / my sister / missed / has)

→ ____ so far.

6 조건 영작 **다음 우리말과 의미가 같도록 주어진 단어를 사용하여 문장을 완성하세요.**

> David가 3개 국어를 유창하게 말할 수 있다는 것은 놀랍다. (be, amazing, it)

→ ______________ ______________ ______________ ______________ David can speak three languages fluently.

12 남아공의 Bunny Chow를 아시나요?

정답과 해설 p.84

직독직해가 쉬워지는 구문

Reading의 필수 구문 3개를 확인한 후, 각 문장의 해석을 완성하세요.

1일 1문장 구문 **간접의문문 「how+주어+동사 ~」: 어떻게 …가 ~하는지(를)**

She isn't sure **how** her phone disappeared.

그녀는 ______________________________ 확실하지 않다.

구문 Plus ① **「명사+과거분사(p.p.) ~」: ~하게 된, ~된 (명사)**

TIP 과거분사(p.p.) 뒤에 다른 어구가 올 때는 명사 뒤에 쓰여요.

The hotel has rooms **decorated with** beautiful paintings.

그 호텔에는 ______________________________ 방들이 있다.

구문 Plus ② **「사람을 나타내는 명사(선행사)+[who+동사 ~]」: ~하는(~한) (명사)**

TIP 관계대명사 who는 선행사가 '사람'일 때 쓰여요.

The boy **who** sits next to me is my best friend.

______________________________ 나의 가장 친한 친구이다.

직독직해 Practice

각 문장의 주어에는 밑줄을, 동사에는 동그라미 해보세요.

그다음 끊어 읽기한 부분에 주의하여 빈칸에 해석을 써보세요.

1 Though no one is sure / how Bunny Chow started exactly, // many believe / it dates back / to the 1940s. Hint 주어 4개, 동사 4개

→ ______________ / ______________, // ______________ / ______________ / ______________.

2 It's actually a bread bowl / filled with curry / and is a popular fast food / from South Africa.

→ ______________ / ______________ / ______________ / ______________.

3 A common story is // that Indian workers / who came to South Africa / to work in sugar cane fields / created it. Hint 주어 2개, 동사 3개

*sugar cane 사탕수수

→ ______________ // ______________ / ______________ / ______________ / ______________.

어휘 Practice

1 다음 빈칸에 공통으로 들어갈 단어로 가장 알맞은 것은?

- I share a ______________ interest with my dad.
- In many cultures, it's ______________ to greet each other with a handshake.

① actually ② exactly ③ common ④ favorite ⑤ available

2 다음 우리말과 의미가 같도록 빈칸에 알맞은 단어를 〈보기〉에서 찾아 쓰세요.

보기
among　to　as　with　throughout

(1) 별로 가득 찬 밤하늘: the night sky filled ______________ stars
(2) 반 친구들 사이에서 인기 있는: popular ______________ classmates
(3) 1500년대까지 거슬러 올라가는 그림들: the paintings that date back ______________ the 1500s
(4) 스터디 그룹의 모임 장소로 쓰이다: serve ______________ a meeting place for study groups

서술형 Practice

[3-4] 배열 영작 다음 우리말과 의미가 같도록 주어진 단어를 올바르게 배열하세요.

3 그 작가는 / 베스트셀러를 쓴 / 우리 학교를 방문할 것이다 / 내일.
↳ 그 베스트셀러를 쓴 작가는 내일 우리 학교를 방문할 것이다.

(wrote / the author / the best seller / who / will visit)

→ ____ our school tomorrow.

4 우리는 확실히 알지 못한다 / 어떻게 우리 실종된 개가 돌아왔는지 / 집으로.
↳ 우리는 우리 실종된 개가 어떻게 집으로 돌아왔는지 확실히 알지 못한다.

(aren't sure / our missing dog / we / came back / how)

→ ____ to the house.

5 조건 영작 다음 우리말과 의미가 같도록 주어진 단어를 사용하여 문장을 완성하세요.

밖에 주차된 그 자동차는 나의 삼촌의 것이다. (park, the car)

→ __________ __________ __________ outside belongs to my uncle.

13 세상에서 가장 작은 예술 작품

정답과 해설 p.84

직독직해가 쉬워지는 구문

Reading의 필수 구문 3개를 확인한 후, 각 문장의 해석을 완성하세요.

1일 1문장 구문 「**so+형용사/부사+that ...**」: 너무 ~해서 …하다 (결과)

It was **so** cold **that** the water turned to ice.

날씨가 ______________________________ 그 물은 얼음으로 변했다.

구문 Plus ① 「**사람을 나타내는 명사(선행사)+[who+동사 ~]**」: ~하는(~한) (명사)

TIP 여기서 관계대명사 who는 주어 역할을 하므로 바로 뒤에 동사가 와요.

The man **who** is wearing shorts is my brother.

반바지를 ______________________________ 내 형이다.

구문 Plus ② 「**make+A(목적어)+동사원형**」: A가 ~하게 하다

TIP 이때 'A(목적어)-동사원형'은 의미상 '주어-동사'의 관계가 돼요.

Our badminton coach **makes** us **practice** hard every day.

우리 배드민턴 코치는 매일 ______________________________.

직독직해 Practice

각 문장의 주어에는 밑줄을, 동사에는 동그라미 해보세요.

그다음 끊어 읽기한 부분에 주의하여 빈칸에 해석을 써보세요.

1 These sculptures are so small // that they can be placed / even in the eye of a needle!

Hint 주어 2개, 동사 2개

→ ______________ // ______________ / ______________!

2 Willard Wigan is an artist // who makes small sculptures / of famous paintings and characters / like the Mona Lisa and Pinocchio. Hint 주어 1개, 동사 2개

→ ______________ // ______________ / ______________ / ______________.

3 His tiny work makes people think // that even the smallest things / can have a big impact.

Hint 주어 2개, 동사 2개

→ ______________ // ______________ / ______________ ______________.

어휘 Practice

1 다음 단어의 우리말 뜻이 잘못된 것은?

① tiny: 아주 작은 ② matter: 중요하다 ③ place: 놓다, 두다
④ heartbeat: 심장 박동 ⑤ microscope: 망원경

2 다음 빈칸에 들어갈 수 없는 것을 모두 고르세요.

- Smartphones have a huge ______________ on our daily lives.
- Climbing that mountain was a big ______________ for me.
- Each ______________ in the movie had a different personality.

① tool ② artwork ③ impact ④ challenge ⑤ character

3 다음 우리말과 의미가 같도록 빈칸에 주어진 철자로 시작하는 단어를 쓰세요.

화면의 메시지들은 몇 초 후에 사라질 것이다.

→ The messages on the screen will d______________ after a few seconds.

서술형 Practice

[4-5] 배열 영작 다음 우리말과 의미가 같도록 주어진 단어를 올바르게 배열하세요.

4 그 시끄러운 록 음악은 (~하게) 했다 / 우리가 귀를 막게.
↳ 그 시끄러운 록 음악은 우리가 귀를 막게 했다.

(cover / us / our ears / made / the loud rock music)

→ ____.

5 그 질문은 / 너무 어려워서 / 아무도 그것을 대답할 수 없었다.
↳ 그 질문은 너무 어려워서 아무도 대답할 수 없었다.

(difficult / could answer / that / so / nobody)

→ The question was ______________________________________ it.

6 조건 영작 다음 우리말과 의미가 같도록 주어진 단어를 사용하여 문장을 완성하세요.

방금 골을 넣은 그 축구 선수는 유명하다. (score, who, a goal)

→ The soccer player ______________ just ______________ ______________ ______________ is famous.

14 오래된 전자 제품은 이렇게 해봐

정답과 해설 p.85

직독직해가 쉬워지는 구문

Reading의 필수 구문 3개를 확인한 후, 각 문장의 해석을 완성하세요.

1일 1문장 구문 「**whatever+주어+동사 ~**」: 어떤 ~일지라도, 어떤 ~이든

Whatever the situation is, you should call your parents first.

______________________________, 너는 네 부모님께 먼저 전화를 드려야 한다.

구문 Plus 1 「**call+A(목적어)+B(명사)**」: A를 B라고 부르다

TIP 이때 B는 A가 '누구' 또는 '무엇'인지를 나타내므로, 〈A = B〉의 관계예요.

Some people **call Bach the father of music**.

몇몇 사람들은 바흐를 ______________________________.

구문 Plus 2 「**how+to부정사**」: 어떻게 ~해야 할지, ~하는 방법

TIP 「의문사+to부정사」는 명사처럼 쓰여 문장에서 주어, 목적어, 보어가 될 수 있어요.

Grandma explained **how to bake** a delicious cheesecake.

할머니는 맛있는 치즈케이크를 ______________________________ 설명해 주셨다.

직독직해 Practice

각 문장의 주어에는 밑줄을, 동사에는 동그라미 해보세요.

그다음 끊어 읽기한 부분에 주의하여 빈칸에 해석을 써보세요.

1 Whatever the reason is, // e-waste includes anything / with plugs, cords, and electronic parts.

Hint 주어 2개, 동사 2개

→ ______________, // ______________ / ______________

______________.

2 We call / these unused items / e-waste or electronic waste.

→ ______________ / ______________ / ______________.

3 For example, / they think // "I might use it again," / or "I don't know how to throw it away."

Hint 주어 3개, 동사 3개

→ ______________, / ______________ // ______________ //

______________.

어휘 Practice

1 다음 밑줄 친 단어와 비슷한 의미의 단어는?

After the party, there was a lot of trash to clean up.

① item ② limit ③ metal ④ drawer ⑤ waste

2 다음 단어의 영영풀이가 바르지 않은 것은?

① regular: normal or usual
② local: relating to the whole world
③ support: to help someone emotionally
④ reason: a fact that explains why it happens
⑤ various: several different or many different things

3 다음 우리말과 의미가 같도록 빈칸에 알맞은 표현을 쓰세요.

그녀는 영어 시험의 30문제 중 27문제를 맞혔다.

→ She got 27 ________ ________ 30 questions correct on the English test.

서술형 Practice

[4-5] 배열 영작 다음 우리말과 의미가 같도록 주어진 단어를 올바르게 배열하세요.

4 어떤 문제일지라도, / 우리는 그것을 해결할 수 있다 / 같이.
↳ 어떤 문제일지라도, 우리는 그것을 같이 해결할 수 있다.

(we / is / whatever / can solve / the problem / it)

→ ____________________, ____________________ together.

5 우리는 부른다 / 우리 고양이 Charlie를 사고뭉치라고.
↳ 우리는 우리 고양이 Charlie를 사고뭉치라고 부른다.

(call / a troublemaker / we / our cat Charlie)

→ ____.

6 조건 영작 다음 우리말과 의미가 같도록 주어진 단어를 사용하여 문장을 완성하세요.

미국의 많은 십 대들은 16살에 운전하는 법을 배운다. (drive, how)

→ Many teenagers in the U.S. learn ________ ________ ________ at 16 years old.

15 염소에게 이런 재주가!

정답과 해설 p.85

직독직해가 쉬워지는 구문

✓ Reading의 필수 구문 3개를 확인한 후, 각 문장의 해석을 완성하세요.

1일 1문장 구문 **과거완료 「had+과거분사(p.p.)」**: ~했다

TIP 과거에 일어난 두 가지 일 중 '먼저 일어난 일'을 나타낼 때 사용해요.

Jane **had been** sick with a cold, so she missed the field trip last Monday.

Jane은 감기로 ______________________, 그래서 그녀는 지난 월요일에 현장학습을 놓쳤다.

구문 Plus 1 **「A as+형용사/부사+as B」**: A는 B만큼 ~한/~하게

TIP A와 B 두 대상을 비교해서 서로 정도가 비슷하거나 같을 때 as ~ as 원급 표현을 사용해요. (원급: 형용사나 부사의 원래 형태)

I think that the movie was **as good as** the original novel.

나는 그 영화가 ______________________________________ 생각한다.

구문 Plus 2 **「not only A but (also) B」**: A뿐만 아니라 B도

TIP A와 B에는 문법적으로 같은 성격의 어구가 와야 해요.

The musical was **not only** fun **but also** touching.

그 뮤지컬은 ______________________________________ 감동적이기도 했다.

직독직해 Practice

✓ 각 문장의 주어에는 밑줄을, 동사에는 동그라미 해보세요.

✓ 그다음 끊어 읽기한 부분에 주의하여 빈칸에 해석을 써보세요.

1 The goats had eaten / most of the dry plants / in the area, // so the fire had nothing to burn / and stopped. Hint 주어 2개, 동사 3개

→ ________________ / ________________ / ________________, //
________________ / ________________.

2 Every day, / the goats ate dry plants / covering an area / as large as two football fields.

→ ________________, / ________________ / ________________ /
________________.

3 Goats are not only environmentally friendly / for removing weeds / but also effective / in fire prevention.

→ ________________ / ________________ / ________________ /
________________.

어휘 Practice

1 다음 단어의 의미에 해당하는 것을 찾아 연결하세요.

(1) remove •　　　　• ⓐ very harmful and able to cause death

(2) effective •　　　　• ⓑ to move or take something away from a place

(3) poisonous •　　　　• ⓒ successful or achieving the result that you want

2 다음 우리말과 의미가 같도록 빈칸에 알맞은 단어를 <보기>에서 찾아 쓰세요.

보기

toward　　before　　including

(1)
- There will be twenty students at the event, ______________ myself.
- My father works six days a week, ______________ Saturdays.

(2)
- The tour bus is heading ______________ the city's tower.
- The runner quickly ran ______________ the finish line.

서술형 Practice

[3-4] 배열 영작 다음 우리말과 의미가 같도록 주어진 단어를 올바르게 배열하세요.

3 우리는 방문할 것이다 / 로마뿐만 아니라 / 파리도 / 이번 여름에.
↳ 우리는 이번 여름에 로마뿐만 아니라 파리도 방문할 것이다.

(not only / we / Rome / will visit / but also / Paris)

→ ____ this summer.

4 이 새 공원은 넓다 / 센트럴 파크만큼 / 뉴욕의.
↳ 이 새 공원은 뉴욕의 센트럴 파크만큼 넓다.

(this new park / large / Central Park / as / is / as)

→ ____ in New York.

5 조건 영작 다음 우리말과 의미가 같도록 주어진 단어를 사용하여 문장을 완성하세요.

나는 충분한 돈을 모아서 새 컴퓨터를 살 수 있었다. (enough money, have, save)

→ I __________ __________ __________ __________, so I could buy a new computer.

16 용감한 새의 거침없는 비행

정답과 해설 p.86

직독직해가 쉬워지는 구문

Reading의 필수 구문 3개를 확인한 후, 각 문장의 해석을 완성하세요.

1일 1문장 구문 「~ 명사(선행사), which+동사 …」: ~하다, 그리고[그런데] 그것은 …

TIP 콤마(,)로 이어지는 관계대명사절은 문맥상 알맞은 '접속사+(대)명사'로 바꿔 해석하면 돼요.

I read a book, **which** is based on a true story.

나는 책을 한 권 읽었다, ______________________ 실화를 바탕으로 한다.

구문 Plus 1 「while+주어+동사 ~」: ~인 반면에

TIP 접속사 while은 '~하는 동안'이라는 의미로도 쓰이므로 문맥에 맞게 해석해야 해요.

While my sister likes cold weather, I like the summer heat.

나의 여동생은 ______________________, 나는 여름의 더위를 좋아한다.

구문 Plus 2 전체 부정 「no ~」: 아무(것)도 ~ 않다

TIP no, none, neither 등과 같은 부정어가 쓰이면 전체를 부정하는 의미를 나타내요.

No other park in our city has a lake.

우리 도시의 ______________________ 호수를 갖고 있지 않다.

직독직해 Practice

각 문장의 주어에는 밑줄을, 동사에는 동그라미 해보세요.

그다음 끊어 읽기한 부분에 주의하여 빈칸에 해석을 써보세요.

1 Scientists noticed / that during storms, / these birds sometimes fly / very close / to the storm's center, // which is called the "eye." Hint 주어 2개, 동사 2개

→ ______________ / ______________, / ______________ / ______________ / ______________, // ______________.

2 While most birds fly away from them, // shearwaters fly straight into them! Hint 주어 2개, 동사 2개

*shearwater 슴새

→ ______________, // ______________!

3 This was very surprising // because no other birds are known / to act this way. Hint 주어 2개, 동사 2개

→ ______________ // ______________ / ______________.

어휘 Practice

1 다음 영영 풀이가 설명하는 단어를 〈보기〉에서 찾아 쓰세요.

보기
trick   choose   avoid   track   notice

(1) to stay away from someone or something: ______________

(2) a clever and effective way of doing something: ______________

(3) to follow a person or animal by looking for signs or marks they left behind: ______________

2 다음 우리말과 의미가 같도록 빈칸에 알맞은 단어를 〈보기〉에서 찾아 쓰세요.

보기
straight   danger   away   behavior

(1) 나의 이모는 대학에서 새의 행동에 대해 공부하신다.

→ My aunt studies the ______________ of birds at college.

(2) 나는 어제 너무 몸이 안 좋아서 곧장 침대로 다시 들어갔다.

→ I felt so sick that I went ______________ back to bed yesterday.

서술형 Practice

[3-4] 배열 영작 다음 우리말과 의미가 같도록 주어진 단어를 올바르게 배열하세요.

3 나의 형은 즐기는 반면에 / 야구를 하는 것을, / 나는 선호한다 / 농구를 하는 것을.

↳ 나의 형은 야구를 하는 것을 즐기는 반면에, 나는 농구를 하는 것을 선호한다.

(my brother / while / playing / enjoys / baseball)

→ ______________________________________, I prefer playing basketball.

4 어떤 식당도 / 이 지역의 / 채식 음식을 제공하지 않는다.

↳ 이 지역의 어떤 식당도 채식 음식을 제공하지 않는다.

(in this area / offers / restaurant / no)

→ ______________________________________ vegan food.

5 조건 영작 다음 우리말과 의미가 같도록 주어진 단어를 사용하여 문장을 완성하세요.

나는 시계를 잃어버렸는데, 그것은 할아버지가 주신 선물이었다. (a watch)

→ I lost ______________ ______________, ______________ was a gift from my grandfather.

17 발을 쏙! 이렇게 신기 편할 수가

정답과 해설 p.86

직독직해가 쉬워지는 구문

Reading의 필수 구문 3개를 확인한 후, 각 문장의 해석을 완성하세요.

1일 1문장 구문 「**형용사+to부정사**」: ~하기에 …인[…한]

TIP 이때 to부정사는 앞에 오는 형용사를 부사처럼 꾸며 주는 역할을 해요.

This recipe is easy **to prepare** and **to cook**.

이 조리법은 ______________________________ 쉽다.

구문 Plus 1 「**명사(선행사)+[that+주어+동사+●]**」: ~하는[~한] (명사)

TIP 목적격 관계대명사가 이끄는 절 안에는 목적어가 빠져 있어요. 또한, -thing으로 끝나는 명사가 선행사로 쓰일 때는 관계대명사 that이 주로 쓰여요.

The thing **that** she recently enjoys most is doing yoga.

그녀가 최근에 ______________________________ 요가를 하는 것이다.

구문 Plus 2 「**want+A(목적어)+to부정사**」: A가 ~하기를 원하다

TIP 이때 'A(목적어)-to부정사'는 의미상 '주어-동사'의 관계가 돼요.

Most parents **wants** their children **to eat** more vegetables.

대부분의 부모님들은 자신의 아이들이 ______________________________.

직독직해 Practice

각 문장의 주어에는 밑줄을, 동사에는 동그라미 해보세요.

그다음 끊어 읽기한 부분에 주의하여 빈칸에 해석을 써보세요.

1 This shoe, / with a zipper and Velcro strap, / is easy to put on and take off. *Velcro 벨크로, 찍찍이

→ ______________, / ______________, / ______________.

2 But there was one thing // that he couldn't overcome: / tying his shoes. **Hint** 주어 2개, 동사 2개

→ ______________ // ______________: / ______________ ______________.

3 He wants people to know // that anyone can speak up / and make a difference, / just as he did.

Hint 주어 3개, 동사 4개

→ ______________ // ______________ / ______________, / ______________.

어휘 Practice

1 다음 단어의 우리말 뜻이 잘못된 것은?

① such: 그러한 ② strap: 끈, 줄 ③ disability: 장애인들
④ ask for: ~을 요청하다 ⑤ everyday: 일상적인, 매일의

2 다음 빈칸에 공통으로 들어갈 단어로 가장 알맞은 것은?

• Being ______________ means making your own choices.
• He is proud to be ______________ from his parents.

① easily ② disabled ③ frustrated ④ surprising ⑤ independent

3 다음 우리말과 의미가 같도록 빈칸에 알맞은 단어를 〈보기〉에서 찾아 쓰세요.

보기
allow overcome challenge release

(1) 새로운 게임을 출시하다: ______________ a new game
(2) 두려움을 극복하려고 애쓰다: try to ______________ a fear

서술형 Practice

[4-5] 배열 영작 다음 우리말과 의미가 같도록 주어진 단어를 올바르게 배열하세요.

4 그 뮤지컬 티켓은 / 비쌌다 / 구입하기에.
↳ 그 뮤지컬 티켓은 구입하기 비쌌다.

(were / the musical tickets / to / expensive / buy)

→ ____.

5 모든 것은 / 나의 아빠가 요리하시는 / 맛있다.
↳ 나의 아빠가 요리하시는 모든 것은 맛있다.

(that / cooks / delicious / everything / my dad / tastes)

→ ____.

6 조건 영작 다음 우리말과 의미가 같도록 주어진 단어를 사용하여 문장을 완성하세요.

나의 엄마는 학교가 끝나고 바로 내가 집에 오기를 원하셨다. (come, want)

→ My mom ____________ ____________ ____________ ____________ home right after school ends.

18 강 속에 이것이 없다면?

정답과 해설 p.87

직독직해가 쉬워지는 구문

Reading의 필수 구문 3개를 확인한 후, 각 문장의 해석을 완성하세요.

1일 1문장 구문 「**장소를 나타내는 명사(선행사)+[where+주어+동사 ~]**」: ~하는[~한] (명사)

TIP 관계부사 where는 선행사가 '장소'를 나타낼 때 쓰여요.

There's a beach **where** you can see dolphins.

돌고래를 ______________________ 있다.

구문 Plus ① 「**help+A(목적어)+동사원형**」: A가 ~하도록 돕다

TIP 동사가 help일 때, A(목적어) 뒤에는 동사원형과 to부정사 모두 쓰일 수 있어요.

The people in the village **helped** the police **catch** the thief.

마을 사람들은 경찰이 ______________________.

구문 Plus ② 「**become+형용사**」: ~이 되다, ~하게 되다

TIP 동사 become 뒤에 과거분사(p.p.) 형태의 형용사가 오기도 해요.

He **became known** as the best singer in his class.

그는 그의 반에서 가장 노래를 잘하는 사람으로 ______________________.

직독직해 Practice

각 문장의 주어에는 밑줄을, 동사에는 동그라미 해보세요.

그다음 끊어 읽기한 부분에 주의하여 빈칸에 해석을 써보세요.

1 These oyster reefs provide places // where lots of plants and animals can live. Hint 주어 2개, 동사 2개

*reef 암초

→ ______________________ // ______________________.

2 New York City is helping oysters grow / in the Hudson River.

→ ______________________ / ______________________.

3 As a result, / the water becomes less polluted!

→ ______________________, / ______________________!

어휘 Practice

1 다음 단어의 우리말 뜻이 잘못된 것은?

① tasty: 맛있는 ② take in: ~을 제거하다 ③ harmful: 해로운, 유해한
④ environment: 환경 ⑤ underwater: 수중의, 물속의

2 다음 영영 풀이가 설명하는 단어로 가장 알맞은 것은?

to give something needed to someone or something

① return ② leave ③ provide ④ clean up ⑤ filter out

3 다음 우리말과 의미가 같도록 빈칸에 알맞은 표현을 쓰세요.

(1)

우리는 선생님의 도움 덕분에 과학 프로젝트를 끝마칠 수 있었다.

→ We could complete our science project ______________ ______________ our teacher's help.

(2)

우리 학교는 새 컴퓨터를 구매했다. 게다가, 도서관을 위해 새 책도 구매했다.

→ Our school got new computers. ______________ ______________, they purchased new books for the library as well.

서술형 Practice

[4-5] 배열 영작 다음 우리말과 의미가 같도록 주어진 단어를 올바르게 배열하세요.

4 우리는 방문할 것이다 / 그 도시를 / 우리 부모님이 자란 / 이번 주말에.
↳ 우리는 이번 주말에 우리 부모님이 자란 그 도시를 방문할 것이다.

(our parents / where / the city / were raised)

→ We will visit ____ this weekend.

5 그 코치는 도왔다 / 그가 / 그의 수영 기술을 향상시키도록.
↳ 그 코치는 그가 자신의 수영 기술을 향상시키도록 도왔다.

(him / helped / his swimming skills / improve / the coach)

→ ____.

6 조건 영작 다음 우리말과 의미가 같도록 주어진 단어를 사용하여 문장을 완성하세요.

그 공원은 불꽃놀이를 보러 온 사람들로 붐비게 되었다. (become, crowd)

→ The park ______________ ______________ with people coming to see the fireworks.

19 지뢰 찾기의 달인

정답과 해설 p.87

직독직해가 쉬워지는 구문

✓ Reading의 필수 구문 3개를 확인한 후, 각 문장의 해석을 완성하세요.

1일 1문장 구문 **「감정을 나타내는 형용사+that+주어+동사 ~」**: ~해서[~하다는 것이] …인

TIP that절은 앞에 나온 감정의 원인이나 이유를 나타내요.

We're happy **that** the restaurant has our favorite dish.

우리는 ______________________________.

구문 Plus 1 **'결과'의 「have/has+과거분사(p.p.)」**: ~했다 (그래서 지금 …이다)

TIP 현재완료는 과거의 일이 현재까지 미친 '결과'를 나타낼 수 있어요.

She **has left** her jacket at the restaurant.

그녀는 식당에 ______________________________. (그 결과 지금 재킷이 없다.)

구문 Plus 2 **수동태 과거 「was/were+과거분사(p.p.)」**: ~되었다[~당했다, ~받았다]

TIP 동사가 목적어를 2개 갖는 give/send/show 등일 때, 수동태도 2개가 될 수 있어요.

「A(사람)+was/were+p.p.+B(사물) = B(사물)+was/were+p.p.+to A(사람)」

She **was given** a gift on her birthday. (= A gift **was given to** her ~.)

그녀는 생일에 ______________________________.

직독직해 Practice

✓ 각 문장의 주어에는 밑줄을, 동사에는 동그라미 해보세요.

✓ 그다음 끊어 읽기한 부분에 주의하여 빈칸에 해석을 써보세요.

1 People are sad / that Magawa has passed away, // but they are thankful for this brave rat / who helped make the world a safer place. Hint 주어 3개, 동사 4개

→ ______________ / ______________, // ______________ ______________ / ______________.

2 In Cambodia, / many years of conflict / have left behind dangerous landmines. *landmine 지뢰

→ ______________, / ______________ / ______________.

3 To thank him for this, / he was given a gold medal.

→ ______________, / ______________.

어휘 Practice

1 다음 단어의 우리말 뜻이 잘못된 것은?

① sense: 감각, 느낌　② clear: 치우다, 제거하다　③ thankful: 감사하는
④ award: 상, 상패　⑤ unfortunately: 다행스럽게도

2 다음 빈칸에 알맞은 단어를 〈보기〉에서 찾아 쓰세요.

보기
field　leave　bomb　skill　conflict

(1) Our team practiced on the soccer ______________ yesterday.
(2) The ______________ between the two countries went on for years.
(3) The sound of the ______________ scared everyone in the area.

3 다음 우리말과 의미가 같도록 빈칸에 알맞은 표현을 쓰세요.

그 나무의 높이는 그 건물의 높이와 같다.

→ The height of the tree is ______________ ______________ the height of the building.

서술형 Practice

[4-5] 배열 영작 다음 우리말과 의미가 같도록 주어진 단어를 올바르게 배열하세요.

4 나는 놀랐다 / 그가 여전히 기억해서 / 내 생일을.
↳ 나는 그가 내 생일을 아직 기억하고 있어서 놀랐다.
(remembers / I'm / that / my birthday / surprised / he / still)
→ ____.

5 학생들은 주어졌다 / 추가 시간이 / 시험을 끝내기 위해.
↳ 학생들은 시험을 끝내기 위해 추가 시간을 받았다.
(were / extra time / the students / given)
→ ____ to finish the test.

6 조건 영작 다음 우리말과 의미가 같도록 주어진 단어를 사용하여 문장을 완성하세요.

그들은 프랑스에 갔기 때문에, 그들의 집은 지금 비어 있다. (go)

→ Since they ______________ ______________ to France, their house is empty now.

20 바삭! 감자튀김은 어디서 왔을까?

정답과 해설 p.88

직독직해가 쉬워지는 구문

Reading의 필수 구문 3개를 확인한 후, 각 문장의 해석을 완성하세요.

1일 1문장 구문 「It(가주어) ~ to부정사(진주어) ...」: …하는 것은 ~하다

TIP 가주어 It은 따로 해석하지 않으며, It 다음에는 「be동사+important, difficult, easy 등」의 형태로 자주 쓰여요.

It was difficult **to wake up** early in the morning.

아침에 ______________________________.

구문 Plus ① 수동태 과거 「was/were+과거분사(p.p.)」: ~되었다[~당했다, ~받았다]

TIP was/were와 과거분사 사이에는 수동태를 꾸며 주는 부사가 오기도 해요.

His car **was** quickly **repaired**.

______________________________.

구문 Plus ② 간접의문문 「how/where+주어+동사 ~」: 어떻게/어디에서 …가 ~하는지

TIP 의문사 의문문이 다른 문장의 일부가 될 때는 〈의문사+주어+동사 ~〉의 순서로 쓰여요.

I wondered **where** the lost puzzle piece was discovered.

나는 잃어버린 퍼즐 조각이 ______________________________ 궁금했다.

직독직해 Practice

각 문장의 주어에는 밑줄을, 동사에는 동그라미 해보세요.

그다음 끊어 읽기한 부분에 주의하여 빈칸에 해석을 써보세요.

1 However, / in 1680, / a very cold winter / caused the local river to freeze, // so it was difficult / to catch fish. Hint 주어 3개, 동사 2개

→ __________, / __________, / __________ / __________
__________, // __________ / __________.

2 They decided to fry potatoes / instead of fish, // and that's how / French fries were first created.
Hint 주어 3개, 동사 3개

→ __________ / __________, // __________ /
__________.

3 The name actually comes from // how they are prepared, / not where they were invented.
Hint 주어 3개, 동사 3개

→ __________ // __________, / __________
__________.

어휘 Practice

1 다음 단어의 의미에 해당하는 것을 찾아 연결하세요.

(1) create • • ⓐ to make or produce something
(2) freeze • • ⓑ to help show that something is true
(3) support • • ⓒ to become hard like ice

2 다음 우리말과 의미가 같도록 빈칸에 주어진 철자로 시작하는 단어를 쓰세요.

(1) 보통 사람은 밤에 약 8시간의 잠이 필요하다.
→ The a__________ person needs about eight hours of sleep per night.

(2) 그녀는 샌드위치를 위해 빵을 얇은 조각으로 썰었다.
→ She sliced the bread into t__________ pieces for sandwiches.

(3) 우리는 12월에 크리스마스트리를 세우는 전통을 따른다.
→ We follow the t__________ of putting up a Christmas tree in December.

서술형 Practice

[3-4] 배열 영작 다음 우리말과 의미가 같도록 주어진 단어를 올바르게 배열하세요.

3 중요하다 / 양치하는 것은 / 매 식사 후에.
↳ 식사 후마다 양치하는 것은 중요하다.
(is / your / important / teeth / to brush / it)
→ ____________________ after each meal.

4 내게 말해줘 / 어떻게 네가 보내는지 / 네 여가 시간을.
↳ 네가 여가 시간을 어떻게 보내는지 얘기해줘.
(free time / how / you / your / spend)
→ Tell me ____________________.

5 조건 영작 다음 우리말과 의미가 같도록 주어진 단어를 사용하여 문장을 완성하세요.

그 실종된 고양이는 공원에서 발견되었다. (find)

→ The missing cat __________ __________ in the park.

21 부모님과 엇갈린 음악 취향

정답과 해설 p.88

직독직해가 쉬워지는 구문

Reading의 필수 구문 3개를 확인한 후, 각 문장의 해석을 완성하세요.

1일 1문장 구문 「**make+it(가목적어)+형용사+to부정사(진목적어)**」: …하는 것을 ~하게 만들다

The heavy rain made **it** hard **to see** the road ahead.

폭우는 앞에 있는 도로를 ______________________.

구문 Plus ① 「**(대)명사+to부정사**」: ~하는[~할] (명사)

TIP to부정사는 앞에 오는 (대)명사를 형용사처럼 꾸며 주는 역할을 할 수 있어요.
명사를 꾸며 주는 to부정사가 두 개 이상 and로 연결될 때는 and 다음에 오는 to부정사의 to가 자주 생략돼요.

Now is the time **to study** and **finish** your homework.

지금은 ______________________.

구문 Plus ② 「**관계부사 how+주어+동사 ~**」: ~하는 방식[방법]

TIP how는 the way로 바꿔 쓸 수 있는데, 이때 the way나 how 둘 중 하나만 써야 해요.
(the way how (×))

This is **how** we cook our favorite meal.

이것은 우리가 가장 좋아하는 ______________________.

직독직해 Practice

각 문장의 주어에는 밑줄을, 동사에는 동그라미 해보세요.

그다음 끊어 읽기한 부분에 주의하여 빈칸에 해석을 써보세요.

1 This makes it harder / to tell the difference / between chords, rhythms, and melodies. *chord 화음

→ ____________ / ____________ / ____________ ____________.

2 First, / teenagers have more time / to find new music / and make special memories / with the songs.

→ ____________, / ____________ / ____________ / ____________ / ____________.

3 It's just // how people naturally change. Hint 주어 2개, 동사 2개

→ ____________ // ____________.

어휘 Practice

1 **다음 단어의 우리말 뜻이 잘못된 것은?**

① around: 약, ~쯤 ② musical: 음악의, 음악적인 ③ develop: 발전시키다
④ teenager: 십 대, 청소년 ⑤ naturally: 흥미롭게도

2 **다음 빈칸에 공통으로 들어갈 단어로 가장 알맞은 것은?**

- ________ loss is common with age.
- The song reminded her of a special ________.

① taste ② noise ③ memory ④ melody ⑤ dictionary

3 **다음 우리말과 의미가 같도록 빈칸에 알맞은 표현을 쓰세요.**

나는 아침에 일찍 일어나는 데 어려움을 겪는다.

→ I ________ ________ ________ ________ waking up early in the morning.

서술형 Practice

[4-5] 배열 영작 **다음 우리말과 의미가 같도록 주어진 단어를 올바르게 배열하세요.**

4 나는 기회가 있었다 / 파리를 방문할 / 그리고 에펠탑을 볼.
↳ 나는 파리를 방문하고 에펠탑을 볼 기회가 있었다.

(and / I / to visit / the Eiffel Tower / had / the chance / see / Paris)

→ ____.

5 이것은 ~이다 / 내가 바람 빠진 타이어를 고치는 방법 / 내 자전거의.
↳ 이것은 내가 내 자전거의 바람 빠진 타이어를 고치는 방법이다.

(how / a flat tire / I / is / fix / this)

→ ____ on my bike.

6 조건 영작 **다음 우리말과 의미가 같도록 주어진 단어를 사용하여 문장을 완성하세요.**

이 새로운 앱은 길을 찾는 것을 더 쉽게 만든다. (easier, find)

→ This new app ________ ________ ________ ________ ________ the way.

22 달에 갈 땐 바뀐 옷을 입어요

정답과 해설 p.89

직독직해가 쉬워지는 구문

✔ Reading의 필수 구문 3개를 확인한 후, 각 문장의 해석을 완성하세요.

1일 1문장 구문 「**allow+A(목적어)+to부정사**」: A가 ~하도록 허락하다[~하게 두다]

TIP 이때 'A(목적어)-to부정사'는 의미상 '주어-동사'의 관계가 돼요.

The new software **will allow** the computer **to run** faster.

그 새로운 소프트웨어는 ______________________________.

구문 Plus 1 「**can be+과거분사(p.p.)+by A**」: A에 의해 ~될 수 있다

TIP 조동사가 있는 문장의 수동태는 조동사 뒤에 항상 동사원형 be가 쓰여요.

Further information about the party **can be provided by** our staff.

파티에 대한 더 많은 정보는 저희 직원들에 의해 ______________________________.

구문 Plus 2 「**A 형용사/부사의 비교급 than B**」: A는 B보다 더 ~한/~하게

TIP 형용사/부사의 비교급은 뒤에 '-er'를 붙이거나 앞에 more를 붙여요.

She is **more patient than** her younger sister.

그녀는 ______________________________.

직독직해 Practice

✔ 각 문장의 주어에는 밑줄을, 동사에는 동그라미 해보세요.

✔ 그다음 끊어 읽기한 부분에 주의하여 빈칸에 해석을 써보세요.

1 "The new suit will allow / more people to visit the Moon / and do new science tests."

→ "______________ / ______________ / ______________ ______________."

2 On the other hand, / the new spacesuits can be worn / by at least 90% / of American men and women.

→ ______________, / ______________ / ______________ / ______________.

3 Also, / they are lighter and more flexible / than the old ones.

→ ______________, / ______________ / ______________.

어휘 Practice

1 다음 영영 풀이가 설명하는 단어를 〈보기〉에서 찾아 쓰세요.

보기
head light mission flexible extreme

(1) having little weight: ______________

(2) easily bent without breaking: ______________

(3) the position of being a leader: ______________

2 다음 밑줄 친 단어와 비슷한 의미의 단어는?

The cat appears to be comfortable on the sofa.

① reflects ② seems ③ views ④ protects ⑤ upgrades

3 다음 밑줄 친 부분의 쓰임이 자연스러우면 ○, 그렇지 않으면 ×로 표시하세요.

(1) The shirt fits me anymore; it's too small. ______________

(2) He left his last job for various reasons. ______________

(3) It's important to know your strengths and weaknesses. ______________

서술형 Practice

[4-5] 배열 영작 다음 우리말과 의미가 같도록 주어진 단어를 올바르게 배열하세요.

4 어떤 직업들은 / 대체될 수 있다 / 인공 지능에 의해 / 가까운 미래에.
↳ 어떤 직업들은 가까운 미래에 인공 지능에 의해 대체될 수 있다.

(can / AI / some jobs / replaced / by / be)

→ ______________________________________ in the near future.

5 새로운 다리는 / 더 넓고 길어질 것이다 / 예전 것보다.
↳ 새 다리는 예전 것보다 더 넓고 길어질 것이다.

(the old one / be / the new bridge / and / than / wider / longer / will)

→ ______________________________________.

6 조건 영작 다음 우리말과 의미가 같도록 주어진 단어를 사용하여 문장을 완성하세요.

소셜 미디어는 사용자들이 전 세계의 다른 이들과 연락할 수 있게 한다. (users, allow, connect)

→ Social media __________ __________ __________ __________ with others around the world.

23 휘파람으로 이것이 가능하다니!

정답과 해설 p.89

직독직해가 쉬워지는 구문

✓ Reading의 필수 구문 3개를 확인한 후, 각 문장의 해석을 완성하세요.

1일 1문장 구문 「**A much 형용사/부사의 비교급 than B**」: A는 B보다 훨씬 더 ~한/하게

TIP 비교급 앞에 much, even, a lot 등의 부사를 써서 비교급을 강조할 수 있어요.

The English test was **much easier than** I thought.

영어시험은 내가 ______________________.

구문 Plus ① 「**whether+주어+동사 ~**」: ~가 …인지 (아닌지)

TIP 접속사 whether는 명사 역할을 하는 절을 이끌어 동사 또는 전치사의 목적어로 쓰일 수 있어요.

The decision depends on **whether** he agrees.

그 결정은 ______________________ 달려 있다.

구문 Plus ② 「**(대)명사+to부정사**」: ~하는, ~할 (명사)

TIP 이때 to부정사는 앞에 오는 (대)명사를 형용사처럼 꾸며 주는 역할을 해요.

The helicopter can be the most efficient way **to rescue** the survivors.

헬리콥터는 생존자들을 ______________________ 일 수 있다.

직독직해 Practice

✓ 각 문장의 주어에는 밑줄을, 동사에는 동그라미 해보세요.

✓ 그다음 끊어 읽기한 부분에 주의하여 빈칸에 해석을 써보세요.

1 This is // because a whistle's sound can travel / much farther than regular talking or shouting.

Hint 주어 2개, 동사 2개

→ ______________ // ______________ / ______________

______________.

2 You can hear the difference / in the whistles / by how high or low they sound, / and whether they are short or long. Hint 주어 3개, 동사 3개

→ ______________ / ______________ / ______________

______________, // ______________.

3 Whistling is an interesting way / to communicate.

→ ______________ / ______________.

어휘 Practice

1 다음 각 단어의 의미에 해당하는 것을 연결하세요.

(1) tone •   • ⓐ to say something very loudly
(2) shout •   • ⓑ the character of a sound
(3) message •   • ⓒ a piece of information sent to someone

2 다음 빈칸에 공통으로 들어갈 단어로 가장 알맞은 것은?

• Use the elevator to ________________ these boxes upstairs.
• Can you ________________ my message to Noah?

① shout ② carry ③ travel ④ whistle ⑤ replace

3 다음 우리말과 의미가 같도록 빈칸에 주어진 철자로 시작하는 단어를 쓰세요.

대부분의 동물들은 서로 의사소통하기 위해 소리를 이용한다.

→ Most animals use sound to c________________ with each other.

서술형 Practice

[4-5] 배열 영작 다음 우리말과 의미가 같도록 주어진 단어를 올바르게 배열하세요.

4 그는 가지고 있다 / 하나의 꿈을 / 세계를 여행하는.
↳ 그는 세계를 여행하는 꿈을 가지고 있다.

(the world / he / a dream / travel / to / has)

→ ____.

5 나는 ~에 대해 궁금해 / 네가 고양이를 선호하는지 / 아니면 개를 / 반려동물로.
↳ 나는 네가 반려동물로 고양이나 개 중 어떤 것을 선호하는지 궁금해.

(dogs / about / or / you / whether / cats / prefer)

→ I'm curious ____ as pets.

6 조건 영작 다음 우리말과 의미가 같도록 주어진 단어를 사용하여 문장을 완성하세요.

이 식당의 음식은 옆집 식당보다 훨씬 저렴하다. (cheap, much)

→ This restaurant's food is ____________ ____________ ____________ the one next door.

24 아이스크림 모양의 무한 변신

정답과 해설 p.90

직독직해가 쉬워지는 구문

✓ Reading의 필수 구문 3개를 확인한 후, 각 문장의 해석을 완성하세요.

1일 1문장 구문 **부분 부정 「not all[every], not ~ all[every]」**: 모두 ~인 것은 아니다

TIP 부분 부정은 일부만 부정하는 것이므로, 다른 일부는 '긍정'하는 의미를 나타내요.

Not all the information on the internet is correct.

인터넷에 있는 ______________________________.

구문 Plus 1 **「want+A(목적어)+to부정사」**: A가 ~하기를 원하다

TIP 이때 'A(목적어)-to부정사'는 의미상 '주어-동사'의 관계가 돼요.

All parents **want** their kids **to do** their best on the exam.

모든 부모들은 ______________________________.

구문 Plus 2 **「형용사+to부정사」**: ~하기에 …인[…한]

TIP to부정사는 앞의 형용사를 꾸며 주는 부사 역할을 할 수 있어요.

Sydney is very convenient **to travel** because of the subway system.

시드니는 지하철 시스템 때문에 ______________________________.

직독직해 Practice

✓ 각 문장의 주어에는 밑줄을, 동사에는 동그라미 해보세요.

✓ 그다음 끊어 읽기한 부분에 주의하여 빈칸에 해석을 써보세요.

1 However, / molded ice creams / weren't for everybody. *mold 틀; (틀에 넣어) 만들다

→ ____________, / ______________________ / ______________________.

2 They wanted / their ice cream to look unique, // so they created these fancy designs / by using special metal molds. Hint 주어 2개, 동사 2개

→ ______________ / ______________________, // ______________________ ______________________ / ______________________.

3 Everyone loved them // because they were easier / to eat and clean up. Hint 주어 2개, 동사 2개

→ ______________________ // ______________________ / ______________.

어휘 Practice

1 다음 단어의 우리말 뜻이 잘못된 것은?

① fancy: 화려한 ② unique: 흔한 ③ metal: 금속의
④ fridge: 냉장고 ⑤ technology: (과학) 기술

2 다음 빈칸에 알맞은 단어를 〈보기〉에서 찾아 쓰세요.

보기
store introduce century ingredient

(1) Tomatoes are the main ______________ in this sauce.
(2) ______________ the food in a dry and cool place.

3 다음 우리말과 의미가 같도록 빈칸에 주어진 철자로 시작하는 단어를 쓰세요.

그 울타리는 사람들이 잔디를 밟는 것을 막아줄 것이다.

→ The fence will k______________ people f______________ stepping on the grass.

서술형 Practice

[4-5] 배열 영작 다음 우리말과 의미가 같도록 주어진 단어를 올바르게 배열하세요.

4 그 가게는 판매하지 않는다 / 모든 브랜드를 / 의류의.
↳ 그 가게는 모든 의류 브랜드를 판매하는 것은 아니다.
(clothing / the store / every / sell / brand / doesn't / of)
→ ____.

5 그 규칙들은 명확하고 쉬웠다 / 따르기에.
↳ 그 규칙들은 따르기 명확하고 쉬웠다.
(to follow / easy / the rules / clear / and / were)
→ ____.

6 조건 영작 다음 우리말과 의미가 같도록 주어진 단어를 사용하여 문장을 완성하세요.

나는 네가 나에게 더 솔직하기를 원해. (be)

→ I __________ __________ __________ __________ more honest with me.

25 침은 이런 효과도 있어요!

정답과 해설 p.90

직독직해가 쉬워지는 구문

Reading의 필수 구문 3개를 확인한 후, 각 문장의 해석을 완성하세요.

1일 1문장 구문 「**though+주어+동사 ~**」: (비록) ~이긴 하지만

TIP 접속사 though는 although와 같은 의미로, 앞뒤 문장이 대조되는 내용을 나타낼 때 사용해요.

Though she said sorry many times, he was still angry.

그녀가 여러 번 ______________________, 그는 여전히 화가 나 있었다.

구문 Plus ① 「**help+A(목적어)+동사원형**」: A가 ~하도록 돕다

TIP 동사가 help일 때, A(목적어) 다음에 동사원형 대신 to부정사(to-v)도 쓰일 수 있어요.

James **helped** his friends **climb** to the top of the mountain.

James는 ______________________.

구문 Plus ② 「**allow+A(목적어)+to부정사**」: A가 ~하는 것을 허락하다[~하게 두다]

TIP 이때 'A(목적어)-to부정사'는 의미상 '주어-동사'의 관계가 돼요.

My mom **allows** me **to play** computer games on Sundays.

우리 엄마는 일요일마다 ______________________.

직독직해 Practice

각 문장의 주어에는 밑줄을, 동사에는 동그라미 해보세요.

그다음 끊어 읽기한 부분에 주의하여 빈칸에 해석을 써보세요.

1 Though it is 99 percent water, // it has a big effect / on how things taste. Hint 주어 3개, 동사 3개

→ ______________, // ______________ / ______________ ______________.

2 ~; // it helps us taste food and enjoy flavors.

→ ~; // ______________________.

3 It mixes with food / and allows us to taste / sweet, salty, or sour flavors. Hint 주어 1개, 동사 2개

→ ______________ / ______________ / ______________ ______________.

내신 맛보기

어휘 Practice

1 다음 단어의 의미에 해당하는 것을 찾아 연결하세요.

(1) sour • • ⓐ containing a lot of sugar

(2) sweet • • ⓑ having a strong and often unpleasant flavor

(3) bitter • • ⓒ having an acid taste that is like the taste of a lemon

2 다음 빈칸에 들어갈 단어로 가장 알맞은 것은?

The ______________ between the sun and water creates rainbows.

① flavor ② liquid ③ experiment ④ interaction ⑤ knowledge

3 다음 우리말과 의미가 같도록 빈칸에 주어진 철자로 시작하는 단어를 쓰세요.

(1) 그의 대단한 노력은 언젠가 성공에 이르게 될 것이다.

→ His great effort will l______________ t______________ success someday.

(2) 선생님들은 학생들이 책을 더 읽도록 권장한다.

→ Teachers e______________ students to read more.

서술형 Practice

[4-5] 배열 영작 다음 우리말과 의미가 같도록 주어진 단어를 올바르게 배열하세요.

4 비록 나는 잘하지는 않지만 / 요리하는 것을, / 나는 그것을 즐긴다.

↳ 나는 요리를 잘하지는 않지만, 요리하는 것을 즐긴다.

(cooking / I'm / though / not / good at)

→ ____, I enjoy it.

5 천천히 먹는 것은 돕는다 / 우리가 즐기도록 / 음식을 / 그리고 배부르게 느끼도록.

↳ 천천히 먹는 것은 우리가 음식을 즐기고 배부르게 느끼게 도와준다.

(feel / helps / and / full / us / food / enjoy)

→ Eating slowly ____.

6 조건 영작 다음 우리말과 의미가 같도록 주어진 단어를 사용하여 문장을 완성하세요.

그 코치는 선수들이 한 시간마다 휴식을 취하도록 허용한다. (take, the players)

→ The coach ______________________________________ a break every hour.

26 피뢰침의 새로운 변신

정답과 해설 p.91

직독직해가 쉬워지는 구문

Reading의 필수 구문 3개를 확인한 후, 각 문장의 해석을 완성하세요.

1일 1문장 구문 「**if+주어+동사 ~ (or not)**」: ~가 …인지 (아닌지)

TIP if가 이끄는 명사절은 주로 동사의 목적어로 쓰이는데, to부정사도 동사의 성격을 가지고 있으므로 to부정사의 목적어로 쓰이기도 해요.

We need to review **if** the plan is possible.

우리는 ______________________________ 검토해야 한다.

구문 Plus 1 **형용사 역할을 하는 「to+동사원형」**: ~하는[~할] (명사)

TIP to부정사는 (대)명사 바로 뒤에 쓰여 명사를 꾸며 주는 형용사 역할을 할 수 있어요.

We have an idea **to make** a surprise gift for Mom.

우리는 엄마를 위한 ______________________________ 있다.

구문 Plus 2 「**if+주어+동사 ~**」: (만약) ~한다면

TIP if는 '조건'의 의미를 나타내는 부사절을 이끌어요. 이때, 명사절을 이끄는 접속사 if와 혼동하지 않도록 주의해야 해요.

If I finish my work early, I can join you for the movie.

______________________________, 너와 함께 영화를 볼 수 있다.

직독직해 Practice

각 문장의 주어에는 밑줄을, 동사에는 동그라미 해보세요.

그다음 끊어 읽기한 부분에 주의하여 빈칸에 해석을 써보세요.

1 Scientists decided to test // if a laser beam pointed at the sky / could work / like a big, movable lightning rod. Hint 주어 2개, 동사 2개

*lightning rod 피뢰침

→ ______________ // ______________ / ______________ / ______________.

2 That's why // scientists have a new idea / to keep us safe / from lightning. Hint 주어 2개, 동사 2개

→ ______________ // ______________ / ______________ / ______________.

3 If they can solve these problems, // lasers could become / a new kind of lightning rod / for big areas. Hint 주어 2개, 동사 2개

→ ______________, // ______________ / ______________ / ______________.

어휘 Practice

1 다음 단어의 우리말 뜻이 잘못된 것은?

① lab: 실험실　② necessary: 필요한　③ lightning: 번개
④ instead: 대신에　⑤ recently: 예전에

2 다음 빈칸에 들어갈 수 없는 것을 모두 고르세요.

- This machine has a safety ______________.
- The clock needs a new battery to ______________.
- They explored a ______________ area of the forest.

① work　② path　③ metal　④ device　⑤ broad

3 다음 우리말과 의미가 같도록 빈칸에 알맞은 표현을 쓰세요.

경찰은 범죄로부터 우리를 보호한다.

→ The police ______________ us ______________ crime.

서술형 Practice

[4-5] 배열 영작 다음 우리말과 의미가 같도록 주어진 단어를 올바르게 배열하세요.

4 네가 저녁 식사를 준비하면 / 오늘 밤에, / 나는 설거지를 할게.
↳ 네가 오늘 밤 저녁 식사를 준비하면, 나는 설거지를 할게.

(you / I'll / wash / prepare / the dishes / dinner / if / tonight)

→ ______________________________, ______________________________.

5 나는 들었다 / 그 계획에 대해 / 새 도로를 지을.
↳ 나는 새 도로를 지을 계획에 대해 들었다.

(a new road / the plan / heard / I / to build / about)

→ ____.

6 조건 영작 다음 우리말과 의미가 같도록 주어진 단어를 사용하여 문장을 완성하세요.

나는 그녀가 초대를 수락할지 모르겠다. (will, accept)

→ I don't know ____________ ____________ ____________ ____________ the invitation.

27 말이 빵집의 단골이었다고요?

정답과 해설 p.91

직독직해가 쉬워지는 구문

✓ Reading의 필수 구문 3개를 확인한 후, 각 문장의 해석을 완성하세요.

1일 1문장 구문 「**명사+과거분사(p.p.) ~**」: ~하게 된, ~된 (명사)

TIP 과거분사를 문장의 동사로 혼동하여 해석하지 않도록 주의하세요.

She took **a wallet left** on the bench to the police office.

그녀는 ______________________________ 경찰서에 가져다주었다.

구문 Plus 1 「**had to+동사원형**」: ~해야 했다 (의무)

TIP 조동사 「have/has to+동사원형」의 과거형이에요.

We **had to** cancel our trip because of the typhoon.

우리는 태풍 때문에 ______________________________.

구문 Plus 2 「**didn't have to+동사원형**」: ~할 필요가 없었다 (불필요)

TIP 조동사 have to(~해야 한다)의 부정형 「don't/doesn't have to(~할 필요가 없다)」는 의미가 전혀 다르므로 해석에 주의하세요. 과거형은 「didn't have to」로 써요.

She **didn't have to** wait long for the bus; it arrived on time.

그녀는 버스를 ______________________________; 그것은 제시간에 도착했다.

직독직해 Practice

✓ 각 문장의 주어에는 밑줄을, 동사에는 동그라미 해보세요.

✓ 그다음 끊어 읽기한 부분에 주의하여 빈칸에 해석을 써보세요.

1 It provided them with the energy / needed for their hard work.

→ ______________________ / ______________________.

2 When they had to carry people and things / across the country, // their owners didn't have to feed them / huge amounts of grain and grass. **Hint** 주어 2개, 동사 2개

→ ______________________ / ______________________, // ______________________ ______________________ / ______________________.

3 So, / horses didn't need to work as much / and finally stopped / eating horse bread.

Hint 주어 2개, 동사 2개

→ ____________, / ______________________ / ______________________ / ______________________.

어휘 Practice

1 다음 단어의 우리말 뜻이 잘못된 것은?

① grain: 곡물, 곡식　② railway: 철도　③ owner: 손님
④ baker: 제빵사　⑤ difference: 차이

2 다음 우리말과 의미가 같도록 빈칸에 주어진 철자로 시작하는 단어를 쓰세요.

(1) 동전은 주로 둥글고 납작하다.
→ Coins are usually round and f______________.

(2) 이 사진은 100년 전에 찍혀졌다.
→ This photograph was taken a c______________ ago.

(3) 밖에서 이상한 소리가 들렸다.
→ There was a s______________ noise from outside.

서술형 Practice

[3-4] 배열 영작 다음 우리말과 의미가 같도록 주어진 단어를 올바르게 배열하세요.

3 우리는 줄을 서서 기다려야 했다 / 그 상점에 들어가기 위해.
↳ 우리는 그 상점에 들어가기 위해 줄을 서서 기다려야 했다.
(the shop / to wait / we / in line / to enter / had)
→ ____.

4 많은 집들이 있었다 / 폭풍우로 인해 피해를 입은.
↳ 폭풍우로 인해 피해를 입은 집들이 많았다.
(by / were / houses / there / many / the storm / damaged)
→ ____.

5 조건 영작 다음 우리말과 의미가 같도록 주어진 단어를 사용하여 문장을 완성하세요.

그 행사는 모두에게 무료여서 우리는 그것에 대해 돈을 낼 필요가 없었다. (pay)

→ We ___________ ___________ ___________ ___________ for the event because it was free for everyone.

28 나는 어떤 동물에 해당할까?

정답과 해설 p.91

직독직해가 쉬워지는 구문

✓ Reading의 필수 구문 3개를 확인한 후, 각 문장의 해석을 완성하세요.

1일 1문장 구문 「**관계대명사 what+주어+동사 ~**」: ~하는 것(들)

TIP 관계대명사 what은 선행사 the thing(s)을 포함하므로 앞에 선행사가 따로 없어요. 그래서 what이 이끄는 절 자체가 명사처럼 쓰여 문장의 주어, 목적어, 보어 역할을 하며, 전치사의 목적어로도 쓰여요.

I'm truly grateful for **what** she taught me.

나는 ______________________________ 진심으로 감사하다.

구문 Plus 1 「**even if+주어+동사 ~**」: (비록) ~일지라도, ~이라고 할지라도

TIP 접속사 even if는 다른 무언가가 어떤 일을 방해하더라도 그 일이 일어날 것을 강조할 때 쓰여요.

Even if it's cold outside, I will go for a walk.

______________________________, 나는 산책하러 갈 것이다.

구문 Plus 2 **간접의문문** 「**how+주어+동사 ~**」: 어떻게 …가 ~하는지(를)

TIP 의문사가 이끄는 명사절은 주로 동사의 목적어 역할을 하지만, 주어 자리에 쓰이기도 해요.

How the movie ends surprised many people.

______________________________ 많은 사람을 놀라게 했다.

직독직해 Practice

✓ 각 문장의 주어에는 밑줄을, 동사에는 동그라미 해보세요.

✓ 그다음 끊어 읽기한 부분에 주의하여 빈칸에 해석을 써보세요.

1 He found // that we tend to think about / what we want and / what other people want too.

Hint 주어 4개, 동사 4개

→ ______________ // ______________ / ______________ /

______________.

2 They try to find a solution / everyone is happy with, // even if it takes time. Hint 주어 3개, 동사 3개

→ ______________ / ______________, // ______________

______________.

3 How people handle conflicts // can make the relationship / last longer and be more satisfying.

→ ______________ // ______________ / ______________

______________.

어휘 Practice

1 **다음 밑줄 친 단어와 비슷한 의미의 단어는?**

> I hope this good weather will last for this week.

① deal ② reach ③ sacrifice ④ continue ⑤ influence

2 **다음 우리말과 의미가 같도록 빈칸에 알맞은 단어를 〈보기〉에서 찾아 쓰세요.**

> 보기
> run from give away up

(1) 너는 그저 그 상황을 피하려고만 할 수는 없다.

→ You can't just ____________ ____________ ____________ the situation.

(2) 그는 사고 때문에 일을 포기해야 했다.

→ He had to ____________ ____________ work because of the accident.

3 **다음 우리말과 의미가 같도록 빈칸에 주어진 철자로 시작하는 단어를 쓰세요.**

> 각 문화는 그것만의 독특하고 특별한 전통이 있다.

→ Each culture has its u____________ and special traditions.

서술형 Practice

[4-5] 배열 영작 **다음 우리말과 의미가 같도록 주어진 단어를 올바르게 배열하세요.**

4 그는 연설할 수 있다 / 대중 앞에서 / 비록 그가 수줍음이 많더라도.

↳ 그는 수줍음이 많아도 대중 앞에서 연설할 수 있다.

(in public / shy / a speech / he's / if / give / he / can / even)

→ ____.

5 어떻게 그 바이러스가 퍼졌는지는 / 그렇게 빨리 / 알려지지 않았다.

↳ 어떻게 그 바이러스가 그렇게 빨리 퍼졌는지는 알려지지 않았다.

(is / so fast / how / not / the virus / known / spread)

→ ____.

6 조건 영작 **다음 우리말과 의미가 같도록 주어진 단어를 사용하여 문장을 완성하세요.**

> 그들은 그들이 연습한 것으로부터 기술을 향상시켰다. (practice, what, from)

→ They improved their skills ____________ ____________ ____________

____________.

29 밤하늘의 별을 볼 수 없다면?

정답과 해설 p.92

직독직해가 쉬워지는 구문

Reading의 필수 구문 3개를 확인한 후, 각 문장의 해석을 완성하세요.

1일 1문장 구문 「**It(가주어) ~ for+A(목적격)+to부정사(진주어) …**」: A가 …하는 것은 ~하다

TIP 의미상의 주어가 명사일 때는 for 뒤에 그대로 써주면 돼요.

It is necessary **for them to follow** the rules.

______________________________ 필요하다.

구문 Plus 1 「**관계대명사 what(+주어)+동사 ~**」: ~하는 것(들)

TIP 관계대명사 what이 이끄는 절은 명사처럼 쓰여 문장의 주어, 목적어, 보어 역할을 할 수 있어요. 이때 what이 관계대명사절 안에서 주어 역할을 할 경우, what 뒤에 바로 동사가 오기도 해요.

What worries me is the health of my pet.

______________________________ 내 반려동물의 건강이다.

구문 Plus 2 「**make+A(목적어)+형용사**」: A를 ~한 상태로[~하게] 만들다

TIP A(목적어) 뒤에 오는 형용사 보어는 A의 성질, 상태 등이 어떠한지를 설명해요.

Can you **make** these pants **shorter** for me?

저를 위해 ______________________________ 있으세요?

직독직해 Practice

각 문장의 주어에는 밑줄을, 동사에는 동그라미 해보세요.

그다음 끊어 읽기한 부분에 주의하여 빈칸에 해석을 써보세요.

1 Because of this, / it's hard for them / to make new discoveries about space. Hint 주어 2개, 동사 1개

→ ______________, / ______________ / ______________.

2 But what worries astronomers is // that the brightness from these satellites / adds to light pollution / from city lights. Hint 주어 2개, 동사 2개

→ ______________ // ______________ /

______________ / ______________.

3 This makes the night sky brighter, / and makes it even harder / to see the stars. Hint 주어 1개, 동사 2개

→ ______________, / ______________ / ______________

______________.

어휘 Practice

1 다음 단어의 의미에 해당하는 것을 찾아 연결하세요.

(1) pollution •   • ⓐ to damage something
(2) mess up •   • ⓑ full of light or shining strongly
(3) bright •   • ⓒ the action or process of making land, water, or air dirty

2 다음 빈칸에 공통으로 들어갈 알맞은 단어를 〈보기〉에서 찾아 쓰세요.

보기

cause   clear   language   average

(1)
- Our TV has a ______________ image.
- There were no clouds in the ______________ sky.

(2)
- We need to find the ______________ of the problem.
- Icy roads can ______________ car accidents.

서술형 Practice

[3-4] 배열 영작 다음 우리말과 의미가 같도록 주어진 단어를 올바르게 배열하세요.

3 그녀가 그린 것은 / 미술 시간에 / 그녀의 부모님을 놀라게 했다.
↳ 그녀가 미술 시간에 그린 것은 부모님을 놀라게 했다.

(her parents / she / what / drew / in art class / surprised)

→ ____.

4 그 요리사는 만들었다 / 파스타 소스를 더 맵게 / 평소보다.
↳ 그 요리사는 파스타 소스를 평소보다 더 맵게 만들었다.

(spicier / made / the pasta sauce / the chef)

→ ____ than usual.

5 조건 영작 다음 우리말과 의미가 같도록 주어진 단어를 사용하여 문장을 완성하세요.

학생들이 시험 전에 긴장하는 것은 흔하다. (feel, students)

→ ______________ is common ______________ ______________ ______________
______________ nervous before exams.

30 육지를 벗어난 태양 전지판

정답과 해설 p.92

직독직해가 쉬워지는 구문

Reading의 필수 구문 3개를 확인한 후, 각 문장의 해석을 완성하세요.

1일 1문장 구문 「**twice, three times ...+as 형용사/부사 as ~**」: ~의 몇 배 더 …한/…하게

My aunt, Madeline is **four times as old as** I am.

나의 이모인 Madeline은 ______________________________.

구문 Plus 1 「**명사+과거분사(p.p.) ~**」: ~하게 된, ~된 (명사)

TIP 과거분사가 이끄는 어구가 명사를 뒤에서 꾸며 줄 때, 문장의 동사로 착각해서 해석하지 않도록 주의하세요.

She is taking care of a dog **rescued** from the fire.

그녀는 ______________________________ 돌보고 있다.

구문 Plus 2 **주어 역할을 하는 「동사원형+-ing」**: ~하는 것은, ~하기는

TIP 동명사가 주어 자리에 쓰일 때, 뒤에 따라 오는 어구가 어디까지인지 파악해야 문장의 동사를 올바르게 찾을 수 있어요.

Taking pictures of animals is my new hobby.

______________________________ 내 새로운 취미이다.

직독직해 Practice

각 문장의 주어에는 밑줄을, 동사에는 동그라미 해보세요.

그다음 끊어 읽기한 부분에 주의하여 빈칸에 해석을 써보세요.

1 ~, they could make / 10 times as much energy / as all current solar power.

→ ______________ / ______________ / ______________

______________.

2 They are placed / on floating platforms / fixed to the bottom of lakes.

→ ______________ / ______________ / ______________.

3 Covering just 30% of lakes / with solar panels / could save as much water // as 300,000 people would use / in a year. Hint 주어 2개, 동사 2개

→ ______________ / ______________ / ______________

______________ // ______________ / ______________.

어휘 Practice

1 다음 단어의 우리말 뜻이 잘못된 것은?

① save: 절약하다 ② limit: 제한, 한계 ③ electricity: 전기, 전력
④ current: 현재의 ⑤ bottom: 윗부분

2 다음 빈칸에 공통으로 들어갈 단어로 가장 알맞은 것은?

- Can you ________ the mirror to the wall?
- He helped me ________ my computer.

① affect ② cost ③ float ④ fix ⑤ reduced

3 다음 우리말과 의미가 같도록 빈칸에 주어진 철자로 시작하는 단어를 쓰세요.

시는 그 오래된 공장을 미술관으로 바꾸려고 계획 중이다.

→ The city is planning to t________ the old factory i________ an art gallery.

서술형 Practice

[4-5] 배열 영작 다음 우리말과 의미가 같도록 주어진 단어를 올바르게 배열하세요.

4 그 새로운 스마트폰은 (비용이) 들다 / 두 배 더 / 예전 모델의.
↳ 그 새로운 스마트폰은 예전 모델의 두 배의 비용이 든다.

(the old model / the new smartphone / twice / as / costs / much / as)

→ ____.

5 자는 것은 / 편안한 침대에서 / 중요하다 / 하룻밤 휴식을 위해.
↳ 편안한 침대에서 자는 것은 하룻밤 휴식을 위해 중요하다.

(is / sleeping / important / in a comfortable bed)

→ ____ for a good night's rest.

6 조건 영작 다음 우리말과 의미가 같도록 주어진 단어를 사용하여 문장을 완성하세요.

이 상자는 내가 좋아하는 작가가 쓴 책들로 가득 찼다. (write, books)

→ This box is full of ________ ________ by my favorite author.

31 2,000년이 넘었는데 안 무너진다고요?

정답과 해설 p.93

직독직해가 쉬워지는 구문

Reading의 필수 구문 3개를 확인한 후, 각 문장의 해석을 완성하세요.

1일 1문장 구문 **'계속'의 「have/has+과거분사(p.p.)」**: (지금까지) 쭉 ~해왔다

TIP 과거에 일어난 일이 현재까지도 '계속'되고 있다는 의미를 나타내며, 〈for+기간〉 등의 표현과 함께 잘 쓰여요.

She **has worked** at the same company for twenty years.

그녀는 20년 동안 같은 회사에서 ______________________.

구문 Plus 1 **「관계대명사 what+동사 ~」**: ~하는 것(들)

TIP be동사 뒤 관계대명사 what이 이끄는 절은 문장에서 보어 역할을 해요.

The kindness of people is **what** makes this place very special.

사람들의 친절함이 ______________________.

구문 Plus 2 **간접의문문 「why+주어+동사」**: 왜 ~가 …인지를

TIP 의문사 의문문이 다른 문장의 일부가 될 때는 〈의문사+주어+동사 ~〉의 순서로 쓰여요.

I can't guess **why** they made such a bad decision.

나는 ______________________ 추측할 수 없다.

직독직해 Practice

각 문장의 주어에는 밑줄을, 동사에는 동그라미 해보세요.

그다음 끊어 읽기한 부분에 주의하여 빈칸에 해석을 써보세요.

1 For many years, / researchers have tried / to figure out the mystery / of strong Roman concrete.

→ ____________, / ____________ / ____________ / ____________.

2 In fact, / this hot mixing process was // what gave the ancient concrete a "self-healing ability."

Hint 주어 1개, 동사 2개

→ ____________, / ____________ // ____________.

3 This explains // why ancient Roman buildings / remain in good condition / today. Hint 주어 2개, 동사 2개

→ ____________ // ____________ / ____________ / ____________ / ____________.

어휘 Practice

1 다음 단어의 우리말 뜻이 잘못된 것은?

① engineer: 기술자　② ancient: 고대의　③ temperature: 습도
④ impressive: 인상적인　⑤ naturally: 자연스럽게

2 다음 빈칸에 공통으로 들어갈 단어로 가장 알맞은 것은?

• Please try to ________ calm.
• Three minutes still ________ in the game.

① form　② damage　③ remain　④ repair　⑤ notice

3 다음 빈칸에 알맞은 단어를 〈보기〉에서 찾아 쓰세요.

보기
glue　tiny　reaction　structure

(1) There is a ________ hole in my sock.
(2) The ________ of the building is interesting.

서술형 Practice

[4-5] 배열 영작 다음 우리말과 의미가 같도록 주어진 단어를 올바르게 배열하세요.

4 너는 알고 있니 / 왜 그녀가 바꿨는지 / 그녀의 마음을?
↳ 너는 왜 그녀가 마음을 바꿨는지 아니?
(she / do / mind / know / her / you / changed / why)
→ ____?

5 그들의 팀워크는 ~였다 / 그들에게 승리를 준 것.
↳ 그들의 팀워크가 그들에게 승리를 안겨준 것이었다.
(what / them / their / a victory / teamwork / gave / was)
→ ____.

6 조건 영작 다음 우리말과 의미가 같도록 주어진 단어를 사용하여 문장을 완성하세요.

그는 3년 동안 쭉 그 테니스 동아리의 회원이었다. (be)

→ He ________ ________ a member of the tennis club for three years.

32 프랑스의 국민 빵을 지켜라!

정답과 해설 p.93

직독직해가 쉬워지는 구문

Reading의 필수 구문 3개를 확인한 후, 각 문장의 해석을 완성하세요.

1일 1문장 구문 「see+A(목적어)+v-ing」: A가 ~하는 것을 보다

TIP 이때 A(목적어) 뒤에는 동사원형도 쓰일 수 있는데, 현재분사(v-ing)가 쓰이면 동작이 진행 중이라는 것을 강조해요.

We **saw** the players **practicing** before the match.

우리는 경기 전에 ________________________________ 봤다.

구문 Plus 1 「It(가주어) ~ to부정사(진주어) ...」: …하는 것은 ~하다

TIP to부정사가 주어 역할을 할 때 가짜 주어 It을 맨 앞에 쓰고, 진짜 주어인 to부정사는 문장의 뒤로 보낸 형태를 주로 써요. 이때 가주어 It은 뜻이 없어요.

It is not easy **to raise** a big dog in an apartment.

아파트에서 ________________________________ 쉽지 않다.

구문 Plus 2 「'계속'의 「have/has+과거분사(p.p.)」: (지금까지) 쭉 ~해왔다

TIP 과거에 일어난 일이 현재까지도 '계속'되고 있다는 의미를 나타내며, 〈since(~부터)+시점〉 등의 표현과 함께 잘 쓰여요.

I **have learned** yoga since last year.

나는 ________________________________.

직독직해 Practice

각 문장의 주어에는 밑줄을, 동사에는 동그라미 해보세요.

그다음 끊어 읽기한 부분에 주의하여 빈칸에 해석을 써보세요.

1 Early in the morning, / you can easily see / people buying fresh baguettes / from bakeries.

→ ____________, / ____________ / ____________ / ____________.

2 It's surprising to know // that six billion baguettes are sold / in France / every year!

Hint 주어 2개, 동사 1개 (that절 내 주어, 동사 제외)

→ ____________ // ____________ / ____________ / ____________!

3 However, / since 1970, / France has lost 400 traditional bakeries / each year.

→ ____________, / ____________, / ____________ / ____________.

어휘 Practice

1 다음 단어의 우리말 뜻이 잘못된 것은?

① thin: 얇은; 마른
② skill: 기술, 솜씨
③ worldwide: 세계적인
④ increase: 감소하다
⑤ billion: 10억

2 다음 우리말과 의미가 같도록 빈칸에 주어진 철자로 시작하는 단어를 쓰세요.

(1) 마늘은 이 요리에서 중요한 재료이다.
→ Garlic is an important i__________ in this dish.

(2) 내 친구와 나는 음악에 대한 공통된 관심사가 있다.
→ My friend and I have a c__________ interest in music.

(3) 나는 가벼운 식사로 가끔 샐러드를 먹는다.
→ I sometimes have salad for a light m__________.

(4) 선생님께서는 우리에게 유용한 공부 방법을 가르쳐주셨다.
→ The teacher taught us a useful study m__________.

서술형 Practice

[3-4] 배열 영작 다음 우리말과 의미가 같도록 주어진 단어를 올바르게 배열하세요.

3 우리는 쭉 알고 지내왔다 / 서로를 / 어린 시절부터.
↳ 우리는 어린 시절부터 서로를 알고 지내왔다.
(childhood / have / each other / known / since / we)
→ ______________________________.

4 위험하다 / 길은 건너는 것은 / 신호등이 빨간색일 때.
↳ 신호등이 빨간색일 때 길을 건너는 것은 위험하다.
(is / to cross / it / the street / dangerous)
→ ______________________________ when the light is red.

5 조건 영작 다음 우리말과 의미가 같도록 주어진 단어를 사용하여 문장을 완성하세요.

나는 내 친구가 도서관에서 공부하는 것을 봤다. (my friend, study)

→ I __________ __________ __________ __________ in the library.

33 '이것' 없는 영화관은 상상하기 힘들어

정답과 해설 p.94

직독직해가 쉬워지는 구문

Reading의 필수 구문 3개를 확인한 후, 각 문장의 해석을 완성하세요.

1일 1문장 구문 **「as+주어+동사 ~」**: ~하면서[~할 때, ~하는 동안]

TIP 접속사 as는 '~ 때문에, ~듯이, ~대로' 등과 같이 다양한 의미로 쓰이므로 문맥에 알맞게 해석해야 해요.

As more people live longer, healthcare needs are increasing.

________________________________, 건강관리 요구가 증가하고 있다.

구문 Plus 1 **「while+주어+동사 ~」**: ~하는 동안[사이]

TIP 접속사 while이 '~하는 동안'의 의미로 쓰일 때는 진행형과 함께 자주 쓰여요.

While I was doing the dishes, Jack cleaned the bathroom.

내가 ________________________________, Jack은 욕실을 청소했다.

구문 Plus 2 **「(대)명사 +to부정사」**: ~하는, ~할 (명사)

TIP 이때 to부정사는 앞에 오는 (대)명사를 형용사처럼 꾸며 주는 역할을 해요.

I have many stories **to tell** about my travels to New York.

나는 내 뉴욕 여행에 대해 ________________________________.

직독직해 Practice

각 문장의 주어에는 밑줄을, 동사에는 동그라미 해보세요.

그다음 끊어 읽기한 부분에 주의하여 빈칸에 해석을 써보세요.

1 As more and more people went / to movie theaters, // owners finally started selling popcorn.

Hint 주어 2개, 동사 2개

→ ________________ / ________________, // ________________
________________.

2 The theater owners didn't want / people to make noise // while they were eating popcorn / at the movies. Hint 주어 2개, 동사 2개

→ ________________ / ________________ // ________________
________________ / ________________.

3 They needed a place to have fun / with less money, // and that was the theater. Hint 주어 2개, 동사 2개

→ ________________ / ________________, // ________________
________________.

어휘 Practice

1 다음 단어의 영영 풀이가 바르지 않은 것은?

① high-class: very fancy, wealthy, or expensive
② allow: to say that someone can do something
③ owner: a person or group that owns something
④ lobby: a place where you can buy and eat a meal
⑤ moviegoer: a person who goes to a theater to watch movies

2 다음 우리말과 의미가 같도록 빈칸에 알맞은 단어를 〈보기〉에서 찾아 쓰세요.

보기
noise sale snack activity luxurious

(1) 호화로운 식당: a ______________ restaurant
(2) 바깥 활동을 즐기다: enjoy an outdoor ______________
(3) 상품과 서비스 판매: the ______________ of goods and services

서술형 Practice

[3-4] 배열 영작 다음 우리말과 의미가 같도록 주어진 단어를 올바르게 배열하세요.

3 나는 가지고 있다 / 마라톤을 끝낼 목표 / 세 시간 안에.
↳ 나는 세 시간 안에 마라톤을 완주하는 목표가 있다.

(a goal / have / to / finish / I / the marathon)

→ ____ in three hours.

4 그가 더 지치게 되면서, / 그는 하기 시작했다 / 더 많은 실수를.
↳ 그가 더 지쳐 가면서, 더 많은 실수를 하기 시작했다.

(began / more mistakes / more tired / he / he / became / as / to make)

→ ______________________, ______________________.

5 조건 영작 다음 우리말과 의미가 같도록 주어진 단어를 사용하여 문장을 완성하세요.

내가 저녁 식사를 요리하고 있는 사이 초인종이 울렸다. (cook)

→ The doorbell rang ________ ________ ________ ________ dinner.

34 인터넷이 느리다면 바닷속을 들여다봐!

정답과 해설 p.94

직독직해가 쉬워지는 구문

Reading의 필수 구문 3개를 확인한 후, 각 문장의 해석을 완성하세요.

1일 1문장 구문 **「A as+형용사/부사+as B」**: A는 B만큼 ~한/~하게

TIP A와 B 두 대상을 비교해서 서로 정도가 비슷하거나 같을 때 as ~ as 원급 표현을 사용해요.

The actor is **as famous as** his father.

그 배우는 ______________________________.

구문 Plus 1 **수동태 「am/are/is+과거분사(p.p.)+by+A」**: A에 의해 ~되다[~당하다, ~받다]

TIP 〈by+A〉는 동작을 한 A(행위자)를 나타내는데, 생략되는 경우가 많아요.

The classroom **is cleaned** by the students after school.

교실은 수업이 끝난 후 ______________________________.

구문 Plus 2 **분사구문 「주어+동사~, 현재분사(v-ing) ...」**: …하면서, …한 채 (동시에 일어나는 두 동작)

TIP 분사구문은 '~할 때, ~하는 동안, ~한 후에, ~이기 때문에' 등과 같이 다양한 의미를 나타낼 수 있으므로 문맥에 맞게 해석하는 것이 중요해요. 분사구문은 문장의 앞이나 뒤에 오며, 보통 콤마(,)로 구분해요.

Listening to music, Julia drew a picture.

______________________________, Julia는 그림을 그렸다.

직독직해 Practice

각 문장의 주어에는 밑줄을, 동사에는 동그라미 해보세요.

그다음 끊어 읽기한 부분에 주의하여 빈칸에 해석을 써보세요.

1 But, / the undersea cables are very fast // because they use optical fibers / that send data / almost as fast as light! Hint 주어 2개, 동사 3개

→ __________, / ____________________ // ____________________ /
____________________ / ____________________!

2 More than 95 percent / of international data / is sent / by them.

→ ____________________ / ____________________ / ____________________ /
____________________.

3 Workers use special ships / to place cables / and must choose the best path / for the cables, / avoiding fishing areas or military zones. Hint 주어 1개, 동사 2개

→ ____________________ / ____________________ / ____________________
____________________ / ____________________, / ____________________.

어휘 Practice

1 다음 단어의 의미에 해당하는 것을 찾아 연결하세요.

(1) path • • ⓐ a space within a larger place
(2) area • • ⓑ related to or involving different countries
(3) international • • ⓒ a route or track from one place to another

2 다음 밑줄 친 부분의 쓰임이 자연스러우면 ○, 그렇지 않으면 ×로 표시하세요.

(1) Hang the picture frame below the couch. ________
(2) Sound travels through the air to our ears. ________
(3) Some leaves floated on the surface of water. ________

3 다음 우리말과 의미가 같도록 빈칸에 알맞은 표현을 쓰세요.

우리는 경기에 이기기 위해 최선을 다할 것이다.

→ We will ________ ________ ________ to win the match.

서술형 Practice

[4-5] 배열 영작 다음 우리말과 의미가 같도록 주어진 단어를 올바르게 배열하세요.

4 중요한 사건들은 / 기록된다 / 역사책들에.
↳ 중요한 사건들은 역사책들에 기록된다.

(recorded / events / in history books / are / important)

→ ________________________________.

5 그는 독서를 즐긴다 / 야외 활동만큼 많이.
↳ 그는 야외 활동만큼 독서를 즐긴다.

(as / enjoys / outdoor activities / as / reading / much / he)

→ ________________________________.

6 조건 영작 다음 우리말과 의미가 같도록 주어진 단어를 사용하여 문장을 완성하세요.

전화 통화를 하면서, 그는 학교로 걸어갔다. (talk)

→ ________ on the phone, he walked to school.

35 동물의 심장을 사람에게 줄 수 있다면?

정답과 해설 p.95

직독직해가 쉬워지는 구문

Reading의 필수 구문 3개를 확인한 후, 각 문장의 해석을 완성하세요.

1일 1문장 구문 「명사①(선행사)+[whose+명사②+동사 ~]」: 명사②가 ~한 (명사①)

TIP 소유격 관계대명사는 선행사의 종류와 관계없이 모두 whose를 쓰고, whose 뒤에는 반드시 명사가 함께 쓰여요.

The restaurant **whose chef** is famous is always crowded.

________________________ 항상 붐빈다.

구문 Plus 1 「사람을 나타내는 명사(선행사)+[who+동사 ~]」: ~하는[~한] (명사)

TIP 관계대명사 who는 선행사가 사람일 때 쓰여요.

The person **who** wrote this book is a famous author.

________________________ 유명한 작가이다.

구문 Plus 2 「so+형용사/부사+that ...」: 너무 ~해서 …하다 (결과)

TIP 결과를 나타내는 that절에는 조동사 can/could가 자주 쓰여요.

The music was **so** loud **that** I couldn't hear you.

음악이 ________________________.

직독직해 Practice

각 문장의 주어에는 밑줄을, 동사에는 동그라미 해보세요.

그다음 끊어 읽기한 부분에 주의하여 빈칸에 해석을 써보세요.

1 This time, / doctors used special pigs // whose genes were partly changed / to make their organs work better / in human bodies. Hint 주어 2개, 동사 2개

→ ________, / ________ // ________ / ________ / ________.

2 David Bennett was the person // who received the new heart. Hint 주어 1개, 동사 2개

→ ________ // ________.

3 His heart was so weak // that he couldn't receive / a human heart transplant. Hint

*transplant (생체 조직 등의) 이식

→ ________ // ________ / ________.

어휘 Practice

1 다음 단어의 의미에 해당하는 것을 찾아 연결하세요.

(1) organ • • ⓐ very useful or helpful

(2) valuable • • ⓑ a part of the body that has a particular function

(3) patient • • ⓒ a person who receives medical care or treatment

2 다음 빈칸에 공통으로 들어갈 알맞은 단어를 <보기>에서 찾아 쓰세요.

보기

partly succeed properly receive

(1)
- She will ____________ the award for Best Actress.
- The restaurant won't ____________ any phone calls when it's busy.

(2)
- This machine isn't working ____________.
- You need to dress ____________ for the event.

서술형 Practice

[3-4] 배열 영작 다음 우리말과 의미가 같도록 주어진 단어를 올바르게 배열하세요.

3 많은 관광객이 방문한다 / 그 도시를 / 역사가 길고 풍부한.
↳ 많은 관광객이 역사가 길고 풍부한 그 도시를 방문한다.

(long and rich / visit / many tourists / whose / is / the city / history)

→ ____.

4 나는 정말로 그리워한다 / 내 할머니를 / 작년에 돌아가신.
↳ 나는 작년에 돌아가신 할머니가 정말로 그립다.

(I / last year / really / passed away / my grandmother / who / miss)

→ ____.

5 조건 영작 다음 우리말과 의미가 같도록 주어진 단어를 사용하여 문장을 완성하세요.

날씨가 너무 더워서 우리는 안에서 머물기로 했다. (hot)

→ The weather was ____________ ____________ ____________ we decided to stay inside.

36 모두가 배부른 세상을 위하여

정답과 해설 p.95

직독직해가 쉬워지는 구문

Reading의 필수 구문 3개를 확인한 후, 각 문장의 해석을 완성하세요.

1일 1문장 구문 「**might be able to+동사원형**」: ~할 수 있을지도 모른다

TIP 조동사는 다른 조동사와 연달아 쓸 수 없으므로, might can으로 쓰지 않도록 주의해야 해요.

If you study hard, you **might be able to** pass the exam.

네가 열심히 공부하면, 너는 시험에 ______________________.

구문 Plus 1 **부분 부정 「not always ~」**: 항상 ~인 것은 아닌

TIP every, all, always 등 전체를 나타내는 단어가 부정어와 함께 쓰이면 일부만 부정하는 의미를 나타내요.

They do**n't always** eat out for dinner.

그들은 저녁으로 ______________________.

구문 Plus 2 **보어로 쓰이는 「that+주어+동사 ~」**: ~하는 것이다

TIP 보어로 쓰인 that절은 주어를 보충 설명하며, 주로 be동사 뒤에 쓰여요.

The good news is **that** he wasn't hurt in the accident.

좋은 소식은 ______________________.

직독직해 Practice

각 문장의 주어에는 밑줄을, 동사에는 동그라미 해보세요.

그다음 끊어 읽기한 부분에 주의하여 빈칸에 해석을 써보세요.

1 This suggests // that we might be able to produce / more food from fewer plants. Hint 주어 2개, 동사 2개

→ ______________ // ______________ / ______________ ______________.

2 Simply growing more food / isn't always the solution // because it requires lots of energy / and can cause pollution. Hint 주어 2개, 동사 3개

→ ______________ / ______________ // ______________ ______________ / ______________.

3 The idea was // that it might make some plants grow larger too. Hint 주어 2개, 동사 2개

→ ______________ // ______________.

어휘 Practice

1 다음 영영 풀이가 설명하는 단어로 가장 알맞은 것은?

a very great need for food

① energy ② solution ③ million ④ hunger ⑤ discovery

2 다음 빈칸에 들어갈 수 없는 것을 모두 고르세요.

- What is the secret of your ____________?
- A healthy ____________ requires good soil and sunlight.
- We were late, so we missed the ____________ of the movie.

① crop ② cause ③ success ④ beginning ⑤ pollution

3 다음 우리말과 의미가 같도록 빈칸에 알맞은 표현을 쓰세요.

네가 나갈 때 반드시 전등을 꺼라.

→ ____________ ____________ that you turn off the lights when you leave.

서술형 Practice

[4-5] 배열 영작 다음 우리말과 의미가 같도록 주어진 단어를 올바르게 배열하세요.

4 요지는 ~이다 / 내가 하지 않았다는 것 / 아무 잘못을.
↳ 요지는 내가 아무런 잘못을 하지 않았다는 것이다.

(is / I / that / wrong / didn't / the point / do / anything)

→ ____.

5 매일 운동하는 것은 / 항상 ~로 이어지지는 않는다 / 체중 감량으로.
↳ 매일 운동하는 것이 항상 체중 감량으로 이어지는 것은 아니다.

(every day / always / lead to / exercising / weight loss / doesn't)

→ ____.

6 조건 영작 다음 우리말과 의미가 같도록 주어진 단어를 사용하여 문장을 완성하세요.

나는 오늘 밤 저녁 식사 시간까지 머물 수 있을지도 모른다. (stay, might)

→ I ________ ________ ________ ________ ________
for dinner tonight.

MEMO

MEMO

어휘별 암기팁으로 쉽게 학습하는

어휘끝 중학 시리즈

Word Complete

어휘끝 중학 필수

어휘끝 중학 마스터

1 최신 교과과정을 반영한 개정판 발간
2 중학생을 위한 5가지 종류의 암기팁 제시
3 학습을 돕는 3가지 버전의 MP3 제공 (QR코드)
4 Apply, Check & Exercise, 어휘테스트 등 반복 암기 체크

중학 필수	12,000원
수록 어휘 수	1,300개
대상	중학 기본·필수 어휘를 익히고자 하는 학생
예상 학습 기간	8주

중학 마스터	12,000원
수록 어휘 수	1,000개
대상	중학 고난도·고등 기초 어휘를 학습하려는 학생
예상 학습 기간	8주

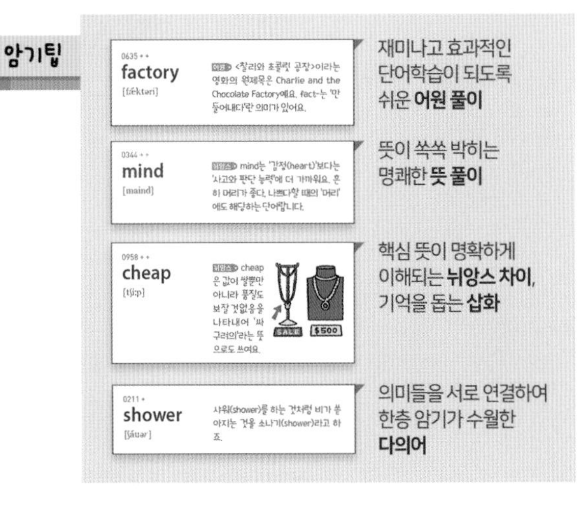

쎄듀북닷컴(www.cedubook.com)에서 부가 자료를 무료로 다운로드할 수 있습니다.

쎄듀

1센치 영문법

한 달 안에 끝!
영어 문법과 더 가까워지는 지름길!

01 기초 영문법의 결정판!
02 각종 커뮤니티에 올라온 수많은 영문법 질문을 분석!
03 학생들이 어려워하는 영문법의 핵심을 쉽게 빠르게 정리!

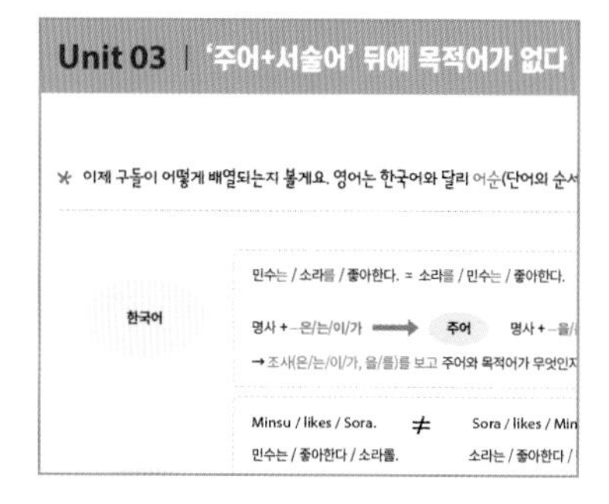

Warming Up!

어떤 개념을 배울지 그림으로 미리 보기!
도형으로 핵심 문법을 빠르게 파악!

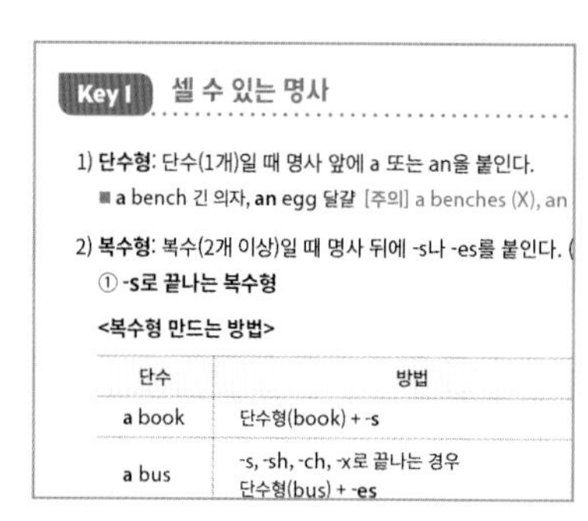

Key Points!

핵심 문법만 쉽고 간단하게!

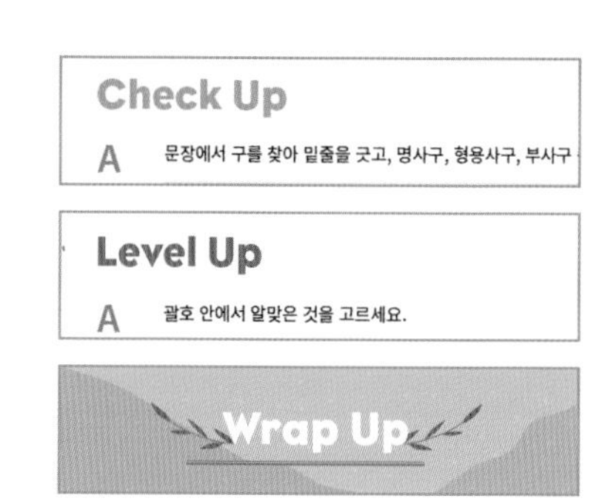

실력 Up!

단계별 문제로 핵심 문법 익히기!
다양한 문제로 영문법 기초를 튼튼하게!

쎄듀

Reading Graphy
리딩그라피

| Level |

정답과 해설

독해를 바라보는 재미있는 시각

리딩그라피

Reading Graphy

Level 3

정답과 해설

01 유화 물감에 이것을 더해 봐

본책 pp.14~15

정답 1 ② 2 ③ 3 ③ 4 별들을 볼 수 있는 좋은 장소이다

문제 해설

1 오래전 유명 화가들이 달걀노른자를 이용해 그림을 그렸다는 내용으로, 이에 따른 장점을 소개한 글이므로 정답은 ②이다.

① 미술 기법: 달걀노른자부터 유화 물감까지
② 달걀노른자: 위대한 예술품의 비밀
③ 그림에 유화 물감을 사용하는 것의 장점
④ 오래된 예술품을 수리하기 위한 달걀노른자 사용
⑤ 위대한 예술품을 만들기 위한 예술가들의 고통

2 빈칸 앞에서는 달걀노른자를 유화 물감에 섞었을 때의 효과에 대한 내용이 나오며, 빈칸 뒤에는 그림이 좋은 상태로 유지되었다는 그 결과에 해당하는 내용이 나오고 있으므로 정답은 As a result(결과적으로)이다.

① 하지만 ② 비슷하게 ③ 결과적으로 ④ 예를 들어 ⑤ 그렇지 않으면

3 ③ 6번 문장에서 달걀노른자를 유화 물감과 섞으면 유화 물감이 더 걸쭉해진다고 했다.
①은 2~3번 문장에, ②는 5번 문장에, ④는 10번 문장에, ⑤는 11번 문장에 언급되어 있다.

본문 해석

[1]오래 전에, 많은 사람들은 그들의 그림에 유화 물감을 사용했다. [2]하지만, 보티첼리와 레오나르도 다빈치와 같은 유명한 화가들은 무언가 다른 것을 이용했다. [3]그들은 그들의 물감에 달걀노른자를 사용했다. [4]무엇이 그들을 이렇게 하도록 했을까?

[5]유화 물감 자체로는 마르면서 색이 변하고 주름이 진다. [6]하지만 만약 우리가 달걀노른자를 유화 물감과 섞는다면, 물감은 더 걸쭉해진다. [7]이것은 물감이 금이 가거나 주름지지 않도록 도와주었다. [8]결과적으로, 예술품은 좋은 상태로 유지되었다. [9]또한, 달걀노른자는 물감의 보호물로써 작용했다. [10]그것은 물감을 물로부터 보호했다. [11]그 결과 물감 혼합체는 시간이 지나면서 노란색으로 변하지 않았고, 그림들은 오랫동안 지속되었다.

[12]이것은 미술사에서 달걀노른자가 얼마나 중요했는지를 보여준다. [13]그것 없이는, 우리는 오늘날 유명한 화가들의 위대한 작품을 볼 기회가 없을지도 모른다!

직독직해

[1]Long ago, / many people used oil paints / in their paintings. [2]But, / famous artists / like Botticelli
오래 전에, / 많은 사람들은 유화 물감을 사용했다 / 그들의 그림에. 그러나, / 유명한 화가들은 / 보티첼리와

and Leonardo da Vinci / used something different. [3]They used egg yolk / in their paint.
레오나르도 다빈치 같은 / 무언가 다른 것을 사용했다. 그들은 달걀노른자를 사용했다 / 그들의 물감에.

[4]What made them do this?
무엇이 그들이 이것을 하도록 했을까?

[5]Oil paint by itself / changes color and wrinkles // as it dries. [6]But if we mix egg yolk with oil paints, //
유화 물감은 그것만으로는 / 색이 변하고 주름이 진다 // 그것이 마르면서. 그러나 만약 우리가 달걀노른자를 유화 물감과 섞으면, //

the paint becomes thicker. [7]This helped the paint / not crack or wrinkle. [8]As a result, / the art stayed /
물감은 더 걸쭉해진다. 이것은 물감이 (~하도록) 도왔다 / 금이 가거나 주름지지 않도록. 결과적으로, / 예술품은 유지되었다 /

in good condition. [9]Also, / egg yolk acted as a guard / for the paint. [10]It protected the paint from water.
좋은 상태로. 또한, / 달걀노른자는 보호물로써 작용했다 / 물감을 위한. 그것은 물로부터 물감을 보호했다.

[11] So the paint mix didn't turn yellow / over time, // and the paintings lasted / a long time.
그래서 물감 혼합체는 노란색으로 변하지 않았다 / 시간이 지나면서, // 그리고 그림들은 지속되었다 / 오랫동안.

[12] This shows // how important egg yolk was / in art history. [13] Without it, / we might not have the chance
이것은 보여준다 // 달걀노른자가 얼마나 중요했는지 / 미술사에서. 그것 없이는, / 우리는 기회가 없을지도 모른다

/ to see the famous artists' great paintings / today!
/ 유명한 화가들의 위대한 그림들을 볼 / 오늘날!

주요 구문

[2] But, *famous artists* [**like** Botticelli and Leonardo da Vinci] used *something* **different**.

▸ 전치사 like는 '~와 같은'의 의미이며, 전치사구 like ~ Leonardo da Vinci가 famous artists를 꾸며 주고 있다.
▸ -thing으로 끝나는 대명사(something, anything 등)는 형용사가 뒤에서 꾸며 준다.

[4] **What made** them **do** this?
의문사(주어) 동사 A 동사원형

▸ 의문사 what이 문장의 주어로 쓰인 의문사 의문문으로 그 바로 뒤에는 동사가 온다.
▸ <make+A(목적어)+동사원형> 구조는 'A가 ~하게 하다[만들다]'라는 의미이다.

[5] *Oil paint* **by itself** changes color and wrinkles **as** it dries.

▸ by itself는 주어(Oil paint)를 가리키는 재귀대명사 표현으로, '그것만으로'라고 해석한다.
▸ as는 '~할 때[하면서, 하는 동안]'이라는 의미의 '시간'을 나타내는 접속사이다. as는 다양한 뜻으로 사용될 수 있으므로 문맥에 따라 알맞게 해석해야 한다.

[7] This **helped** the paint **not crack** or **(not) wrinkle**.
주어 동사 A 보어1 보어2

▸ <help+A(목적어)+not+동사원형[to-v]>은 'A가 ~하지 않도록 돕다'라는 의미이다. 이때 동사 help는 목적격보어로 to부정사와 동사원형을 모두 쓸 수 있다.
▸ 동사 help의 목적격보어인 not crack과 (not) wrinkle은 접속사 or로 연결되었다. wrinkle 앞의 not은 반복을 피하기 위해 생략되었다.

[12] This shows **how** *important* egg yolk[주'] was[동'] in art history.[수']
주어 동사 목적어

▸ 동사 shows의 목적어로 의문사 how가 이끄는 명사절이 쓰였다.
▸ <how+형용사+주어+동사>는 간접의문문으로, '얼마나 ~가 ...한지'로 해석한다.

02 피클볼은 무슨 스포츠일까?

본책 pp.16~17

정답 **1 ③ 2 ② 3 피클볼을 즐기고[시도하고] 있다 4 그 쿠키들은 구워졌다**

문제 해설

1 피클볼이 어떤 스포츠인지 소개하면서 피클볼의 장점과 현재 전 연령대에 피클볼의 인기가 많아진 점을 설명하고 있으므로 정답은 ③이다.

① 피클볼이 미국에서 얼마나 인기가 있는지
② 피클볼이 일상을 어떻게 변화시키는지
③ 모두에게 좋은 스포츠로서의 피클볼
④ 피클볼과 테니스의 차이점
⑤ 피클볼이 젊은 층에서 유명하지 않은 이유

2 ② 4번 문장에서 피클볼 경기장의 크기는 테니스 경기장의 4분의 1 크기라고 했다.
①은 2번 문장에, ③은 5번 문장에, ④는 6번 문장에, ⑤는 7번 문장에 언급되어 있다.

3 7번, 8번 문장에서 과거에는 주로 노인들이 피클볼을 즐겼지만 이제는 젊은 사람들 역시 paddle(라켓)을 집어 들고 있다고 표현했으므로, 젊은 사람들이 '피클볼을 즐기고[시도하고] 있다'는 뜻으로 추측할 수 있다.

본문 해석

[1]여러분은 피클볼이라 불리는 스포츠에 대해 들어본 적이 있나요? [2]그것은 탁구, 테니스, 그리고 배드민턴을 혼합한 재미있는 경기예요. [3]경기를 하기 위해, 여러분은 정사각형의 라켓과 구멍이 나 있는 가벼운 플라스틱 공이 필요해요. [4]또한, 피클볼 코트는 테니스 코트 크기의 단지 4분의 1 크기여서 많은 공간을 차지하지 않아요.

[5]피클볼은 배우기 쉽고 몸에 무리가 가지 않기 때문에 미국에서 인기 있어요. [6]이는 관절이 약한 사람들, 특히 노년층에게 좋아요. [7]과거에, 피클볼은 주로 노인들에 의해 즐겨졌어요. [8]그러나 이제, 젊은 사람들도 라켓을 집어 들고 있어요! [9]최근, 선수들의 거의 절반은 55세 이하였고 24세 이하의 선수 수가 빠르게 증가하고 있어요.

[10]그러니 만약 여러분이 새로운 스포츠를 시도해 보고 싶다면, 피클볼을 시도해 보는 것은 어때요? [11]여러분은 모든 연령대의 사람들을 위한 이 놀라운 스포츠를 즐길지도 몰라요.

직독직해

[1]Have you ever heard / of a sport called Pickleball? [2]It is a fun game // that mixes ping-pong, tennis,
당신은 들어본 적 있는가 / 피클볼이라 불리는 스포츠에 대해? 그것은 재미있는 경기이다 // 탁구, 테니스, 그리고

and badminton. [3]To play, / you need a square paddle / and a light plastic ball / with holes in it. [4]Also, /
배드민턴을 섞은. 경기를 하기 위해서, / 당신은 정사각형의 라켓이 필요하다 / 그리고 가벼운 플라스틱 공이 / 구멍들이 나 있는. 또한, /

a pickleball court / is only a quarter / the size of a tennis court, // so it doesn't take up a lot of space.
피클볼 코트는 / 단지 4분의 1이다 / 테니스 코트 크기의, // 그래서 그것은 많은 공간을 차지하지 않는다.

[5]Pickleball is popular in the U.S. // because it is easy to learn / and gentle on the body.
피클볼은 미국에서 인기가 있다 // 그것이 배우기 쉽기 때문에 / 그리고 몸에 영향이 적기 때문에.

[6]This makes it great / for people with weak joints, / especially for older people. [7]In the past, / pickleball
이것은 그것을 아주 좋게 만든다 / 약한 관절을 가진 사람들에게, / 특히 나이가 더 많은 사람들에게. 과거에, / 피클볼은

was mostly enjoyed / by the elderly. [8]But now, / young people are picking up the paddle too!
대부분 즐겨졌다 / 노인들에 의해. 그러나 지금은, / 젊은 사람들도 라켓을 집어 들고 있다!

[9]Recently, / almost half of the players / were under 55, // and the number of players / under the age of 24 /
최근에, / 선수들의 거의 절반이 / 55세 이하였으며, // 선수들의 수가 / 24세 이하인 /

is increasing fast.
빠르게 증가하고 있다.

[10]So if you want to try a new sport, // how about trying pickleball? [11]You might enjoy / this amazing
그러니 만약 당신이 새로운 스포츠를 시도하고 싶다면, // 피클볼을 시도하는 것은 어떨까? 당신은 즐길지도 모른다 / 이 놀라운 스포츠를

sport / for people of all ages.
/ 모든 나이대의 사람들을 위한.

주요 구문

[1] **Have you ever heard** of *a sport* [**called** Pickleball]?

▸ <Have you ever+과거분사(p.p.) ~?>는 '너는 ~한 적이 있니?'의 의미로 '경험'을 묻는 현재완료의 의문문이다.

▸ called Pickleball은 앞의 명사 a sport를 꾸며 주는 과거분사구이다.

[2] It is *a fun game* [**that** mixes ping-pong, tennis, and badminton].

▸ 주격 관계대명사 that이 이끄는 절(that ~ badminton)은 선행사 a fun game을 꾸며 준다.

[3] **To play**, you(주어) need(동사) a square paddle(목적어1) and *a light plastic ball* [**with** holes in it](목적어2).

▸ To play는 '목적'을 나타내는 부사적 용법의 to부정사이다.

▸ 두 개의 목적어가 접속사 and로 연결되었으며, 전치사 with가 이끄는 어구는 앞의 명사 a light plastic ball을 꾸며 준다.

5 Pickleball is popular in the U.S. because it is ***easy*** to learn [and] ***gentle*** on the body.
주어 동사 보어 수식어 주어'동사'보어' 수식어' 보어' 수식어'

▸ 형용사 보어 easy와 gentle은 접속사 and로 연결되었다.

▸ to learn은 형용사 easy를 꾸며 주는 부사적 용법의 to부정사이며, on the body는 형용사 gentle을 꾸며 주는 전치사구이다.

9 Recently, almost **half of** *the players* ***were*** under 55, [and] ***the number* of** players under the age of 24 ***is increasing*** fast.
주어1 동사1 주어2 동사2

▸ half of는 '~의 절반'이라는 의미로 뒤에 오는 명사(the players)의 수에 동사를 일치시킨다.

▸ <the number of+복수명사>는 '~의 수'라는 의미이며, 여기서는 the number에 수를 일치하여 단수형 동사를 써야 한다.

10 So if you want to try a new sport, **how about trying** pickleball?

▸ <how about v-ing ~?>는 '~하는 게 어때?'를 의미한다.

03 초록색 책을 조심하세요!

본책 pp.18~19

정답 **1** ⑤ **2** (1) T (2) T (3) F **3** ⓐ find ⓑ safety **4** 네 점심을 가져올 필요가 없어

문제 해설

1 1800년대에 만들어진 에메랄드그린 색상의 책 표지에는 비소라는 해로운 화학 물질이 함유되어 있으며, 이 책의 위험성을 세계적으로 알리기 위한 Melissa Tedone의 활동에 대한 글이므로 정답은 ⑤이다.

2 (1) 1번 문장에 언급되어 있다.
(2) 3번 문장에 언급되어 있다.
(3) 11번 문장에 Melissa Tedone은 에메랄드그린 색의 책을 버릴 필요가 없다고 했다.

3 **Melissa Tedone의 프로젝트**

목적	비소가 들어있는 녹색 책을 더 많이 ⓐ 찾는 것
방법	그녀의 팀은 ⓑ 안전 팁을 담은 책갈피를 만들어 미국 전역 및 다른 국가들에 보냈다.
결과	비소가 포함된 녹색 책들이 다른 곳에서도 발견되었다.

본문 해석

[1]1800년대에, 에메랄드그린이라고 불리는 색이 매우 인기가 있었다. [2]사람들은 옷에서부터 책 표지까지, 모든 곳에 그것을 사용했다. [3]그러나 에메랄드그린 색에는 비소라고 불리는 해로운 화학 물질이 들어 있었다.

[4]2019년에, Melissa Tedone과 그녀의 팀은 19세기의 오래된 초록색 책들을 연구했다. [5]그들은 이 책들에 비소가 있다는 것을 발견했다. [6]그래서 Melissa는 세계 곳곳에서 이 책들을 더 많이 찾아내기 위해 한 프로젝트를 시작했다. [7]그녀의 팀은 초록색 책 표지의 사진과 안전 팁이 담긴 책갈피를 900개 이상 만들었다. [8]이 책갈피들은 미국 전역과 18개의 다른 나라들로 보내졌다. [9]그 결과, 다른 장소들에서도 비소가 있는 책들이 발견되었다.

[10]그 책들은 많이 위험하지는 않지만, 그것들을 자주 만지는 것은 좋지 않을 수 있다. [11]Melissa는 "당신은 이러한 책들을 버릴 필요는 없어요. 단지 조심하시고 그 위험을 인식해두세요."라고 말한다.

직독직해

[1]In the 1800s, / a color called emerald green / was very popular. [2]People used it everywhere, /
1800년대에, / 에메랄드그린이라고 불리는 색깔이 / 매우 인기 있었다. 사람들은 그것을 모든 곳에서 사용했다, /

from clothes to book covers. [3]But emerald green / had a harmful chemical / called arsenic / in it.
옷에서부터 책 표지들까지. 그러나 에메랄드그린은 / 해로운 화학 물질을 가지고 있었다 / 비소라고 불리는 / 그것 안에.

[4]In 2019, / Melissa Tedone and her team / studied old green books / from the 19th century.
2019년에, / Melissa Tedone과 그녀의 팀은 / 오래된 초록색 책들을 연구했다 / 19세기로부터의.

[5]They found out // that these books had arsenic / in them. [6]So Melissa started a project / to find more of
그들은 알아냈다 // 이 책들이 비소를 가지고 있다는 것을 / 그것들 안에. 그래서 Melissa는 프로젝트를 시작했다 / 이러한 책들을

these books / around the world. [7]Her team made over 900 bookmarks / with pictures of the green book
더 찾기 위해서 / 세계 곳곳에서. 그녀의 팀은 900개가 넘는 책갈피들을 만들었다 / 초록색 책 표지들의 사진들이 있는

covers / and safety tips. [8]These bookmarks were sent / throughout the U.S. / and to 18 other countries.
/ 그리고 안전 조언들이 있는. 이 책갈피는 보내졌다 / 미국 전체에 걸쳐서 / 그리고 18개의 다른 나라들로.

[9]As a result, / books with arsenic were found / in other places too.
결과적으로, / 비소가 있는 책들이 발견되었다 / 다른 장소에서도.

[10]The books aren't too dangerous, // but touching them often / could be bad. [11]Melissa says, //
이 책들은 많이 위험한 것은 아니다, // 하지만 그것들을 자주 만지는 것은 / 나쁠 수 있다. Melissa는 말한다, //

"You don't have to throw away these books. Just be careful / and be aware of the danger."
"당신은 이 책들을 버릴 필요는 없다. 단지 조심하라 / 그리고 그 위험을 인식해두어라."

주요 구문

[1] In the 1800s, *a color* [**called** emerald green] was very popular.

▶ 과거분사구 called emerald green가 바로 앞의 명사 a color를 꾸며 주고 있다.

[3] But emerald green had *a harmful chemical* [**called** arsenic] in it.

▶ 과거분사구 called arsenic은 바로 앞의 명사 a harmful chemical을 꾸며 주고 있다. 이때 called는 '~라고 불리는'의 의미이다.

[7] Her team made over *900 bookmarks* [**with** *pictures of the green book covers* and *safety tips*].
(명사구1: pictures of the green book covers / 명사구2: safety tips)

▶ 괄호 안의 with ~ tips는 긴 전치사구 형태로 명사 900 bookmarks를 꾸며 준다. 이때, 전치사 with 뒤 명사구 두 개는 and로 연결되었다.

[8] These bookmarks **were sent** throughout the U.S. and **(were sent)** to 18 other countries.
(수식어구1: throughout the U.S. / 수식어구2: to 18 other countries)

▶ were sent는 '보내졌다'라는 의미의 과거 수동태이다.
▶ 꾸며 주는 말인 수식어구 두 개는 접속사 and로 연결되었으며, 접속사 뒤에 반복되는 어구인 were sent는 생략되었다.

[10] The books aren't too dangerous, but **touching** them often could be bad.

▶ 동명사구 touching them은 문장에서 주어 역할을 하고 있으며, '그것들을 만지는 것은'이라고 해석한다.

Review

단어

본책 p.20

정답

A 1 gentle 2 harmful 3 lasted 4 protect
B 1 ④ 2 ②
C 1 bookmark 2 especially 3 condition 4 everywhere

해석

A 1 그 비누는 피부에 매우 순하다.
2 비닐봉지는 환경에 해롭다.
3 제주도에서 폭풍은 3일 동안 지속되었다.
4 여기 여름철 당신의 피부를 보호할 몇 가지 팁이 있다.

B 1 우리는 공간을 더 만들기 위해 가구를 옮겼다.
① 경기장 ② 조언, 팁 ③ 기회 ④ 공간 ⑤ 금이 가다
2 이 음료는 카페인을 하나도 포함하고 있지 않다.
① 변하다 ② 포함하다 ③ 주름지다 ④ 섞다 ⑤ 증가하다

C 보기
상태 힘, 강점 모든 곳에서 책갈피 특히

1 그녀는 읽을 때 항상 책갈피를 사용한다.
2 불은 특히 어린아이들에게 매우 위험하다.
3 비 때문에 도로의 상태가 좋지 않다.
4 나는 내 잃어버린 장난감을 위해 모든 곳을 찾아봤지만 찾지 못했다.

1일 1문장

본책 p.21

정답

A 1 먹을 샌드위치를
2 돈을 낼 필요가 없다
3 구매되었다

B 1 Many buildings were destroyed
2 You don't have to take an umbrella
3 many friends to go to the movies

C 1 The room was cleaned
2 has a book to read
3 does not[doesn't] have to finish his homework

04 여름철엔 이곳으로! 모기가 없어요

본책 pp.24~25

정답 **1** ② **2** ④ **3** (1) F (2) F **4** 모기들이 아이슬란드에서 살아남을 수 없는 것
5 너무 어려서 그 영화를 볼 수 없었다

문제 해설

1 아이슬란드는 기온이 너무 빨리 변해 모기가 그곳에서 생존할 수 없다는 내용이므로 정답은 ②이다.

① 아이슬란드가 모기에게 좋은 장소인 이유
② 모기를 막는 아이슬란드의 기온 변화
③ 모기 물림을 피하는 방법에 대한 과학적 사실들
④ 아이슬란드와 다른 국가들 사이의 차이점
⑤ 여름에 방문하기에 인기 많은 장소인 아이슬란드

2 빈칸 (A) 앞에서는 모기가 생존하기에는 아이슬란드가 너무 춥다는 내용이 나오다가 역접의 의미인 However(그러나)가 나오며 내용이 전환되므로 그린란드와 노르웨이와 같은 다른 추운 나라에서는 모기가 '쉽게' 발견된다는 내용이 알맞다. 빈칸 (B)에는 모기가 겨울에는 빙판 아래에 '숨고' 여름에 밖으로 나온다는 내용이 문맥상 자연스럽다.

	(A)		(B)
①	쉽게	…	보여주다
②	쉽게	…	덮다
③	주의 깊게	…	덮다
④	쉽게	…	숨다
⑤	주의 깊게	…	숨다

3 (1) 4번 문장에서 모기가 해마다 약 725,000명의 사람들을 죽게 만든다고 했으나 그것이 말라리아에 인한 것인지는 알 수 없다.
(2) 7번 문장에서 과학자들은 그린란드가 아닌 아이슬란드가 모기들에게 춥다고 생각한다고 했다.

4 문맥상 this는 바로 앞 6번 문장의 내용을 가리킨다.

본문 해석

[1]여러분은 세계에서 가장 위험한 동물을 아시나요? [2]그것은 모기예요. [3]모기는 말라리아와 같은 병을 퍼트릴 수 있는 곤충이에요. [4]그것들은 해마다 약 725,000명의 사람들을 죽음에 이르게 해요. [5]하지만 아이슬란드의 사람들은 그것들에 대해 걱정할 필요가 없어요! [6]모기는 그곳에서 살아남을 수 없어요.

[7]과학자들은 이것이 아이슬란드가 모기에게 너무 춥기 때문이라고 생각해요. [8]하지만, 모기는 그린란드나 노르웨이와 같은 다른 추운 나라들에서 쉽게 찾을 수 있어요. [9]그 나라들과 아이슬란드의 차이는 무엇일까요? [10]다른 나라에서, 모기들은 겨울철에는 빙판 아래에 숨었다가 여름에 나올 수 있어요. [11]하지만 모기들에게, 아이슬란드의 기온은 너무 빨리 변해서 추위로부터 숨을 수 없어요.

[12]만약 여러분이 여름에 모기로부터 도망치고 싶다면, 아이슬란드를 방문하는 것은 어떤가요? [13]여러분은 아름다운 자연을 즐길 수 있고 모기에 물린 상처는 하나도 얻지 않을 거예요.

직독직해

[1]Do you know / the most dangerous animal / in the world? [2]It's the mosquito. [3]Mosquitoes are
당신은 아는가 / 가장 위험한 동물을 / 세상에서? 그것은 모기이다. 모기는 곤충이다

insects // that can spread diseases, / like malaria. [4]They kill about 725,000 people / per year. [5]But people
// 병을 퍼트릴 수 있는, / 말라리아와 같은. 그것들은 약 725,000명의 사람들을 죽음에 이르게 한다 / 해 마다. 그러나

in Iceland / don't have to worry about them! [6]Mosquitoes can't survive there.
아이슬란드 사람들은 / 그것들에 대해 걱정할 필요가 없다! 모기는 그곳에서 살아남을 수 없다.

[7] Scientists think // that this is because Iceland is too cold / for mosquitoes. [8] However, / mosquitoes
과학자들은 생각한다 // 이것은 아이슬란드가 너무 춥기 때문이라고 / 모기에게. 하지만, / 모기들은

can easily be found / in other cold countries, / like Greenland and Norway. [9] What is the difference /
쉽게 찾아질 수 있다 / 다른 추운 나라들에서, / 그린란드나 노르웨이 같은. 그 차이는 무엇일까 /

between those countries and Iceland? [10] In other countries, / mosquitoes can hide under the ice /
그 나라들과 아이슬란드 사이의? 다른 나라들에서는, / 모기들은 얼음 아래에 숨을 수 있다 /

in the winter / and come out during the summer. [11] However, / for mosquitoes, / the temperature in Iceland
겨울에는 / 그리고 여름에 나온다. 하지만, / 모기들에게, / 아이슬란드의 기온은 변한다

changes / too quickly / to hide from the cold.
/ 너무 빨리 / 추위로부터 숨기에.

[12] If you want to escape from mosquitoes / in summer, // why don't you visit Iceland? [13] You can enjoy
만약 당신이 모기들로부터 도망치기를 원한다면 / 여름에, // 아이슬란드에 방문하는 것은 어떤가? 당신은 아름다운

the beautiful nature / and won't get any mosquito bites.
자연을 즐길 수 있다 / 그리고 모기 물린 상처는 하나도 얻지 않을 것이다.

주요 구문

[3] Mosquitoes are *insects* [**that** can spread diseases, like malaria].

▸ that이 이끄는 주격 관계대명사절(that ~ malaria)은 앞의 명사 insects를 꾸며 준다.

[5] But people in Iceland **don't have to** worry about them!

▸ don't have to는 조동사 have to의 부정형으로 '~할 필요가 없다'는 의미이며, 뒤에 동사원형이 온다. 이때, 조동사 have to(~해야 한다)의 반대 의미로 해석하지 않도록 주의해야 한다.

[7] Scientists(주어) think(동사) **that** *this is because* Iceland is too cold for mosquitoes.(목적어)

▸ that은 명사절을 이끄는 접속사로, that ~ mosquitoes가 동사 think의 목적어로 쓰였다.

▸ <this is because + 주어 + 동사 ~>는 '이것은 ~ 하기 때문이다'로 해석한다.

[8] However, mosquitoes **can** easily **be found** in other cold countries, *like* Greenland and Norway.

▸ can be found는 수동태(be found)에 조동사 can이 결합된 형태로, '찾아질 수 있다'로 해석한다.

▸ 두 번째 콤마 뒤의 like는 '~와 같은'이라는 의미의 전치사로 다른 추운 나라들의 예시를 드는데 쓰였다.

[10] In other countries, mosquitoes **can hide**(동사1) under the ice in the winter and **(can) come out**(동사2) during the summer.

▸ can hide와 (can) come out가 접속사 and로 연결되었다. and 뒤에는 반복되는 말인 조동사 can이 생략되었다.

05 셀피 찍으려다 큰일 날라!

본책 pp.26~27

정답 **1** ⓐ **selfies** ⓑ **dangerous** **2** ② **3** ⑤ **4** ⓐ **less** ⓑ **posting**
5 당신을 기분 좋게 할 수 있다

문제 해설 **1**

ⓐ 셀피를 위해 야생 동물에게 너무 가까이 다가가는 것은 사람과 동물 둘 다에게 ⓑ 위험할 수 있다.

2 주어진 문장은 '소셜 미디어 또한 큰 역할을 한다'라는 내용으로, 위험한 야생 동물과의 셀피가 소셜 미디어상에서 사람들의 반응을 이끌어낸다는 내용의 7번 문장 앞인 ②에 위치하는 것이 가장 자연스럽다.

3 이 글은 야생 동물과 셀피를 찍는 행위가 왜 동물들과 사람들에게 위험한지 설명하며, 셀피는 결코 사람이나 동물의 생명보다 더 '중요할' 수 없다는 교훈을 주고 있으므로 빈칸에는 ⑤가 가장 알맞다.

① 정직한 ② 끔찍한 ③ 간단한 ④ 신나는 ⑤ 중요한

4 **사람들이 셀피를 위해 위험을 무릅쓰는 이유**

- 그들은 야생 동물들을 ⓐ 덜 현실적이고 덜 위험하다고 여긴다.
- 그들은 소셜 미디어에 위험한 동물들과의 셀피를 ⓑ 올림으로써 더 많은 관심을 받고 싶어 한다.

본문 해석

[1]어떤 사람들은 셀피를 위해 야생 동물들에게 너무 가까이 간다. [2]안전을 위한 표지판은 어디에나 있지만, 그것들은 자주 무시된다. [3]이것은 사람들을 심각한 위험에 빠뜨릴 수 있다. [4]비록 동물들이 친숙해 보일지라도, 그것들은 셀피 찍는 사람들을 언제라도 공격할 수 있다.

[5]우리는 동물원과 같은 장소에서 야생 동물들을 자주 봐서 동물들이 덜 현실적이고 덜 위험해 보인다. [6]사람들은 그것들에게 더 가까이 가는 것이 괜찮다고 생각할 수 있다. 소셜 미디어도 큰 역할을 한다. [7]위험한 동물들과의 셀피를 올리는 것은 '좋아요'와 댓글을 많이 받을 수 있다. [8]이것은 사람들이 동물들의 공간에 들어가는 것과 같은 더 큰 위험을 무릅쓰게 한다! [9]그것은 몇몇 사람들이 실제로 동물들에게 공격받았거나 죽임을 당했기 때문에 매우 위험하다.

[10]동물들에게 너무 가까이 가는 것은 사람을 보호하기 위해 동물들이 죽게 될지도 모르기 때문에 동물들도 위험에 빠뜨린다. [11]그러므로 절대로 셀피를 위해 동물들에게 너무 가까이 가지 마라. [12]셀피는 우리의 생명이나 야생 동물들의 생명보다 절대 더 중요하지 않다.

직독직해

[1]Some people get too close / to wild animals / for selfies. [2]Signs for safety are everywhere, // but they
어떤 사람들은 너무 가까이 간다 / 야생 동물들에게 / 셀피를 위해. 안전을 위한 표지판은 어디에나 있다, // 하지만 그것들은

are often ignored. [3]This can put people in serious danger. [4]Even if the animals seem friendly, //
자주 무시된다. 이것은 사람들을 심각한 위험에 빠뜨릴 수 있다. 비록 동물들이 친숙해 보일지라도, //

they could attack selfie-takers / at any moment.
그들은 셀피 찍는 사람들을 공격할 수 있다 / 언제라도.

[5]We often see wild animals / in places like zoos, // so the animals seem less real and dangerous.
우리는 야생 동물들을 자주 본다 / 동물원과 같은 장소에서, // 그래서 그 동물들은 덜 현실적이고 덜 위험해 보인다.

[6]People could think // that getting closer to them is ok. Social media also plays a big role. [7]Posting selfies /
사람들은 생각할 수 있다 // 그것들에게 더 가까이 가는 것이 괜찮다고. 소셜 미디어도 큰 역할을 한다. 셀피를 올리는 것은 /

with dangerous animals / can get lots of *Likes* and comments. [8]This makes people take bigger risks, /
위험한 동물들과의 / 많은 '좋아요'와 댓글을 받을 수 있다. 이것은 사람들이 더 큰 위험을 감수하게 한다, /

such as entering animals' space! [9]It's very dangerous // because some people were actually attacked
동물들의 공간에 들어가는 것과 같은! 그것은 매우 위험하다 // 몇몇 사람들이 실제로 공격받았거나

or killed / by animals.
죽임을 당했기 때문에 / 동물들에 의해.

[10]Getting too close to animals / also puts them in danger // because they might be killed /
동물들에 너무 가까이 다가가는 것은 / 또한 그것들을 위험에 빠뜨린다 // 그것들이 죽임 당할지도 모르기 때문에 /

to protect people. [11]So, / never get too close to animals / for selfies. [12]A selfie is never more important /
사람들을 보호하기 위해. 그러므로, / 절대로 동물들에게 너무 가까이 가지 마라 / 셀피를 위해. 셀피는 절대 더 중요하지 않다 /

than our lives / or the lives of wild animals.
우리의 생명보다 / 또는 야생 동물들의 생명보다.

주요 구문

5 We often see wild animals in places like zoos, so the animals **seem less real** and **(less) dangerous.**
주어 동사 보어1 보어2

▶ <seem+형용사>는 '~해 보이다, ~인 것 같다'의 의미이다. 형용사 보어인 less real과 (less) dangerous가 접속사 and로 연결되었으며, 두 번째 보어인 dangerous 앞에 less는 반복되는 어구로 생략되었다.

6 People could think **that getting** closer to them주' is동' ok.보'
주어 동사 목적어

▶ that은 명사절을 이끄는 접속사로서, that ~ is ok 전체가 동사 could think의 목적어로 쓰였다.
▶ that절 안의 getting closer to them은 주어로 쓰인 동명사구이다.

7 **Posting** selfies with dangerous animals can get lots of *Likes* and comments.
주어 동사 목적어

▶ 동명사구인 Posting selfies ~ animals가 문장의 주어로 쓰였으며, '~하는 것은'으로 해석한다.

9 It's very dangerous because some people **were** actually **attacked** or **(were) killed** ***by animals.***
주어동사 보어 주어' 동사' 동사'

▶ were attacked와 (were) killed는 과거형 수동태이며, 접속사 or로 연결되었다. 이때, killed 앞에는 were가 생략되었다.
▶ <by+A(행위자)>는 동작을 한 행위자를 나타내며, 주로 생략되는 경우가 많지만 여기서는 행위자를 강조하기 위해 by 다음에 행위자 animals를 써주었다.

10 **Getting** too close to animals also puts them in danger because they **might be killed** to protect people.

▶ 동명사구인 Getting ~ animals가 문장의 주어로 쓰였으며, '~하는 것은'으로 해석한다.
▶ 수동태(be killed) 앞에 '불확실한 추측'을 나타내는 조동사 might가 함께 쓰며, '죽임을 당할지도 모른다'라는 의미를 나타낸다.

06 아이디어를 얻고 싶다면 이것을 해봐

본책 pp.28~29

정답 1 ⑤ 2 ④ 3 ③ 4 ⓐ attention ⓑ creative 5 영어뿐만 아니라 프랑스어도

문제 해설

1 '샤워 효과'가 무엇인지 설명하고 그것이 창의적인 아이디어를 내는 데 어떻게 도움이 되는지 설명하는 글이다. 따라서, 주제로 가장 알맞은 것은 ⑤이다.

Q 글의 주제로 가장 알맞은 것은?
① 샤워 효과를 활용하는 방법
② 샤워하는 것이 어떻게 우리를 편안하게 하는 데 도움이 되는지
③ 창의적인 사고의 중요성
④ 우리의 생각이 다른 곳으로 떠도는 것을 멈추게 하는 것
⑤ 샤워 효과가 어떻게 훌륭한 아이디어를 만드는 데 도움이 되는지

2 빈칸 앞에 창의적인 아이디어의 일부가 직장이나 학교가 아닌 일상적인 일을 할 때 떠오를 수 있다는 내용이 나오며, 빈칸 뒤에 이러한 의견을 뒷받침하는 연구 결과가 이어지고 있다. 따라서 빈칸에는 샤워 효과가 '샤워장 밖에서도' 일어날 수 있다는 의미의 outside the shower가 가장 알맞다.

Q 글의 빈칸에 들어갈 말로 가장 알맞은 것은?
① 수면 중에 ② 머릿속에서 ③ 교실에서 ④ 샤워장 밖에서 ⑤ 회의 중에

3 '샤워 효과'가 어떻게 발생하는지 질문하는 내용 뒤에, 일상적인 활동들은 당신의 주의를 모두 요구하는 게 아니라 일부만 요구한다는 내용의 (B), 그런 다음 당신은 이런저런 생각을 하기 시작한다는 내용의 (C), 이러한 방식으로 당신은 노력하지 않고도 창의적인 아이디어를 생각해 낼 수 있다는 내용의 (A)의 흐름이 가장 알맞다.

Q 문장 (A)~(C)를 글의 흐름에 알맞게 배열한 것은?

4 Q 다음 빈칸에 알맞은 말을 본문에서 찾아 쓰세요.

> 당신이 샤워를 할 때, 그것은 당신의 모든 ⓐ 주의를 끌지는 않는다. 당신의 생각은 다른 데로 팔리기 시작하고 이것은 당신이 ⓑ 창의적인 아이디어를 생각해 낼 수 있게 해준다.

5 Q 다음 빈칸에 알맞은 우리말 해석을 써보세요.

본문 해석

[1]좋은 샤워는 당신의 몸뿐만 아니라 당신의 마음도 편안하게 할 수 있다. [2]그것은 여러분이 더 명확하게 생각하고 창의적인 아이디어들을 낼 수 있도록 도와줄 수 있다. [3]우리의 몇몇 가장 좋은 아이디어는 단지 직장이나 학교에서만 생기는 것이 아니다. [4]그것들은 우리가 샤워하는 것과 같은 일상적인 일들을 하고 있을 때 일어날 수 있다. [5]과학자들은 이것을 '샤워 효과'라고 부르고, 연구는 그것이 샤워장 밖에서도 발생할 수 있다는 것을 보여준다.

[6]한 연구에서, 약 200명의 작가들과 과학자들은 그들의 가장 창의적인 아이디어들을 매일 기록했다. [7]대부분의 경우, 그들은 직장에서 아이디어를 얻었다. [8]그러나 그들의 가장 좋은 아이디어 중 20%는 그들이 설거지를 하는 것과 같이 또 다른 무언가를 하고 있는 동안 떠올랐다!

[9]이것은 어떻게 작동하는 것일까? (B) [11]그 활동들은 전부는 아니지만, 당신의 주의 중 일부분을 끈다. (C) [12]그러면, 당신의 생각은 다른 곳으로 떠돌기 시작하고, 당신은 온갖 종류의 것들에 대해 꿈꾸고 궁금해하기 시작할지도 모른다. (A) [10]이 방법으로, 당신은 노력하지 않고도 창의적인 아이디어들을 생각해 낼 수 있다!

직독직해

[1]A good shower can relax / not only your body / but also your mind. [2]It can help / you think more
좋은 샤워는 편하게 할 수 있다 / 당신의 몸뿐만 아니라 / 당신의 마음도. 그것은 도와줄 수 있다 / 당신이 좀 더

clearly / and have creative ideas. [3]Some of our best ideas / don't just happen / at work or school.
분명하게 생각하도록 / 그리고 창의적인 아이디어들을 갖도록. 우리의 가장 좋은 아이디어 중 몇몇은 / 단순히 일어나지 않는다 / 직장이나 학교에서.

[4]They can happen // when we're doing everyday things / like taking a shower. [5]Scientists call this
그것들은 일어날 수 있다 // 우리가 일상적인 일들을 하고 있을 때 / 샤워하는 것과 같은. 과학자들은 이것을

the "shower effect," // and research shows / that it can also occur / outside the shower.
'샤워 효과'라고 부른다, // 그리고 연구는 보여준다 / 그것이 또한 일어날 수 있다는 것을 / 샤워장 밖에서.

[6]In a study, / about 200 writers and scientists / recorded their most creative ideas / every day.
한 연구에서, / 약 200명의 작가들과 과학자들은 / 그들의 가장 창의적인 아이디어들을 기록했다 / 매일.

[7]Most of the time, / they got ideas at work. [8]But 20% of their best ideas came // while they were doing
대부분의 경우, / 그들은 직장에서 아이디어를 얻었다. 그러나 그들의 가장 좋은 아이디어 중 20%는 왔다 // 그들이 다른 무언가를

something else / like washing dishes!
하고 있는 동안 / 설거지를 하는 것과 같은!

[9]How does this work? [11]Those activities take / some of your attention, / but not all of it. [12]Then, /
이것은 어떻게 작동하는가? 그 활동들은 가져간다 / 당신의 주의 중 일부분을, / 하지만 그것의 전부는 아닌. 그러면, /

your mind starts to wander, // and you might start dreaming and wondering / about all kinds of things.
당신의 생각은 다른 데로 흐르기 시작한다, // 그리고 당신은 꿈꾸기 시작하고 궁금해할지도 모른다 / 온갖 종류의 것들에 대해.

[10]This way, / you can come up with creative ideas / without trying!
이 방법으로, / 당신은 창의적인 아이디어들을 생각해 낼 수 있다 / 노력하지 않고!

주요 구문

[2] It **can help** you **think** more clearly [and] **have** creative ideas.
주어 동사 A 보어1 보어2

▶ <help+A(목적어)+동사원형>은 'A가 ~하게 돕다'라는 의미로, 동사원형 think와 have는 접속사 and로 연결되었다. 이때 동사원형 대신 to부정사를 쓸 수도 있다. (= ~ **to think** more clearly and **to have** creative ideas.)

[5] Scientists **call** this the "shower effect," and research *shows* **that** it can also occur outside the shower.

▶ <call+A(목적어)+명사>는 'A를 ~라고 부르다'라는 의미이다.

▶ that절(that ~ shower)은 동사 shows의 목적어로 쓰인 명사절이다.

[8] But 20% of their best ideas came **while** they **were doing** something else like washing dishes!

▶ while은 여기서 '~하는 동안'의 의미를 나타내는 '시간'을 나타내는 접속사로 쓰였다.

▶ <was/were+동사의 -ing형>은 과거진행형으로 '~하고 있었다, ~하는 중이었다'라고 해석한다.

[11] Those activities take some of your attention, but **not all** of it.

▶ <not all ~>은 '모두 ~인 것은 아닌'이라는 뜻의 '부분 부정'의 의미를 나타낸다.

[12] Then, your mind **starts to wander**, and you might **start dreaming** [and] **wondering** about all kinds of things.

▶ <start to-v[v-ing]>는 '~하는 것을 시작하다'라는 의미이다. start, begin, like 등의 동사는 to부정사와 동명사를 모두 목적어로 가질 수 있으며, 목적어의 형태에 따라 의미가 달라지지 않는다.

▶ 두 번째 동사 start의 목적어로 쓰인 dreaming과 wondering은 접속사 and로 연결되어 있다.

Review

단어

본책 p.30

정답

A	**1 ⓒ**	**2 ⓑ**	**3 ⓐ**	
B	**1 difference**	**2 research**	**3 spread**	**4 hide**
C	**1 takes a risk**	**2 come up with**	**3 stopped, from sleeping**	

해석

A **1** wonder(궁금해하다) - ⓒ 무언가를 알고자 하는 것에 관심을 갖다
2 record(기록하다) - ⓑ 나중에 볼 수 있도록 무언가를 쓰다
3 avoid(피하다) - ⓐ 누군가나 무언가로부터 떨어져 있다

B

보기				
퍼트리다	숨다, 감추다	차이	조사	~인 것 같다

1 스포츠는 그의 삶에 큰 차이를 만들었다.
2 우리는 조사를 위해 인터넷을 사용했다.
3 바이러스는 병을 전 세계에 퍼트렸다.
4 토끼는 두려움을 느낄 때 숨는 경향이 있다.

1일 1문장

본책 p.31

정답

A **1 따뜻할 뿐만 아니라 부드럽다**
2 너무 추워서 산책을 할 수 없었다
3 내가 일어나게 한다

B **1 made us go back home**
2 too tired to go out
3 not only funny but also touching

C **1 lunch but (also) dinner**
2 young to ride the roller coaster
3 makes me laugh

07 요세미티 국립공원으로 오세요!

본책 pp.34~35

정답 1 ④ 2 ④ 3 ⓐ reservation ⓑ two weeks 4 무지개를 가리키면서

문제 해설

1 요세미티 국립공원의 Firefall을 소개하며, 관람하기 위해 알아두어야 할 몇 가지 필요조건과 세부 사항을 안내하는 글이므로 정답은 ④이다.

① 폭포 관광을 광고하려고
② 요세미티에서 캠핑하는 방법을 설명하려고
③ 요세미티에 대한 정보를 제공하려고
④ 요세미티의 Firefall을 관람하는 방법을 설명하려고
⑤ 폭포 뒤에 숨겨진 과학을 설명하려고

2 11번 문장에서 2월의 마지막 2주 동안만 관람이 가능하다고 했으므로 정답은 ④이다.
①은 2번 문장에, ②는 4번 문장에, ③은 10번 문장에, ⑤는 13번 문장에 언급되어 있다.

3

A: 안녕하세요. 요세미티 국립공원입니다. 어떻게 도와드릴까요?
B: Firefall을 보기 위해 ⓐ 예약하고 싶은데요. 2월 8일 가능한가요?
A: 죄송합니다. 2월의 마지막 ⓑ 2주 동안에만 관람할 수 있으세요.

본문 해석

요세미티 국립공원의 Firefall

[1]캘리포니아의 요세미티 국립공원에 있는 놀라운 'Firefall'을 놓치지 마세요! [2]Firefall 동안에, 태양의 불빛은 폭포를 불처럼 보이는 것으로 바꿔요. [3]2월에, Horsetail 폭포는 타오르는 주황색 불빛을 만들어 내면서 이러한 아름다운 Firefall로 변해요. [4]그러나, 이 타오르는 주황색 불빛은 일몰 전 몇 분 동안만 지속돼요. [5]그래서 여러분은 이것을 완전히 즐기기 위해서는 적절한 시간, 적절한 장소에 있어야 해요. [6]여기 생각해 볼 몇 가지 필요조건과 세부 사항들이 더 있어요:

- [7]강설량: 충분한 눈이 있어야만 해요.
- [8]기온: 눈을 녹일 만큼 날씨가 충분히 따뜻해야 해요.
- [9]하늘 상태: 맑고 구름 한 점 없는 하늘이 필요해요.
- [10]태양의 각도: 태양이 폭포에 적절한 각도로 비춰야 해요.

언제

- [11]2월 마지막 2주 동안
- [12]일몰 5분에서 15분 전

필요조건

- [13]공원 입장을 위해 예약하세요.

직독직해

Yosemite National Park's Firefall
요세미티 국립공원의 Firefall

[1]Don't miss out / on the amazing "Firefall" / at Yosemite National Park / in California! [2]During the Firefall,
놓치지 마라 / 놀라운 'Firefall'을 / 요세미티 국립공원에 있는 / 캘리포니아의! Firefall 동안,

/ the Sun's glow turns the waterfall / into something that looks like fire. [3]In February, / the Horsetail Fall /
/ 태양의 불빛이 폭포를 바꾼다 / 불처럼 보이는 어떤 것으로. 2월에, / Horsetail 폭포는 /

turns into this beautiful Firefall, / creating a burning orange glow. [4]But, / this burning orange glow only
이러한 아름다운 Firefall로 변한다, / 타오르는 주황색 불빛을 만들어 내면서. 그러나, / 이 타오르는 주황색 불빛은 단지 지속된다

lasts / for a few minutes before sunset. [5]So, / you need to be / in the right spot / at the right time /
/ 일몰 전 몇 분 동안만. 그래서, / 여러분은 있어야 한다 / 적절한 장소에 / 적절한 시간에 /

to fully enjoy this. [6]Here are / some more requirements and details / to think about:
이것을 완전히 즐기기 위해. 여기 (~이) 있다 / 더 많은 몇 가지 필요조건과 세부 사항들이 / 생각해 볼:

- [7]Snowfall: There must be enough snow.
  강설량: 충분한 눈이 있어야만 한다.
- [8]Temperature: The weather should be warm enough / to melt the snow.
  기온: 날씨가 충분히 따뜻해야 한다 / 눈을 녹이기에.
- [9]Sky conditions: Clear and cloudless skies are necessary.
  하늘 상태: 맑고 구름 한 점 없는 하늘이 필요하다.
- [10]Sun angle: The Sun has to hit the waterfall / at the right angle.
  태양의 각도: 태양이 폭포에 닿아야 한다 / 적절한 각도로.

When 언제

- [11]During the last two weeks / of February
  마지막 2주 동안 / 2월의
- [12]5 to 15 minutes / before sunset
  5분에서 15분 / 일몰 전

Requirements 필요조건

- [13]Make a reservation / for entrance to the park.
  예약하라 / 공원 입장을 위해.

주요 구문

[2] During the Firefall, the Sun's glow **turns** the waterfall into *something* **that looks like** fire.

▸ 주격 관계대명사 that이 이끄는 절(that looks like fire)는 선행사 something을 꾸며 주고 있다.

▸ <look like+명사(구)>는 '~처럼 보이다'라는 의미이다.

[5] So, you **need to be** in the right spot at the right time **to** *fully* **enjoy** this.

▸ <need to-v>는 '~할 필요가 있다, ~해야 한다'라는 의미이다.

▸ to enjoy는 '즐기기 위해'라는 의미로 '목적'을 나타내는 부사적 용법의 to부정사이며, fully는 동사 enjoy를 꾸며 주는 부사이다.

[6] Here are *some more requirements and details* **to think about**:

▸ to think about은 앞의 명사구 some ~ details를 꾸며 주는 형용사적 용법의 to부정사이다.

[7] Snowfall: There **must** be **enough** *snow*.

▸ must는 '~해야 한다'라는 의미의 조동사이며, have/has to로 바꿔 쓸 수 있다.

▸ 여기서 enough는 '충분한'이라는 뜻의 형용사로 명사 snow를 꾸며 준다.

[8] Temperature: The weather should be *warm* **enough to melt** the snow.

▸ <형용사/부사+enough+to부정사>는 '~할 만큼[~하기에] 충분히 …한/하게'라는 의미를 가진다. 여기서 enough는 '충분히'라는 뜻의 부사로 형용사 warm 뒤에 쓰였다.

08 티백에 숨겨진 비밀

본책 pp.36~37

정답 **1** ④ **2** (1) T (2) F **3** ⓐ silk bags ⓑ whole ⓒ convenient
4 나를 따뜻하게 해주는 것은

문제 해설

1 뉴욕의 유명한 차(茶) 상인이었던 Thomas Sullivan이 우연히 티백을 발명하게 된 내용이므로 정답은 ④이다.

① 어떻게 Thomas Sullivan이 유명해졌는지
② 1900년대의 가장 인기 있던 음료
③ 뉴욕에서 사람들이 어떻게 차를 즐겼는지
④ 어떻게 티백이 우연히 발명되었는지
⑤ 차를 만드는 것에 있어 인퓨저의 문제점

2 (1) 2번 문장에 언급되어 있다.
(2) 10~11번 문장에서 Thomas의 생각과는 달리 고객들이 실크 주머니 전체를 끓는 물에 넣었다고 했으므로, 그가 실크 주머니에서 찻잎을 꺼내 사용하도록 안내한 것이 아니라는 것을 알 수 있다.

3

Thomas는 그의 고객들에게 비싼 양철통 대신에 ⓐ 실크 주머니에 차 샘플을 보냈다.

그의 몇몇 손님들이 차를 만들 때, 그들은 인퓨저를 사용하지 않았다. 그들은 끓는 물에 실크 주머니 ⓑ 전체를 넣었다.

실크 주머니를 사용해 차를 만드는 것이 더 ⓒ 편리했고, 이 티백은 인기를 얻었다.

본문 해석

[1]Thomas Sullivan은 뉴욕의 유명한 차 상인이었다. [2]그의 성공 비결 중 하나는 그의 고객들에게 새로운 차 샘플을 보내는 것이었다.

[3]하지만, 그는 문제를 맞닥뜨렸다: 그가 샘플을 보내는 데 사용했던 양철통이 너무 비싸진 것이다. [4]그는 비용이 더 적게 들어갈 해결책이 필요했다. [5]Thomas는 더 이상 샘플을 보내지 않음으로써 그의 고객들을 실망시키고 싶지 않았다. [6]그때, 그는 좋은 아이디어가 떠올랐다! [7]1908년, 그는 차 샘플을 위해 양철통 대신 실크 주머니를 사용하기로 결심했다. [8]이 주머니는 더 값싸면서 고급스러워 보이기도 했다.

[9]흥미롭게도, 다음에 일어난 일은 우연히 티백의 발명으로 이어졌다! [10]Thomas는 사람들이 실크 주머니에서 찻잎을 꺼내서 인퓨저로 차를 만들 것이라고 생각했다. [11]그러나 대신에, 어떤 고객들은 실크 주머니 전체를 끓는 물에 넣었다. [12]그들은 이것이 더 편리하다는 것을 알게 되었고, 차는 여전히 맛이 아주 좋았다. [13]곧, 이 티백들은 매우 인기 있게 되었다.

직독직해

[1]Thomas Sullivan was famous tea trader / in New York. [2]One of the keys to his success / was sending
Thomas Sullivan은 유명한 차 상인이었다 / 뉴욕의. 그의 성공의 비결 중 하나는 / 그의 고객들에게

his customers / new tea samples.
보내는 것이었다 / 새로운 차 샘플을.

[3]However, / he faced a problem: // The tins that he used / to send samples / became too expensive.
그러나, / 그는 문제를 맞닥뜨렸다: // 그가 사용했던 양철통이 / 샘플을 보내기 위해 / 너무 비싸졌다.

[4]He needed a cheaper solution. [5]Thomas didn't want / to disappoint his customers / by not sending
그는 더 값싼 해결책이 필요했다. Thomas는 원하지 않았다 / 그의 고객들을 실망시키기를 / 샘플을 더 이상

the samples anymore. [6]Then, / he had a great idea! [7]In 1908, / he decided to use silk bags / for tea samples,
보내지 않음으로써. 그때, / 그는 좋은 아이디어가 떠올랐다! 1908년, / 그는 실크 주머니를 사용하기로 결심했다 / 차 샘플을 위한,

/ instead of tins. [8]These bags were cheaper, / and also looked fancy.
/ 양철통 대신. 이 주머니들은 더 저렴했다, / 그리고 또한 고급스러워 보였다.

[9]Interestingly, / what happened next // accidentally led to the invention / of tea bags! [10]Thomas thought
흥미롭게도, / 다음에 일어난 일은 // 우연히 발명으로 이어졌다 / 티백의! Thomas는 (~라고) 생각했다

// people would take the tea leaves / out of the silk bags / and make tea with an infuser. [11]But instead, /
// 사람들이 찻잎을 꺼낼 것이라고 / 실크 주머니 밖으로 / 그리고 인퓨저로 차를 만들 것이라고. 그러나 대신에, /

some customers put / the whole silk bag / in boiling water. [12]They found / this more convenient, //
어떤 고객들은 넣었다 / 실크 주머니 전체를 / 끓고 있는 물에. 그들은 알게 되었다 / 이것이 더 편리하다는 것을, //

and the tea still tasted great. [13]Soon, / these tea bags / became very popular.
그리고 차는 여전히 맛이 아주 좋았다. 곧, / 이 티백들은 / 매우 인기 있게 되었다.

주요 구문

[2] **One of the keys** to his success ***was*** **sending** his customers(간목) new tea samples(직목).
(One of the keys to his success: 주어 / was: 동사 / sending his customers new tea samples: 보어)

▶ <one of+복수명사>는 '~중 하나'라는 의미이므로, 뒤에 단수동사가 온다.
▶ 문장의 보어로 동명사구가 쓰였다. 이때 <send+A(간접목적어)+B(직접목적어)>는 'A에게 B를 보내다'의 의미이다.

[3] However, he faced a problem: *The tins* [**that** he used ● **to send** samples] became too expensive.

▶ 콜론(:) 뒤의 문장은 앞 문장에서 그가 직면한 문제가 무엇인지 부연 설명해 주고 있다.
▶ 목적격 관계대명사 that이 이끄는 절은 선행사 The tins를 꾸며 주고 있다. that절 안의 to send는 '보내기 위해'라는 의미의 '목적'을 나타내는 부사적 용법의 to부정사이다.

[5] Thomas didn't **want to disappoint** his customers **by not sending** the samples anymore.

▶ <want to-v>는 '~하기를 원하다'라는 의미이며, 동사 want는 목적어로 to부정사를 취한다.
▶ <by+not+v-ing(동명사)>는 '~하지 않음으로써'라는 의미를 나타낸다.

[10] Thomas thought **(that)** people **would take** the tea leaves out of the silk bags and **(would) make** tea with an infuser.
(Thomas: 주어 / thought: 동사 / (that) ... infuser: 목적어)

▶ 동사 thought 뒤에는 목적어절을 이끄는 접속사 that이 생략되었다.
▶ 동사 would take와 (would) make는 접속사 and로 연결되었으며, 두 번째 동사 make 앞에는 반복되는 말인 조동사 would가 생략되었다.

[12] They **found** this **more convenient**, and the tea still **tasted** *great*.
(this: A / more convenient: 형용사)

▶ <find+A(목적어)+형용사>는 'A가 ~하다는 것을 알게 되다'라는 의미이다.
▶ 감각동사 taste 뒤에 형용사 보어가 오면 '~한 맛이 나다'라고 해석한다.

09 미세플라스틱을 먹고 있다고요?

본책 pp.38~39

정답 **1 ⑤ 2 ⑤ 3 ⓐ release ⓑ keep 4 기타를 치는 방법을**

문제 해설

1 미세플라스틱이 무엇인지 설명하며, 미세플라스틱의 위험으로부터 안전할 수 있는 여러 가지 팁을 알려주는 글이므로 정답은 ⑤이다.

① 미세플라스틱이 더 위험한 이유
② 우리 생활 속의 많은 종류의 아주 작은 플라스틱
③ 어떻게 더 큰 플라스틱이 미세플라스틱이 되는지
④ 우리의 옷이 미세플라스틱을 쉽게 배출하는 이유
⑤ 미세플라스틱에 대한 이해와 그것들을 피하는 방법

2 11번 문장에서 낮은 온도에서 짧은 시간 동안 세탁하면 미세플라스틱 오염을 줄일 수 있다고 했으므로 정답은 ⑤이다. ①은 3번 문장에, ②는 4번 문장에, ③은 5번 문장에, ④는 6번 문장에 언급되어 있다.

3

> 우리의 옷은 미세플라스틱을 ⓐ 방출하기 때문에 해로울 수 있다. 몇 가지 조언들을 따름으로써, 우리는 미세플라스틱의 가능한 위험으로부터 스스로를 안전하게 ⓑ 지킬 수 있다.

본문 해석

[1]미세플라스틱은 시간이 지나면서 분해되는 더 큰 플라스틱에서 나온 아주 작은 플라스틱 조각들이다. [2]놀랍게도, 우리가 일주일에 섭취하는 미세플라스틱의 양은 대략 신용카드 하나 정도의 크기가 된다!

[3]미세플라스틱은 우리가 먹고 마시는 거의 모든 것에서 발견된다. [4]우리가 입는 옷이 가장 큰 원천으로, 미세플라스틱 오염의 약 35 퍼센트를 이루고 있다. [5]우리가 옷들을 만들거나, 세탁하거나, 입거나, 또는 말릴 때, 그것들은 매우 멀리 이동할 수 있는 작은 섬유를 방출한다. [6]그것들은 심지어 사람들이 숨 쉬는 데 어려움을 겪게 할 수 있고 폐를 손상시킬 수 있다. [7]이제, 당신은 미세플라스틱으로부터 스스로를 안전하게 지키는 방법이 궁금할지도 모른다. [8]여기 몇 가지 조언이 있다:

- [9]친환경적인 재료들로 만든 옷과 물건들을 골라라.
- [10]당신의 집을 자주 청소하고 플라스틱 섬유들을 제거하기 위해 신선한 공기를 안으로 들여라.
- [11]섬유를 줄이기 위해 더 낮은 온도에서 더 짧은 시간 동안 당신의 옷을 세탁해라.

[12]만약 당신이 이것들을 한다면, 스스로를 일부 미세플라스틱으로부터 멀리할 수 있다. [13]이것은 당신을 건강하게 유지하고 환경도 도울 것이다.

직독직해

[1]Microplastics are very small pieces of plastic / from larger plastics // that break down over time.
미세플라스틱은 아주 작은 플라스틱 조각들이다 / 더 큰 플라스틱에서 나온 // 시간이 지나면서 분해되는.

[2]Surprisingly, / the microplastics we eat in a week / add up to / about the size of a plastic card!
놀랍게도, / 우리가 한 주에 먹는 미세플라스틱은 / 총 ~가 된다 / 약 신용카드 하나 크기!

[3]Microplastics are found / in almost everything // we eat and drink.
미세플라스틱은 발견된다 / 거의 모든 것에서 // 우리가 먹고 마시는.

[4]Clothes we wear / are the biggest source, / making up about 35% / of the microplastic pollution.
우리가 입는 옷은 / 가장 큰 원천이다, / 약 35 퍼센트를 이루는 / 미세플라스틱 오염의.

[5]When we make, wash, wear, or dry clothes, // they release little fibers / that can travel very far.
우리가 옷들을 만들거나, 세탁하거나, 입거나, 또는 말릴 때, // 그것들은 작은 섬유를 방출한다 / 매우 멀리 이동할 수 있는.

[6]They can even make / people have trouble breathing / and damage their lungs.
그것들은 심지어 만들 수 있다 / 사람들이 숨 쉬는 데 어려움을 겪게 / 그리고 그들의 폐를 손상시킬 수 있다.

[7]Now, / you might wonder / how to keep yourself safe / from microplastics.
이제, / 당신은 궁금할지도 모른다 / 스스로를 안전하게 지키는 방법이 / 미세플라스틱으로부터.

[8]Here are some tips:
여기 몇 가지 조언이 있다:

• [9]Choose clothes and items / made from eco-friendly materials.
옷과 물건들을 골라라 / 친환경적인 재료들로 만들어진.

• [10]Clean your home often / and let fresh air in / to remove plastic fibers.
당신의 집을 자주 청소하라 / 그리고 신선한 공기를 안으로 들여라 / 플라스틱 섬유들을 제거하기 위해.

• [11]Wash your clothes / at a lower temperature / and for a shorter time / to reduce fibers.
당신의 옷을 세탁해라 / 더 낮은 온도에서 / 그리고 더 짧은 시간 동안 / 섬유를 줄이기 위해.

[12]If you do these things, // you can keep some microplastics away / from yourself.
만약 당신이 이것들을 한다면, // 당신은 미세플라스틱 일부로부터 멀리할 수 있다 / 당신 자신을.

[13]This will keep you healthy / and help the environment too.
이것은 당신을 건강하게 유지할 것이다 / 그리고 환경도 도울 것이다.

주요 구문

[1] Microplastics are *very small pieces of plastic* [**from** *larger plastics* [**that** break down over time]].

▸ 전치사구 from ~ over time은 앞의 명사구 very ~ plastic을 꾸며 준다.

▸ 전치사구 안의 주격 관계대명사 that절 이하는 선행사 larger plastics를 꾸며 주고 있다.

[2] Surprisingly, *the microplastics* [(**that[which]**) we eat ● in a week] add up to about the size of a plastic card!

▸ the microplastics 뒤에는 목적격 관계대명사 that[which]이 생략되었다.

[3] Microplastics **are found** in almost *everything* [(**that**) we eat and drink ●].

▸ are found는 수동태로 '발견된다'의 의미이다.

▸ everything 뒤에는 목적격 관계대명사 that이 생략되었으며, 선행사가 -thing으로 끝나는 대명사일 경우 주로 that을 쓴다.

[4] *Clothes* [(**that[which]**) we wear ●] are the biggest source, **making up** about 35% of the microplastic pollution.

▸ 선행사 Clothes를 꾸며 주는 목적격 관계대명사 that[which]이 생략되었다.

▸ making up 이하는 '연속동작'을 나타내는 분사구문으로, and clothes make up ~로 바꿔 쓸 수 있다.

[9] Choose *clothes and items* [**made from** eco-friendly materials].

▸ 과거분사구 made from ~ materials가 앞의 명사구 clothes and items를 꾸며 준다. 이때 made from은 '~로 만든'으로 해석한다.

[13] This will **keep** you **healthy** and (will) help the environment too.
주어1 동사1 A 보어1 동사2 목적어2

▸ <keep+A(목적어)+형용사>는 'A가 ~하도록 유지하다'의 의미이다.

▸ 접속사 and 뒤에 반복되는 말인 조동사 will은 생략되었다.

Review

단어

본책 p.40

정답

A 1 ⓐ 2 ⓒ 3 ⓑ

B 1 material 2 provide 3 temperature 4 damage

C 1 have trouble reading 2 keep away from 3 made a reservation

해석

A 1 explain(설명하다) - ⓐ 무언가를 이해하기에 명확하게 만들다

2 remove(제거하다) - ⓒ 어떤 장소에서 무언가를 치우다

3 breathe(호흡하다) - ⓑ 폐에 공기를 들이마시고 내뱉다

B

보기				
온도	재료	제공하다	손상을 주다	세부 사항

1 우리는 미술 수업을 위해 종이와 같은 재료가 필요하다.

2 도서관은 우리가 읽고 즐길 수 있는 책들을 제공한다.

3 수영장 물의 온도는 수영하기에 딱 알맞다.

4 꽃병을 옮길 때 손상을 주지 않도록 주의해라.

1일 1문장

본책 p.41

정답

A 1 그녀를 아름답게 보이게 하는 것은

2 스파게티를 요리하는 법을

3 전화 통화를 하면서

B 1 waited for his friend, playing

2 What scares the children

3 doesn't know how to swim

C 1 What excites her is

2 how to fix the computer

3 listening to music

10 찍찍거리지 않는 이끼 쥐들

본책 pp.44~45

정답 1 ⑤ 2 ③ 3 ④ 4 무엇이 그녀를 화나게 만들었는지

문제 해설

1 '빙하 쥐'라고 불리는 이끼 공의 서식지와 그에 따른 이끼 공의 특성을 설명하며, 과학자들이 이끼 공의 움직임에 관한 비밀을 밝히고자 노력하고 있다는 내용이다. 따라서, 글의 주제로는 ⑤가 가장 알맞다.

① 이끼 공은 무엇으로 만들어졌는가
② 빙하 쥐가 혼자 움직이지 않는 이유
③ 이끼 공이 어떻게 빙하 위에서 자랄 수 있는지
④ 빙하의 신비로운 움직임
⑤ 이끼 공이 어떻게 빙하 위에서 살며 이동하는지

2 '빙하 쥐가 하루에 얼마나 자라는지'는 언급되지 않으므로 정답은 ③이다.

① 어디에서 빙하 쥐를 찾을 수 있는가? (3번 문장에 언급됨)
② 무엇이 이끼 공이 얼음을 가로질러 움직이게 하는가? (5번 문장에 언급됨)
③ 빙하 쥐는 하루에 얼마나 많이 자라는가?
④ 이끼 공은 빙하 위에서 얼마나 오래 살 수 있는가? (7번 문장에 언급됨)
⑤ 빙하 쥐의 움직임에 관해 이상한 점은 무엇인가? (8번, 9번 문장에 언급됨)

3 10번 문장에 과학자들이 '왜 이끼 공(빙하 쥐)이 떼를 지어 움직이는지'를 알아내려 하고 있으나 아직 답을 얻지 못했다는 내용이 있으므로 밑줄 친 부분은 ④를 의미한다는 것을 알 수 있다.

본문 해석

[1]여러분은 '빙하 쥐'에 대해 들어본 적이 있나요? [2]그것들은 진짜 쥐가 아니라 오히려 빙하에서 자라는 작은 이끼 공들이에요. [3]이 이끼 공들은 아이슬란드와 알래스카와 같은 곳에 있는 빙하 위에서 발견될 수 있어요.

[4]과학자들은 이끼 공들이 얼음을 가로질러 움직인다는 것을 알게 되어 놀랐어요. [5]그들은 무엇이 그것들을 움직이게 만드는지 알고 싶어 했고, 태양 때문에 그것들이 움직이는 것으로 밝혀졌어요. [6]여름에, 태양이 그것들 주변의 빙하를 녹일 때, 그것들은 하루에 약 2.5 센티미터씩 움직여요. [7]과학자들은 이끼 공들이 빙하 위에서 6년 또는 그 이상 살아남을 수 있다는 것도 알아냈어요.

[8]그러나 연구원들은 그 움직임에 대해 무언가 이상한 것을 알아차렸어요. [9]그 이끼 공들은 함께 움직였고, 심지어 동물 떼처럼 방향을 함께 바꿨어요! [10]과학자들은 왜 그것들이 이 방식으로 움직이는지 알아내려고 여전히 노력하고 있지만, 아직 분명한 답을 알아내지 못했어요. [11]그것은 쥐를 닮은, 이끼로 뒤덮인 미스터리예요.

직독직해

[1] Have you ever heard / of "glacier mice"? [2] They are not real mice, / but rather small balls of moss //
당신은 들어본 적이 있나요 / '빙하 쥐'에 대해? 그것들은 진짜 쥐가 아니라, / 오히려 작은 이끼 공들이에요 //

that grow on glaciers. [3] These moss balls / can be found / on glaciers / in places like Iceland and Alaska.
빙하 위에서 자라는. 이 이끼 공들은 / 발견될 수 있어요 / 빙하 위에서 / 아이슬란드와 알래스카와 같은 곳의.

[4] Scientists were surprised to learn // that the moss balls move / across the ice. [5] They wanted to know
과학자들은 (~을) 알게 되어 놀랐어요 // 이끼 공들이 움직인다는 것을 / 얼음을 가로질러. 그들은 알기를 원했어요

/ what makes them move, // and it turns out / that they move because of the sun. [6] In summer, /
/ 무엇이 그것들을 움직이게 만드는지, // 그리고 밝혀졌어요 / 그것들이 태양 때문에 움직인다는 것이. 여름에, /

when the sun melts / the glacier around them, // they move about 2.5 centimeters / per day.
태양이 녹일 때 / 그것들 주변의 빙하를, // 그것들은 약 2.5 센티미터씩 움직여요 / 하루에.

[7]Scientists also found // that the moss balls can survive on glaciers / for six years or more.
과학자들은 또한 알아냈어요 // 그 이끼 공들이 빙하 위에서 살아남을 수 있다는 것을 / 6년 또는 그 이상.

[8]But the researchers noticed / something strange / about the movement. [9]The moss balls moved
그러나 연구원들은 알아차렸어요 / 무언가 이상한 것을 / 그 움직임에 대해. 그 이끼 공들은 함께 움직였어요,

together, / and even changed direction together, / like a herd of animals! [10]Scientists are still trying to find
/ 그리고 심지어 함께 방향을 바꿨어요, / 동물 떼처럼! 과학자들은 알아내려고 여전히 노력하고 있어요

out // why they move this way, / but haven't found a clear answer yet. [11]It's a mousy mossy mystery.
// 왜 그것들이 이 방식으로 움직이는지, / 하지만 아직 분명한 답을 알아내지 못했어요. 그것은 쥐를 닮은 이끼로 뒤덮인 미스터리예요.

주요 구문

[1] **Have you *ever* heard** of "glacier mice"?

▶ <Have you ever 과거분사(p.p.) ~?>는 현재완료의 '경험'을 나타내는 의문문으로, 주로 부사 ever(언젠가)와 함께 쓰여 '너는 ~한 적이 있니?'라는 의미를 나타낸다.

[2] They are **not** real mice (A), **but rather** *small balls of moss* [**that** grow on glaciers] (B).

▶ <not A but B>는 'A가 아니라 B'라는 의미를 나타낸다. 이때 부사 rather(오히려, 차라리)를 붙여 앞 절과 상반되는 내용을 강조해서 표현해 주었다.
▶ 주격 관계대명사 that이 이끄는 절은 선행사 small balls of moss를 꾸며 주고 있다.

[4] Scientists were **surprised** (<감정>) **to learn that** the moss balls move across the ice (<원인>).

▶ to부정사 앞에 감정을 나타내는 형용사(surprised, glad, sad, sorry 등)가 쓰일 경우, to부정사는 그러한 감정에 대한 원인을 나타내 '~해서 …인[한]'으로 해석한다.
▶ 접속사 that이 이끄는 절이 동사 learn의 목적어로 쓰였다. 이때, learn은 '~을 알게 되다'라는 의미를 나타낸다.

[5] ~, and **it turns out that** they move because of the sun.

▶ <it turns out that+주어+동사 ~>은 that절의 내용이 '~인 것으로 밝혀지다'라는 뜻의 표현이다.

[10] Scientists (주어1) are still **trying** (동사1) **to find out why** they(주') move(동') this way,(수') (목적어1) but **haven't found** (동사2) a clear answer (목적어2) *yet*.

▶ <try to-v>는 '~하려고 노력하다'라는 의미이다.
▶ why가 이끄는 절은 <의문사+주어+동사 ~>의 간접의문문으로, '왜 ~가 …하는지'라고 해석한다.
▶ 현재완료의 부정형은 <have+not+과거분사(p.p.)>로 쓴다. haven't found는 '완료'의 의미를 나타내는 현재완료로, 부사 yet(아직)과 함께 쓰여 '아직 알아내지 못했다'라고 해석한다.

11 쌍둥이는 이것도 공유해요

본책 pp.46~47

정답 **1 ⑤ 2 ③ 3 (1) F (2) F 4 ④ 5 그가 내게 거짓말을 했다는 것은**

문제 해설

1 쌍둥이 자매인 Sophie만 병을 앓고 있지만 Megan도 같은 통증을 느끼며 체중이 줄게 되는 신기한 일을 겪은 내용이므로 정답은 ⑤이다.

① 두 명의 아픈 쌍둥이 자매 이야기
② 공감고통 뒤에 숨겨진 이유
③ 쌍둥이가 꾀병으로 고통받는 이유
④ 의사가 두 명의 쌍둥이 자매를 도운 방법
⑤ 쌍둥이의 신기한 통증 공유 경험

2 Megan이 Sophie와 '같은' 통증을 느끼므로 (A)에는 same이 적절하다. 또한, 의사들은 Megan에게 많은 검사를 했지만 아무런 '잘못된' 것을 찾을 수 없었다는 내용이 와야 하므로 (B)에는 wrong이 적절하다. 마지막으로, 공감고통은 Sophie와 Megan의 사례를 통해 '힘든' 시기에 나타나는 현상임을 알 수 있으므로 (C)에는 hard가 알맞다.

① 같은 … 바른 … 힘든 ② 같은 … 잘못된 … 즐거운 ③ 같은 … 잘못된 … 힘든
④ 다른 … 잘못된 … 즐거운 ⑤ 다른 … 바른 … 힘든

3 (1) 2번과 3번 문장에서 Sophie가 신장암에 걸렸으며, Megan은 한 번도 이 병에 걸린 적이 없다고 했다.
(2) 11번 문장에서 우리는 공감고통이 일어나는 이유를 모른다고 했다.

4 Sophie와 Megan은 통증도 공감하는 쌍둥이이므로 둘의 관계는 '특별하다고' 볼 수 있다. 따라서 정답은 ④이다.

① 약한 유대감 ② 좋은 친구들 ③ 같은 습관 ④ 특별한 관계 ⑤ 건전하지 못한 우정

본문 해석

[1]Sophie와 Megan은 스코틀랜드 출신의 쌍둥이 자매이다. [2]2017년에, Sophie는 희귀한 종류의 신장암에 걸렸다. [3]Megan은 이전에 이 질병에 걸린 적이 한 번도 없지만, 놀랍게도 그녀는 Sophie와 같은 느낌을 느낀다! [4]Megan은 꼭 그녀의 자매처럼 복부 통증, 허리 통증이 있고 살이 빠졌다. [5]의사들은 Megan에게 많은 검사를 했지만, 그들은 그녀에게서 아무런 이상을 찾지 못했다. [6]그들 중 한 명만이 실제로 아플 때, 이 쌍둥이가 동시에 아픔을 느낀다는 것은 이상하다.

[7]우리는 이것을 어떻게 설명해야 할까? [8]Megan은 '공감고통'을 경험하고 있는 것처럼 보인다. [9]때때로, 사람들은 자신이 다치지 않더라도 다른 사람들과 같은 고통을 느낄 수 있다. [10]이것은 가까운 친구들이나 가족이 힘든 시간을 보낼 때 일어날 수 있다. [11]우리는 왜 이 통증이 일어나는지 알지 못한다. [12]그러나, Megan과 Sophie가 특별한 관계임은 분명한 것 같다.

직독직해

[1]Sophie and Megan are twin sisters / from Scotland. [2]In 2017, / Sophie got a rare type of kidney
Sophie와 Megan은 쌍둥이 자매이다 / 스코틀랜드 출신의. 2017년에, / Sophie는 희귀한 종류의 신장암에 걸렸다.

cancer. [3]Megan has never had this sickness before, // but surprisingly, / she has the same feelings
Megan은 전에 이 질병에 걸린 적이 한 번도 없다, // 하지만 놀랍게도, / 그녀는 Sophie와 같은 느낌이 있다!

as Sophie! [4]Megan has stomach pain, back pain, / and has lost weight / just like her sister. [5]The doctors
Megan은 복부 통증과 허리 통증이 있다, / 그리고 살이 빠졌다 / 꼭 그녀의 자매처럼. 의사들은

did many tests / on Megan, // but they found nothing wrong / with her. [6]It's strange / that these twins
많은 검사를 했다 / Megan에게, // 하지만 그들은 아무런 이상한 것도 찾지 못했다 / 그녀에게. (~은) 이상하다 / 이 쌍둥이들이

feel sick / at the same time // when only one of them / is really sick.
아픔을 느끼는 것은 / 동시에 // 그들 중 한 명만이 (~할) 때 / 실제로 아플.

[7]How do we explain this? [8]It looks like // Megan is experiencing "sympathy pain." [9]Sometimes, /
우리는 이것을 어떻게 설명할까? ~인 것 같다 // Megan이 '공감고통'을 겪고 있는. 때때로, /

people can feel the same pain / as others, // even if they aren't hurt. [10]This can happen // when close
사람들은 같은 고통을 느낄 수 있다 / 다른 사람들과 같은, // 그들이 다치지 않았더라도. 이것은 발생할 수 있다 // 가까운

friends or family / have a hard time. [11]We don't know // why this pain happens. [12]But, / it seems clear //
친구나 가족이 (~할 때) / 힘든 시기를 보낼. 우리는 모른다 // 왜 이 통증이 발생하는지. 그러나, / (~은) 분명한 것 같다 //

that Megan and Sophie / have a special connection.
Megan과 Sophie가 / 특별한 관계를 가지고 있음은.

주요 구문

[3] Megan **has** *never* **had** this sickness *before*, but surprisingly, she has the same feelings **as** Sophie!

▶ has never had는 '경험'을 나타내는 현재완료로 never(한 번도 ~않다)을 써서 부정의 의미를 강조한다. '경험'을 나타내는 현재완료는 before(전에)과 함께 자주 쓰인다.
▶ as는 '~같이, 처럼'이라는 의미의 전치사로 쓰였다.

9 Sometimes, people can feel the same pain as others, **even if** they aren't hurt.

▶ even if는 '비록 ~일지라도'라는 의미의 접속사이다.

11 We don't know **why** this pain[주'] happens.[동']
주어 동사 목적어

▶ 동사 know의 목적어로 의문사 why가 이끄는 명사절이 왔으며, <의문사+주어+동사>의 어순으로 쓰였다.

12 But, **it seems *clear* that** Megan and Sophie have a special connection.
가주어 진주어

▶ it은 가짜 주어이고, that ~ a special connection이 진짜 주어이다.

▶ <seem+형용사>는 '~처럼 보이다, ~인 것 같다'라고 해석한다.

12 남아공의 Bunny Chow를 아시나요?

본책 pp.48~49

정답 1 ⑤ 2 ⑤ 3 ⓐ fill ⓑ carry 4 그 식물이 어떻게 그렇게 커졌는지

문제 해설

1 Bunny Chow가 만들어진 유래에 대해 설명하며 남아프리카 공화국에서 인기 있는 길거리 음식이라는 점을 언급하고 있으므로 제목으로 가장 알맞은 것은 ⑤이다.

Q 글의 제목으로 가장 알맞은 것은?

① Bunny Chow를 만드는 법
② Bunny Chow가 인기를 얻게 된 방법
③ Bunny Chow 이름의 유래
④ Bunny Chow: 인도인들이 만든 최고의 요리
⑤ 남아프리카 공화국 사람들이 가장 좋아하는 패스트푸드: Bunny Chow

2 '왜 그것이 그렇게 이름 지어졌는지'는 글에서 언급되지 않으므로 정답은 ⑤이다.

Q 글에서 Bunny Chow에 관해 언급되지 않은 것은?

① 그것이 어떤 음식인지 (2번 문장에 언급됨)
② 어느 도시에서 그것이 시작했는지 (3번 문장에 언급됨)
③ 누가 그것을 만들었는지 (5번 문장에 언급됨)
④ 어디에서 그것이 판매되는지 (10번 문장에 언급됨)
⑤ 왜 그것이 그렇게 이름 지어졌는지

3 **Q 다음 빈칸에 알맞은 말을 본문에서 찾아 쓰세요.**

Bunny Chow

재료	빵과 카레
조리 방법	빵의 안쪽을 파내고 그 속을 카레로 ⓐ 채운다.
유래	사탕수수밭의 인도인 노동자들은 그들의 점심 식사를 일터로 쉽게 ⓑ 나를 수 있는 아이디어를 생각해 냈다.

4 **Q 다음 빈칸에 알맞은 우리말 해석을 써보세요.**

본문 해석

[1]'Bunny Chow'는 토끼로 만든 요리처럼 들릴지도 모르지만, 그것은 토끼와는 아무런 관련이 없다! [2]그것은 사실 카레로 채워진 빵 그릇이며, 남아프리카 공화국의 인기 있는 패스트푸드이다. [3]이 맛있는 요리는 Durban이라는 도시의 남아프리카 인도인들 사이에서 시작되었다.

[4]비록 아무도 어떻게 Bunny Chow가 정확히 시작되었는지 확신하지 못하지만, 많은 사람들은 그것이 1940년대로 거슬러 올라간다고 믿는다. [5]한 공통된 이야기는 사탕수수밭에서 일하기 위해 남아프리카 공화국으로 왔던 인도인 노동자들이 그것을 만들었다는 것이다. [6]그들은 그들의 점심 식사를 밭으로 나를 쉬운 방법을 원했다. [7]그래서 그들은 빵 한 덩어리의 속을 파내고 그 속을 카레로 채웠다. [8]그 빵은 카레를 담기 위한 그릇 역할을 했고, 그것을 따뜻하게 유지하는 것을 도왔다.

[9]오늘날, Bunny Chow는 남아프리카 공화국에서 인기 있는 길거리 음식이다. [10]Bunny Chow는 전국의 많은 작은 노점상들과 인도 음식점에서 사 먹을 수 있다.

직독직해

[1]"Bunny Chow" might sound / like a dish with bunnies, // but it has nothing to do / with bunnies!
'Bunny Chow'는 들릴지도 모른다 / 토끼로 만든 음식처럼, // 그러나 그것은 ~와 관계가 없다 / 토끼와!

[2]It's actually a bread bowl / filled with curry / and is a popular fast food / from South Africa.
그것은 사실 빵 그릇이다 / 카레로 채워진 / 그리고 인기 있는 패스트푸드이다 / 남아프리카 공화국의.

[3]This tasty dish started / in a city called Durban / among the Indian South Africans.
이 맛있는 요리는 시작되었다 / Durban이라 불리는 도시에서 / 남아프리카 인도 사람들 사이에.

[4]Though no one is sure / how Bunny Chow started exactly, // many believe / it dates back /
비록 아무도 확신하지 못할지라도 / 어떻게 Bunny Chow가 정확히 시작되었는지, // 많은 사람들은 믿는다 / 그것이 거슬러 올라간다고 /

to the 1940s. [5]A common story is // that Indian workers / who came to South Africa / to work in sugar
1940년대로. 공통적인 이야기는 ~이다 // 인도인 노동자들이 / 남아프리카 공화국으로 왔던 / 사탕수수밭에서 일하기 위해

cane fields / created it. [6]They wanted an easy way / to carry their lunch / to the fields. [7]So they
/ 그것을 만들었다. 그들은 쉬운 방법을 원했다 / 그들의 점심 식사를 나를 / 밭으로. 그래서 그들은

hollowed out / a loaf of bread / and filled it with curry. [8]The bread served / as a bowl for the curry /
속을 파냈다 / 빵 한 덩어리를 / 그리고 그것을 카레로 채웠다. 그 빵은 역할을 했다 / 카레를 위한 그릇으로서 /

and helped keep it warm.
그리고 그것을 따뜻하게 유지하도록 도왔다.

[9]Today, / Bunny Chow is a favorite street food / in South Africa. [10]Bunny Chow is available / in many
오늘날, / Bunny Chow는 인기 있는 길거리 음식이다 / 남아프리카 공화국에서. Bunny Chow는 구할 수 있다 /

small take-out places / and Indian restaurants / throughout the country.
많은 작은 노점상들에서 / 그리고 인도 음식점에서 / 나라 전체에 걸친.

주요 구문

[2] It's actually *a bread bowl* [**filled** with curry] and is *a popular fast food* [**from** South Africa].

▸ filled with curry는 앞의 명사구 a bread bowl을 뒤에서 꾸며 주는 과거분사구이다.
▸ from South Africa는 앞의 명사구 a popular fast food를 꾸며 주는 전치사구이다.

[4] **Though no one** is sure ~, many believe (**that**) it dates back to the 1940s.
(many: 주어, believe: 동사, (that) it dates back to the 1940s: 목적어)

▸ Though는 '비록 ~이지만'이라는 의미의 대조를 나타내는 접속사이다.
▸ no one은 '아무도 ~않다'의 의미의 부정주어로, 단수 취급한다.
▸ 주절의 주어인 many는 대명사로 '다수의 사람(many people)'을 의미한다.
▸ 동사 believe 뒤에는 목적어절을 이끄는 접속사 that이 생략되었다.

[5] A common story is **that** *Indian workers* [**who** came to South Africa **to work** in sugar cane fields] created it.
(A common story: 주어, is: 동사, that ~ created it: 보어)

▸ that은 명사절을 이끄는 접속사로서, that ~ created it 전체가 문장의 보어이다.
▸ 주격 관계대명사 who가 이끄는 절(who ~ sugar cane fields)은 앞의 명사 Indian workers를 꾸며 주고 있다.
▸ to work는 '일하기 위해'의 의미로, '목적'을 나타내는 to부정사의 부사적 용법이다.

6 They wanted *an easy way* [**to carry** their lunch to the fields].
▸ to carry 이하는 명사 an easy way를 꾸며 주는 형용사 역할의 to부정사이다.

Review

Unit 04

단어

본책 p.50

정답
A 1 bond 2 still 3 dish 4 seemed
B 1 ③ 2 ②
C 1 melt 2 tasty 3 available 4 survive

해석
A 1 그 팀의 유대관계는 승리 이후 더 강해졌다.
2 모든 소음에도 불구하고, 그 아기는 아직 자고 있다.
3 그 식당은 파스타 요리로 유명하다.
4 긴 여행 이후, 그녀는 피곤해 보였다.

B 1 나는 사고가 있었다는 것을 알게 되어 놀랐다.
① 일어나다 ② 잃다[줄다] ③ ~을 알게 되다 ④ 경험하다 ⑤ 창조하다
2 그녀는 자신의 진정한 감정을 숨기지 못하고 울었다.
① 신비한 ② 진짜의 ③ 드문 ④ 거짓의 ⑤ 즐거운

C
| 보기 |
녹이다 살아남다 알아차리다 맛있는 구할 수 있는

1 만약 당신이 초콜릿을 태양빛 아래 둔다면 그것은 녹을 것이다.
2 그 주스는 건강할 뿐만 아니라 맛있기도 하다.
3 콘서트 표들은 더 이상 구할 수 있지 않다.
4 사막의 꽃은 아주 적은 물로도 살아남을 수 있다.

1일 1문장

본책 p.51

정답
A 1 내 친구가 병원에 있다는 것은
2 그에게 무슨 일이 생겼는지
3 어떻게 그녀가 그 수학 문제를 풀었는지
B 1 how the rumor started
2 is amazing that she finished the marathon
3 what went wrong with the computer
C 1 It is[It's] clear that
2 what makes him laugh
3 how she came up with

13 세상에서 가장 작은 예술 작품

본책 pp.54~55

정답 1 ④ 2 (1) F (2) T 3 ⓐ small ⓑ microscope ⓒ eyelash ⓓ impact
4 너무 재미있어서

문제 해설

1 Willard Wigan이 만드는 아주 작은 예술 작품을 소개하고 있으며, 그 예술품들이 나타내는 메시지에 대해 이야기하고 있으므로 정답은 ④이다.

① Wigan의 사라지고 있는 아주 작은 예술품들
② 클수록 더 좋다: Willard Wigan의 메시지
③ 현미경을 통해 본 가장 작은 예술품들
④ 아주 작은 예술품, 큰 영향: Willard Wigan의 조각품들
⑤ 바늘이 작은 예술품의 세계를 바꾼 방법

2 (1) 1번 문장에서 Willard Wigan은 유명한 그림이나 캐릭터를 작업한다고 했다.
(2) 6번 문장에 언급되어 있다.

3 **Willard Wigan의 예술품들**

크기	• 바늘구멍에 들어갈 정도로 충분히 ⓐ 작은
도구	• 그것들을 뚜렷하게 보기 위한 ⓑ 현미경 • 바늘로 만든 정말 작은 도구들 • 그것들을 칠하기 위한 ⓒ 속눈썹
메시지	• 가장 작은 것들조차 큰 ⓓ 영향을 미칠 수 있다.

본문 해석

[1]Willard Wigan은 모나리자와 피노키오 같은 유명한 그림들과 캐릭터들의 작은 조각품들을 만드는 예술가입니다. [2]그런데 그거 아시나요? [3]이 조각품들은 너무 작아서 심지어 바늘구멍 안에도 놓일 수 있답니다!

[4]이 아주 작은 예술품들을 만드는 것은 큰 도전입니다. [5]먼저, 예술가는 그것들을 뚜렷하게 보기 위해 현미경을 사용해야 하고, 바늘로 만들어진 정말 작은 도구들을 사용해야 합니다. [6]그다음, 그는 속눈썹을 사용하여 그의 조각품들을 칠하며 손가락 맥박조차도 문제를 일으킬 수 있기 때문에 심장 박동 사이에 작업해야 합니다.

[7]Wigan의 작은 예술품에는 중요한 메시지가 담겨 있습니다: [8]"사라지고 있는 세계에서 작은 것들은 중요합니다." [9]그는 우리에게 세계가 곤경에 처해 있고, 지구상의 다양한 생명체들을 보호하기 위해 우리가 변화를 만들어야 한다는 것을 상기시킵니다. [10]그의 아주 작은 작품은 사람들이 가장 작은 것들조차 큰 영향을 미칠 수 있다고 생각하게 합니다.

직독직해

[1]Willard Wigan is an artist // who makes small sculptures / of famous paintings and characters /
Willard Wigan은 예술가입니다 // 작은 조각품들을 만드는 / 유명한 그림들과 캐릭터들의 /

like the Mona Lisa and Pinocchio. [2]But guess what? [3]These sculptures are so small // that they can be
모나리자와 피노키오 같은. 그런데 그것을 아시나요? 이 조각품들은 너무 작아서 // 그것들은 놓여질 수 있답니다

placed / even in the eye of a needle!
/ 심지어 바늘구멍 안에도!

[4]Making these tiny artworks / is a big challenge. [5]First, / the artist has to use a microscope /
이 아주 작은 예술품들을 만드는 것은 / 큰 도전입니다. 먼저, / 예술가는 현미경을 사용해야 합니다 /

to see them clearly, / and use really small tools / made from needles. [6]Then, / he paints his sculptures /
그것들을 뚜렷하게 보기 위해, / 그리고 정말 작은 도구들을 사용합니다 / 바늘로 만들어진. 그다음, / 그는 그의 조각품들을 칠합니다 /

by using an eyelash / and must work between heartbeats // because even the pulse in his fingers /
속눈썹을 사용해서 / 그리고 심장 박동 사이에 작업해야 합니다 // 왜냐하면 그의 손가락의 맥박조차도 /

can cause problems.
문제를 일으킬 수 있기 때문입니다.

[7]Wigan's small artwork / has an important message: // [8]"Small things matter / in a disappearing world."
Wigan의 작은 예술품은 / 중요한 메시지가 있습니다: // "작은 것들은 중요합니다 / 사라지고 있는 세계에서."

[9]He reminds us / that our world is in trouble, // and we need to make changes / to protect the variety of
그는 우리에게 상기시킵니다 / 우리의 세계가 곤경에 처했음을, // 그리고 우리는 변화를 만들어야 함을 / 다양한 생명체를 보호하기 위해

life / on Earth. [10]His tiny work makes people think // that even the smallest things / can have a big impact.
/ 지구의. 그의 아주 작은 작품은 사람들이 생각하게 합니다 // 가장 작은 것들조차도 / 큰 영향력을 가질 수 있음을.

주요 구문

[1] Willard Wigan is *an artist* [**who** makes small sculptures of *famous paintings and characters* [**like** the Mona Lisa and Pinocchio]].

▸ who ~ Pinocchio는 주격 관계대명사절로, 선행사인 an artist를 꾸며 준다.

▸ 전치사구 like ~ Pinocchio는 앞에 오는 명사구인 famous paintings and characters를 꾸며 주고 있다.

[4] **Making** these tiny artworks ***is*** a big challenge.
주어 / 동사 / 보어

▸ Making ~ artworks는 주어로 쓰인 동명사구로, 단수 취급하므로 그 뒤에는 단수동사 is가 온다.

[5] First, the artist **has to use** a microscope to see them clearly, and **(has to) use** really small *tools* [**made** from needles].
주어1 / 동사1 / 목적어1 / 수식어1 / 동사2 / 목적어2

▸ 조동사 has to는 '~해야 한다'는 뜻의 '의무'를 나타내며, 두 개의 동사가 접속사 and로 연결되었다. 이때 두 번째 동사 use 앞에는 반복되는 말인 has to가 생략되었다.

▸ made from needles는 명사 tools를 꾸며 주는 과거분사구이다.

[9] He **reminds** us [**that** our world is in trouble, and we need to make changes **to protect** the variety of life on Earth].
주어 / 동사 / A(간접목적어) / B(직접목적어)

▸ <remind A B>는 'A에게 B를 상기시키다[생각나게 하다]'를 의미한다. 이때, 동사 reminds의 직접목적어로 that이 이끄는 절(that ~ on Earth)이 쓰였으며, that절 안에 두 개의 절이 다시 and로 연결되었다.

▸ to protect 이하는 '보호하기 위해'라는 의미로 to부정사의 부사적 의미로 쓰였다.

[10] His tiny work **makes** people **think**동 **that** even the smallest things can have a big impact.목
A / 보어

▸ <make+A(목적어)+동사원형>은 'A가 ~하게 하다'의 의미이며, 동사 think의 목적어로 접속사 that이 이끄는 명사절이 왔다.

14 오래된 전자 제품은 이렇게 해봐

본책 pp.56~57

정답 1 ④ 2 (1) F (2) T 3 ④ 4 네가 어떤 결정을 하든

문제 해설

1 e-폐기물이 무엇인지를 설명하며 그것이 지닌 가치와 e-폐기물 재사용의 긍정적인 영향을 알려주어 e-폐기물 재활용을 장려하는 글이므로 정답은 ④이다.

2 (1) 1번, 2번 문장에서 유럽의 많은 가정에서 전자 제품이 작동을 멈추면 서랍 속에 넣어둔다고 했다.
(2) 10번 문장에 언급되어 있다.

3 빈칸 뒤에서 e-폐기물에는 가치 있는 금속들이 있어 전기차 배터리와 태양 전지판을 만드는 데 재사용될 수 있다고 하였으므로 빈칸에는 ④가 가장 알맞다.

① 큰 문제이다
② 폐기되어야 한다
③ 그것을 사용하는 데 약간의 제약이 있다
④ 일반 쓰레기 그 이상이다
⑤ 쓰레기와 다르지 않다

본문 해석

[1]여러분은 전자 제품이 작동을 멈추면, 그것을 서랍 안에 넣나요? [2]한 연구에 따르면 유럽의 많은 가정들도 이렇게 한다고 해요. [3]가정에서의 74개의 전자 제품 중에서 13개는 더 이상 사용되지 않아요. [4]우리는 이 사용하지 않는 물품들을 e-폐기물 또는 전자 폐기물이라고 불러요.

[5]사람들은 다양한 이유로 e-폐기물을 보관해요. [6]예를 들어, 그들은 '나는 그것을 다시 사용할지도 몰라,' 또는 '나는 그것을 어떻게 버려야 할지 몰라.'라고 생각해요. [7]어떤 이유이든, e-폐기물은 플러그와 코드, 그리고 전자 부품이 있는 어느 것이든 포함해요. [8]하지만, e-폐기물은 일반적인 쓰레기 그 이상이에요. [9]그것은 금과 은, 그리고 구리와 같은 귀중한 금속을 가지고 있어요. [10]이것들은 전기 차 배터리와 태양 전지판을 만드는 데 재사용될 수 있어요.

[11]그러니까, 만약 여러분의 집에 어떠한 e-폐기물이라도 있다면, 그것을 지역 재활용 센터에 가져가세요. [12]이렇게 함으로써, 여러분은 지구를 돕고 모두에게 더 나은 미래를 만들 거예요!

직독직해

[1]When your electronic item stops working, // do you put it in a drawer? [2]A study shows // that many
당신의 전자 물품이 작동을 멈출 때, // 당신은 그것을 서랍 안에 넣나요? 한 연구는 보여줘요 //

households in Europe / do this too. [3]Out of 74 electronic items / in a household, / 13 aren't used anymore.
유럽의 많은 가정들도 / 이렇게 한다는 것을. 74개의 전자 제품 중에서 / 가정에 있는, / 13개는 더 이상 사용되지 않아요.

[4]We call / these unused items / e-waste or electronic waste.
우리는 불러요 / 이 사용하지 않는 물품들을 / e-폐기물 또는 전자 폐기물이라고.

[5]People keep e-waste / for various reasons. [6]For example, / they think // "I might use it again," /
사람들은 e-폐기물을 보관해요 / 다양한 이유로. 예를 들어, / 그들은 생각해요 // '나는 그것을 다시 사용할지도 몰라,' /

or "I don't know how to throw it away." [7]Whatever the reason is, // e-waste includes anything / with plugs,
또는 '나는 그것을 어떻게 버려야 할지 몰라.'라고. 어떤 이유이든, // e-폐기물은 무엇이든 포함해요 / 플러그,

cords, and electronic parts. [8]But, / e-waste is more than regular trash. [9]It has valuable metals / like gold,
코드, 그리고 전자 부품이 있는. 하지만, / e-폐기물은 일반적인 쓰레기 그 이상이에요. 그것은 귀중한 금속이 있어요 / 금,

silver, and copper. [10]These can be reused / to make batteries / for electric cars / and solar panels.
은, 그리고 구리와 같은. 이것들은 재사용될 수 있어요 / 배터리를 만들기 위해 / 전기 차를 위한 / 태양 전지판과.

[11]So, / if you have any e-waste / in your house, // take it to a local recycling center. [12]By doing this, /
그러니까, / 만약 당신이 어떠한 e-폐기물이라도 갖고 있다면 / 당신의 집에, // 그것을 지역 재활용 센터에 가져가세요. 이렇게 함으로써, /

you'll help the Earth / and make a better future / for everyone!
당신은 지구를 도울 거예요 / 그리고 더 나은 미래를 만들 거예요 / 모두를 위한!

주요 구문

[1] When your electronic item **stops working**, do you put it in a drawer?

▶ <stop v-ing>는 '~하는 것을 멈추다'라는 의미이다. 동사 stop 뒤에 to부정사 목적어가 오면 '~를 하려고 멈추다'라는 의미이므로 구분해서 써야 한다.

[2] A study **shows that** many households in Europe do *this* too.
주어 동사 목적어

▶ 동사 shows의 목적어로 접속사 that이 이끄는 명사절이 쓰였다.

▶ this는 앞 문장 전체의 내용을 가리킨다. (= When your electronic item ~ drawer?)

[6] For example, they **think (that)** "I might use it again," or "I don't know **how to throw** it away."

▶ 동사 think 뒤에는 목적어절을 이끄는 접속사 that이 생략되었다.

▶ 2개의 절이 접속사 or로 연결되었으며, 두 번째 절에서 <how to-v>는 '~하는 방법'이라는 의미를 나타낸다.

[7] Whatever the reason is, e-waste includes *anything* [**with** plugs, cords, and electronic parts].

▶ 전치사구 with ~ electronic parts는 명사 anything을 꾸며 준다.

[10] These **can be reused** to make batteries for electric cars and solar panels.

▶ can be reused는 조동사 can과 수동태(be reused)가 결합한 형태로 '재사용될 수 있다'라는 의미이다.

▶ to부정사구(to make)의 목적어로 쓰인 batteries ~ cars와 solar panels는 접속사 and로 연결되었다.

[12] **By doing** this, you**'ll help** the Earth and **(will) make** a better future for everyone!

▶ <by v-ing>는 '~함으로써'라는 의미로 '수단'을 나타낸다.

▶ 접속사 and 뒤에 반복되는 말인 will은 생략되었다.

15 염소에게 이런 재주가!

본책 pp.58~59

정답 **1** ⑤ **2** (1) F (2) T **3** ⓐ remove ⓑ plants[weeds] ⓒ (wild)fire ⓓ burn
4 그의 다리를 다쳐서

문제 해설

1 염소는 도시 내의 잡초를 없애는 데 친환경적인 동물일 뿐만 아니라, 도시의 화재예방에도 도움이 된다고 말하고 있으므로 제목으로 가장 알맞은 것은 ⑤이다.

① 소방관들의 완벽한 반려동물인 염소
② 염소가 거대한 들불을 끈 이유
③ 염소: 잡초를 막는 최고의 방법
④ 독초를 없애기 위해 염소를 훈련시키기
⑤ 염소: 친환경적인 친숙한 소방관

2 (1) 7번 문장에서 염소는 독성이 있는 풀까지 먹는다고 했다.
(2) 11번 문장에 언급되어 있다.

3

West Sacramento 시는 잡초를 ⓐ 없애기 위해 염소들을 밖으로 내보냈다.

염소들은 그 지역의 ⓑ 풀[잡초]들을 거의 다 먹어치웠다.

↓

몇 주 후에, 큰 ⓒ (들)불이 발생했다.

↓

불은 염소 덕분에 ⓓ 탈 것이 아무것도 남아있지 않아 멈췄다.

본문 해석

[1]캘리포니아의 West Sacramento에서, 거대한 들불이 발발했다. [2]그 불은 아파트 건물 쪽으로 빠르게 움직이고 있었다. [3]그때 갑자기, 불은 진화되었고 건물은 안전했다. [4]마법처럼 보였지만, 그것은 사실 400마리의 배고픈 염소들이 가까스로 해결한 것이었다. [5]염소들이 그 지역의 마른 풀을 대부분 먹어치워서, 불은 아무것도 태울 것이 없어 멈췄다.

[6]그렇다면 이 염소들은 어디에서 왔을까? [7]불이 발발하기 몇 주 전, 도시는 염소가 독성이 있는 것들을 포함하여 식물들을 먹는 데 능숙하기 때문에 잡초를 없애기 위해 염소들을 밖으로 내보냈었다. [8]매일, 염소들은 축구 경기장 두 개 크기만큼 넓은 지역을 뒤덮은 마른 식물들을 먹어 치웠다. [9]그것은 식물이 없는 공간을 만들었고 불이 번지는 것을 막았다.

[10]염소는 잡초를 없애는 데 환경친화적일 뿐만 아니라 화재 예방에도 효과적이다. [11]게다가, 염소는 소방관들보다 물을 더 적게 사용한다. [12]염소야말로 우리에게 필요한 영웅일지도 모른다!

직독직해

[1]In West Sacramento, California, / a huge wildfire broke out. [2]The fire was moving fast / toward an
캘리포니아의 West Sacramento에서, / 거대한 들불이 발생했다. 그 불은 빠르게 움직이고 있었다 /

apartment building. [3]Then suddenly, / the fire stopped // and the building was safe. [4]It looked like magic,
아파트 건물 쪽으로. 그때 갑자기, / 불은 멈췄고 // 건물은 안전했다. 그것은 마법처럼 보였다,

// but actually, / 400 hungry goats saved the day. [5]The goats had eaten / most of the dry plants / in the
// 하지만 사실은, / 400마리의 배고픈 염소들이 가까스로 해결했다. 염소들은 먹었었다 / 대부분의 마른 풀을 / 그 지역에 있는,

area, // so the fire had nothing to burn / and stopped.
// 그래서 불은 아무것도 태울 것이 없었고 / 멈췄다.

[6]So where did these goats come from? [7]A few weeks before the fire, / the city had let the goats out /
그렇다면 이 염소들은 어디에서 왔을까? 화재가 일어나기 몇 주 전, / 도시는 염소들을 밖으로 내보냈었다 /

to remove weeds // because goats are great at eating plants, / including the poisonous ones. [8]Every day, /
잡초를 없애기 위해 // 염소가 풀들을 먹는 데 능숙하기 때문에, / 독성이 있는 것들을 포함하여. 매일, /

the goats ate dry plants / covering an area / as large as two football fields. [9]That created a space /
염소들은 마른 식물들을 먹어 치웠다 / 지역을 뒤덮은 / 축구 경기장 두 개만큼 넓은. 그것은 공간을 만들었다 /

with no plants / and prevented the fire / from spreading.
풀이 없는 / 그리고 불을 막았다 / 번지는 것으로부터.

[10]Goats are not only environmentally friendly / for removing weeds / but also effective / in fire
염소는 환경친화적일 뿐만이 아니라 / 잡초를 없애는 데 / 효과적이다 /

prevention. [11]Plus, / goats use less water / than firefighters. [12]Goats might be the heroes // we need!
화재 예방에도. 게다가, / 염소는 더 적은 물을 사용한다 / 소방관들보다. 염소는 영웅일지도 모른다 // 우리에게 필요한!

주요 구문

[7] A few weeks before the fire, the city **had let** *the goats* **out** to remove weeds ~.

- ▶ had let ~ out은 '완료'를 나타내는 과거완료로, 화재가 발생하기 몇 주 전에 이미 염소들을 밖으로 내보냈었다는 의미를 나타낸다.
- ▶ 구동사(let out)의 목적어가 명사(the goats)인 경우, 목적어는 동사와 부사의 사이 또는 부사 뒤에 올 수 있다.

[8] Every day, the goats ate *dry plants* [**covering** an area ***as*** *large* ***as*** two football fields].
(A: an area, B: two football fields)

- ▶ covering ~ fields는 명사 dry plants를 꾸며 주는 현재분사구이다.
- ▶ <A as 형용사/부사 as B>는 'A는 B만큼 ~한/하게'의 의미를 가지는 원급 비교 표현이다.

9 That **created** a space with no plants [and] **prevented** *the fire* **from** *spreading*.
동사1 동사2

▸ 동사 created와 prevented가 접속사 and로 연결되어 있다.
▸ <prevent A(목적어) from v-ing>는 'A가 ~하는 것을 막다'라는 의미이다.

10 Goats are **not only** environmentally friendly for removing weeds **but also** effective in fire prevention.

▸ <not only A but (also) B>는 'A뿐만 아니라 B도'라는 의미로 A와 B 자리에는 문법적으로 성격이 같은 어구가 와야 한다.

12 Goats **might** be *the heroes* [(**that[which]**) we need ●]!

▸ might는 '~일지도 모른다'라는 '추측'의 의미를 나타내는 조동사이다.
▸ 선행사 the heroes 뒤에는 목적격 관계대명사 that[which]이 생략되었다.

Review

단어

본책 p.60

정답

A **1** ⓐ **2** ⓒ **3** ⓑ
B **1 remind** **2 sculpture** **3 matter** **4 weed**
C **1 in trouble** **2 a variety of** **3 broke out**

해석

A **1** prevent(예방하다) - ⓐ 무언가가 발생하는 것으로부터 막다
2 cause(~을 일으키다) - ⓒ 무언가가 일어나도록 하다
3 burn((불이) 타오르다) - ⓑ 불로 무언가에 피해를 입히다

B

보기				
조각품	중요하다	상기시키다	잡초	문제, 과제

1 나는 그에게 시험이 다음 주라는 것을 상기시킬 것이다.
2 그 예술가는 얼음으로 아름다운 조각품을 만들었다.
3 탁자의 크기는 고객들에게 중요하다.
4 그는 정원에서 잡초를 모두 뽑는 데 몇 시간을 보냈다.

1일 1문장

본책 p.61

정답

A **1 그녀의 방을 청소해서**
2 너무 시끄러워서, 네 말을 들을 수 없어
3 어떤 날씨일지라도

B **1 they had left**
2 so cold that I put on my gloves
3 Whatever the time is

C **1 I had prepared breakfast**
2 Whatever the question was
3 so hard that he got

16 용감한 새의 거침없는 비행

본책 pp.64~65

정답 1 ⑤ 2 (1) T (2) F 3 ⓐ big storms ⓑ shearwaters 4 ⓐ straight ⓑ avoid
5 그리고 그것은 정말 웃겼다

문제 해설

1 대부분의 새들과 달리 폭풍을 피하지 않고 오히려 그것을 향해 날아가는 슴새의 놀라운 행동과 그 이유에 대해 설명하고 있으므로, 정답은 ⑤이다.

① 폭풍 속에서의 슴새의 속도
② 슴새가 바다로 향하는 이유
③ 바람을 이용하는 슴새의 영리한 방법들
④ 큰 폭풍이 어떻게 바닷새들을 위험에 빠뜨리는지
⑤ 폭풍 안으로 날아가는 놀라운 새

2 (1) 5번 문장에 언급되어 있다.
(2) 8~9번 문장에서 슴새들은 강한 바람을 이용하여 더 빨리 움직이기 위해 폭풍의 가장자리 주변을 비행한다고 했다.

3 ⓐ는 2번 문장에서 언급한 big storms를, ⓑ는 11번 문장 앞부분에서 언급한 shearwaters를 가리킨다.

4

슴새는 폭풍으로부터 멀어지는 대신 그 속으로 ⓐ 곧장 날아간다. 과학자들은 이 현명한 요령이 그것들이 에너지를 아끼고 육지 근처의 위험들을 ⓑ 피하도록 돕는다고 생각한다.

본문 해석

[1]슴새는 바다 근처에 서식하는 새이다. [2]그것들은 큰 폭풍에 대처하는 특별한 방법을 가지고 있다. [3]대부분의 새가 그것들로부터 멀리 날아가는 데 반해, 슴새들은 그것들 속으로 곧장 날아간다!

[4]과학자들은 폭풍 동안 이 새들이 '눈'이라고 불리는 폭풍의 중심에 때때로 매우 가까이 날아간다는 것을 알아차렸다. [5]그것들은 최대 8시간까지 그곳에 머물렀다. [6]이는 다른 어떤 새들도 이렇게 행동한다고 알려지지 않았기 때문에 매우 놀라웠다.

[7]슴새 행동에 대해 더 알아보기 위해, 과학자들은 11년간 그것들의 폭풍 중 비행경로를 추적했다. [8]과학자들은 일부 슴새들이 폭풍의 가장자리 주변에서 나는 것을 택한다는 것을 알아냈다. [9]그것들은 더 빨리 움직이기 위해 그곳의 강한 바람을 이용했다. [10]한편, 다른 슴새들은 폭풍의 중심으로 곧장 향한다. [11]과학자들은 슴새들이 에너지를 아끼고, 날아다니는 물체와 같은 자신들을 다치게 할 수 있는 육지 근처의 위험을 피하기 위해 이렇게 행동할지도 모른다고 생각한다. [12]폭풍의 중심으로 날아가는 것은 슴새들만이 알고 있는 것 같은 현명한 요령이다!

직독직해

[1]Shearwaters are birds // that live near the ocean. [2]They have a special way / to deal with big storms.
슴새는 새이다 // 바다 근처에 서식하는. 그것들은 특별한 방법을 가지고 있다 / 큰 폭풍에 대처하는.

[3]While most birds fly away from them, // shearwaters fly straight into them!
대부분의 새가 그것들로부터 멀리 날아가는 데 반해, // 슴새들은 그것들 속으로 곧장 날아간다!

[4]Scientists noticed / that during storms, / these birds sometimes fly / very close / to the storm's center, //
과학자들은 알아차렸다 / 폭풍 동안에, / 이 새들이 때때로 날아간다는 것을 / 매우 가까이 / 폭풍의 중심에, //

which is called the "eye." [5]They stayed there / for up to eight hours. [6]This was very surprising // because no
그리고 그것은 '눈'이라고 불린다. 그것들은 그곳에 머물렀다 / 8시간까지. 이는 매우 놀라웠다 // 왜냐하면

other birds are known / to act this way.
다른 어떤 새들도 알려지지 않았기 때문에 / 이렇게 행동한다고.

[7]To learn more about shearwater behavior, / scientists tracked their flight paths / during storms /
슴새 행동에 대해 더 알아보기 위해, / 과학자들은 그것들의 비행경로를 추적했다 / 폭풍 동안 /

for 11 years. [8]Scientists found out // that some shearwaters choose to fly / around the storm's edges.
11년간. 과학자들은 알아냈다 // 일부 슴새들은 나는 것을 택한다는 것을 / 폭풍의 가장자리 주위에서.

[9]They use the strong winds there / to move faster. [10]Meanwhile, / other shearwaters head straight / into
그것들은 그곳에서 강한 바람을 이용한다 / 더 빨리 움직이기 위해. 한편, / 다른 슴새들은 곧장 향한다 /

the storm's center. [11]Scientists think //shearwaters might do this / to save energy / and avoid dangers
폭풍의 중심으로. 과학자들은 생각한다 // 슴새들은 이렇게 할지도 모른다고 / 에너지를 아끼기 위해 / 그리고 육지 근처에 있는 위험을 피하기 위해,

near the land, / like flying things / that could hurt them. [12]Flying into a storm's center / is a smart trick //
/ 날아다니는 물체와 같은 / 그것들을 다치게 할 수 있는. 폭풍의 중심으로 날아가는 것은 / 현명한 요령이다 //

that only shearwaters seem to know!
슴새들만이 알고 있는 것 같은!

주요 구문

[2] They have *a special way* [**to deal with** big storms].

▸ to deal with 이하는 앞의 명사 a special way를 꾸며 주는 형용사적 용법의 to부정사구이다.

[3] **While** most birds fly away from them, shearwaters fly straight into them!

▸ while은 '~인 반면에'라는 의미의 '대조'를 나타내는 접속사로, 앞뒤 문장의 관계가 반대인 상황을 나타낸다.

[6] This(주어) was(동사) very surprising(보어) because **no** *other birds*(주어') **are known**(동사') to act this way.

▸ <no ~>는 '아무(것)도 ~ 않다'라는 뜻으로 문장 전체를 부정하는 의미를 나타낸다.

▸ are known은 '알려지다'라는 의미의 수동태이다.

[11] Scientists think **(that)** shearwaters might do this **to save** energy [and] **(to) avoid** dangers near the land, **like** *flying things* [**that** could hurt them].

▸ 동사 think 뒤에는 목적어절을 이끄는 접속사 that이 생략되었다.

▸ '목적'을 나타내는 to부정사구 두 개가 and로 연결되었으며, and 뒤에 반복되는 말인 to는 생략되었다.

▸ 전치사구(like ~ them)에서 주격 관계대명사 that이 이끄는 절(that ~ them)은 선행사 flying things를 꾸며 주고 있다.

[12] **Flying** into a storm's center(주어) is(동사) *a smart trick* [**that** only shearwaters **seem to know** ●]!(보어)

▸ Flying ~ center는 주어로 쓰인 동명사구이다. 동명사(구)는 단수 취급하므로 단수동사 is가 쓰였다.

▸ 목적격 관계대명사 that이 이끄는 절은 선행사 a smart trick을 꾸며 주고 있으며, 절 안의 <seem to-v>는 '~인 것 같다'라는 의미이다.

17 발을 쏙! 이렇게 신기 편할 수가

본책 pp.66~67

정답 1 ④ 2 ④ 3 (1) F (2) T 4 ⓐ put on ⓑ speak up 5 읽고 이해하기에 쉽다

문제 해설

1 Matthew Walzer는 자신이 가진 장애로 인한 불편을 해소하기 위해 적극적으로 행동하였고, 이는 장애인들을 위한 신고 벗기 편리한 신발을 만드는 데 큰 역할을 했다는 내용의 글이다. 따라서 글의 제목으로는 ④가 가장 알맞다.

① 일상적인 착용을 위한 신발 ② 장애인을 위해 목소리를 높여라

③ 나이키는 어떻게 변화를 만들었는가 ④ 장애인을 위한 더 나은 신발
⑤ 일상생활에 변화를 만들어라

2 Matthew는 장애를 갖고 태어났지만, 어려운 상황을 극복하려고 노력했다는 내용 뒤에, 그중 극복이 불가능했던 것은 신발 끈을 매는 것이었다는 내용의 (C), 16세까지 신발 끈을 스스로 매지 못해 좌절했다는 내용의 (A), 따라서 나이키에 장애인을 위한 신발을 만들어 달라고 부탁했다는 내용의 (B)의 흐름이 가장 알맞다.

3 (1) 2번 문장에서 Matthew는 16살이 될 때까지 스스로 신발 끈을 묶을 수 없었다고 했다.
(2) 8,9번 문장에 언급되어 있다.

4

Matthew Walzer는 나이키에 장애를 가진 사람들이 쉽게 ⓐ 신을 수 있는 신발을 만들어 달라고 부탁했다. 그렇게 나이키의 FlyEase가 만들어지게 되었다. 이제, 그는 모든 사람들이 ⓑ 목소리를 높여 변화를 만들기를 원한다.

본문 해석

[1]Matthew Walzer는 뇌성 마비를 가지고 태어났고, 그의 삶에서 많은 문제들을 극복하려고 노력했다. (C) [4]하지만 그가 극복할 수 없는 것이 하나 있었다: 그의 신발 끈을 묶는 것이었다. (A) [2]16살까지, 그는 여전히 그의 신발 끈을 묶지 못했고, 그것에 대해 좌절감을 느꼈다. (B) [3]그래서, 그는 신발 회사인 나이키에 공개적인 편지를 썼고, 장애가 있는 사람들이 쉽게 착용할 수 있는 신발을 만들어 줄 것을 요청했다.

[5]놀랍게도, 나이키는 그러한 신발을 디자인하기 위해 그를 초대했다. [6]함께 작업한 지 3년 후, 2015년에 그들은 나이키 FlyEase를 출시했다. [7]이 신발은 지퍼와 벨크로 끈이 있어서 신고 벗기에 쉽다. [8]신발의 뒷부분은 지퍼로 열린다. [9]이것은 발을 쉽게 미끄러뜨리듯이 넣고 뺄 수 있게 해준다.

[10]이 신발은 Matthew가 그의 꿈을 이루도록 도왔다. [11]그는 독립적으로 지낼 수 있었고 집에서 멀리 떨어진 대학에 갈 수 있었다. [12]그는 꼭 그가 그랬던 것처럼, 누구나 의견을 거리낌 없이 말하며 변화를 만들 수 있다는 것을 사람들이 알기를 원한다.

직독직해

[1]Matthew Walzer was born / with cerebral palsy / and tried to overcome many challenges / in his life.
Matthew Walzer는 태어났다 / 뇌성 마비를 가지고 / 그리고 많은 어려움들을 극복하려고 노력했다 / 그의 삶에서.

[4]But there was one thing // that he couldn't overcome: / tying his shoes. [2]By 16, / he still couldn't tie his shoes, / and felt frustrated about it. [3]So, / he wrote an open letter / to the shoe company Nike, / and asked for shoes // that people with disabilities / could easily put on.
그러나 한 가지가 있었다 // 그가 극복할 수 없었던: / 그의 신발 끈을 묶는 것. 16살까지, / 그는 여전히 그의 신발 끈을 묶을 수 없었다, / 그리고 그것에 대해 좌절감을 느꼈다. 그래서, / 그는 공개편지를 썼다 / 신발회사인 나이키에, / 그리고 신발들을 요청했다 // 장애가 있는 사람들이 / 쉽게 착용할 수 있는.

[5]Surprisingly, / Nike invited him / to design such shoes. [6]After three years of working together, / they released *The Nike FlyEase* / in 2015. [7]This shoe, / with a zipper and Velcro strap, / is easy to put on and take off. [8]The back of the shoe opens / with the zipper. [9]This allows the foot / to slide in and out easily.
놀랍게도, / 나이키는 그를 초대했다 / 그러한 신발을 디자인하기 위해. 함께 작업한 지 3년 후, / 그들은 나이키 FlyEase를 출시했다 / 2015년에. 이 신발은, / 지퍼와 벨크로 끈이 있는, / 신고 벗기에 쉽다. 신발의 뒷부분은 열린다 / 지퍼로. 이것은 발이 (~하도록) 허락한다 / 미끄러뜨리듯이 쉽게 넣고 뺄 수 있게.

[10]These shoes helped / Matthew achieve his dream. [11]He was able to be independent / and go to college / away from home. [12]He wants people to know // that anyone can speak up / and make a difference, / just as he did.
이 신발은 도왔다 / Matthew가 자신의 꿈을 이루는 것을. 그는 독립적일 수 있었고 / 대학에 갈 수 있었다 / 집에서 멀리 떨어진. 그는 사람들이 알기를 원한다 // 누구나 의견을 거리낌 없이 말할 수 있다는 것과 / 변화를 가져올 수 있다는 것을, / 꼭 그가 그랬던 것처럼.

주요 구문

[3] So, he wrote an open letter to the shoe company Nike, and **(he)** asked for *shoes* [**that** people with disabilities could easily **put** ● **on**].

▸ 목적격 관계대명사 that이 이끄는 절이 선행사 shoes를 꾸며 주고 있다. 이때 shoes는 that절 안에서 구동사 put on의 목적어로 쓰였다. (← ~ (he) asked for ***shoes***. + People with disabilities could easily put **them** on.)

[4] But there was *one thing* [**that** he couldn't overcome ●]: **tying his shoes**.

▸ that ~ overcome은 선행사 one thing을 꾸며 주는 목적격 관계대명사절이다.

▸ 콜론(:) 이하가 그가 극복할 수 없었던 한 가지가 무엇이었는지를 구체적으로 설명해 주고 있다.

[12] He(주어) **wants**(동사) people(A) **to know**(동) **that** anyone *can speak up* and *(can) make* a difference(목)(보어) just **as** he did.

▸ <want+A(목적어)+to부정사>는 'A가 ~하는 것을 원하다'의 의미이다.

▸ 동사 know 뒤에는 목적어절을 이끄는 접속사 that이 쓰였으며, that 절(that ~ a difference)안에 두 개의 동사가 and로 연결되었다.

▸ 접속사 as는 '~하는 것처럼'의 뜻으로 쓰였다.

18 강 속에 이것이 없다면?

본책 pp.68~69

정답 **1 ⑤ 2 ④ 3 ⓐ polluted ⓑ healthier 4 할머니가 채소를 키우시는 장소[곳]**

문제 해설

1 뉴욕의 허드슨 강을 깨끗하게 해주며, 수중 생태계를 활성화시키는 굴의 환경적인 순기능에 대해 설명한 글이므로 정답은 ⑤이다.

Q 글의 제목으로 가장 알맞은 것은?

① 뉴욕의 강을 오염시키는 것
② 깨끗한 강을 위해 굴 재배 중단하기
③ 우리가 허드슨 강을 보호해야 하는 이유
④ 뉴욕의 허드슨 강을 청소하는 방법
⑤ 수중 청소부: 허드슨 강의 굴

2 빈칸 앞에서 굴은 특별한 청소법을 갖고 있는데 그것들은 먼저 물을 흡수한다고 했으며, 빈칸 뒤에서는 그 결과 강의 밑바닥에 유해 물질을 남긴다는 내용이 이어지고 있다. 따라서 빈칸에는 '유해 물질을 걸러내어'라는 의미의 ④가 오는 것이 가장 자연스럽다.

Q 글의 빈칸에 들어갈 말로 가장 알맞은 것은?

① 조개껍데기들을 깨끗하게 만들어
② 해양 생물들이 자라도록 도와
③ 암초 속에서 더 건강해져
④ 유해 물질들은 걸러내
⑤ 식물들을 위한 장소를 제공해 주어

3 **Q 다음 빈칸에 알맞은 말을 본문에서 찾아 쓰세요.**

굴은 물을 여과하고 덜 ⓐ 오염되게 만든다. 그것들은 또한 수중 생물들을 위한 장소를 제공함으로써 생태계를 ⓑ 더 건강하게 만든다.

4 **Q 다음 빈칸에 알맞은 우리말 해석을 써보세요.**

본문 해석

[1]당신은 굴을 맛있는 해산물로 생각할지도 모른다. [2]하지만 뉴욕시에서는, 굴이 환경을 위해서도 훌륭한 일을 하고 있다! [3]그것들 덕분에, 허드슨 강은 매일 점점 더 깨끗해지고 있으며 수중세계를 성장시키고 있다.

[4]뉴욕시는 허드슨 강에서 굴이 자라는 것을 돕고 있다. [5]뉴욕시는 강 속에 어린 굴을 1,100만 마리 이상 넣었고, 이 작은 조개류들은 물을 더 깨끗하게 만들고 있다. [6]그런데 이 일은 어떻게 이루어질까?

[7]굴은 특별한 청소법이 있다. [8]그것들은 물을 흡수하고 유해 물질들은 걸러내 강바닥에 남겨 둔다. [9]그 결과, 물은 덜 오염된다! [10]게다가, 굴은 암초 또는 수중 서식지들을 만든다. [11]이러한 굴 암초는 많은 식물과 동물이 서식할 수 있는 장소를 제공한다. [12]이 암초 덕분에, 생태계는 점점 더 건강해지고 있고, 많은 해양 동물들이 그 지역으로 돌아왔다.

직독직해

[1]You might think of oysters / as tasty seafood. [2]But in New York City, / they're doing a great job /
당신은 굴을 생각할지도 모른다 / 맛있는 해산물로. 하지만 뉴욕시에서, / 그것들은 훌륭한 일을 하고 있다 /

for the environment too! [3]Thanks to them, / the Hudson River gets cleaner every day / and is growing
환경을 위해서도! 그것들 덕분에, / 허드슨 강은 매일 점점 더 깨끗해지고 있다 /

an underwater world.
그리고 수중 세계를 키우고 있다.

[4]New York City is helping oysters grow / in the Hudson River. [5]The city has put / over 11 million
뉴욕시는 굴이 자라는 것을 돕고 있다 / 허드슨 강에서. 그 도시는 넣었다 / 1,100만 개 이상의

young oysters / in the river, // and these small shellfish / are making the water cleaner. [6]But how does
어린 굴들을 / 그 강안에, // 그리고 이 작은 조개류들은 / 물을 더 깨끗하게 만들고 있다. 그런데 이것은 어떻게

this work?
작용할까?

[7]Oysters have a special way / of cleaning up. [8]They take in water, / filter out harmful things, /
굴은 특별한 방법이 있다 / 청소를 하는. 그것들은 물을 흡수하고, / 해로운 것들은 걸러내고, /

and leave them / at the bottom of the river. [9]As a result, / the water becomes less polluted! [10]In addition, /
그것들을 남겨둔다 / 강의 밑바닥에. 결과적으로, / 물은 덜 오염되게 된다! 게다가, /

oysters make reefs or underwater homes. [11]These oyster reefs provide places // where lots of plants and
굴은 암초 또는 수중 서식지들을 만든다. 이 굴 암초들은 장소를 제공한다 // 많은 식물들과

animals can live. [12]Because of the reefs, / the ecosystem is getting healthier, // and many sea animals have
동물들이 살 수 있는. 암초들 때문에, / 생태계는 점점 더 건강해지고 있다, // 그리고 많은 바다 동물들이 돌아왔다

returned / to the area.
/ 그 지역으로.

주요 구문

[4] New York City **is helping** oysters **grow** in the Hudson River.
(oysters: A, grow: 동사원형)

▸ <help+A(목적어)+동사원형[to-v]>은 'A가 ~하도록 돕다'의 의미이다. 동사 help의 목적격보어로는 동사원형과 to부정사가 모두 올 수 있으며, 형태에 따른 의미 차이는 없다.

[5] The city **has put** over 11 million young oysters in the river, and these small shellfish **are making** the water **cleaner**.
(the water: A, cleaner: 형용사)

▸ has put은 '넣었다'라는 의미로 '완료'를 나타내는 현재완료이다.

▸ are making은 '만들고 있다'라는 의미의 현재진행형이며, <make+A(목적어)+형용사>는 'A를 ~하게 만들다'의 의미이다.

[9] As a result, the water **becomes** *less* **polluted**!

▸ <become+형용사>는 '~이 되다, ~해지다'라는 의미이며, 여기서 형용사 자리에는 '오염된'이라는 의미의 과거분사 polluted가 오고 있다.

▸ less는 '덜, 더 적게'라는 의미의 부사로, 형용사 polluted를 꾸며 주는 말이다.

Review

단어

본책 p.70

정답

A 1 ⓐ 2 ⓑ 3 ⓒ
B 1 head 2 edge 3 notice 4 ecosystem
C 1 deal with 2 thinks of, as 3 make a difference

해석

A 1 slide(미끄러뜨리듯이 넣다) - ⓐ 무언가 위로 부드럽게 이동하다
2 achieve(성취하다) - ⓑ 열심히 일함으로써 무언가를 얻거나 목표에 이르다
3 polluted(오염된) - ⓒ 위험할 정도로 더럽고 사용하기 안전하지 않은

B

보기				
가장자리, 모서리	지퍼	향하다	알아차리다	생태계

1 우리는 시험을 위한 공부를 하러 도서관에 향할 것이다.
2 직선을 그리기 위해 자의 모서리를 이용해라.
3 당신은 로비에 있는 아름다운 그림을 알아차렸나요?
4 과학자들은 자연을 더 잘 이해하기 위해 생태계를 연구한다.

1일 1문장

본책 p.71

정답

A 1 오르기에 어렵다
2 내가 방학을 보낸 그 장소[곳]는
3 그리고 그것들은 내가 빌린 것이다
B 1 Paris, which is my favorite city
2 This dance move is easy to follow
3 the place where I hang out with my friends
C 1 the place where we met
2 a new laptop, which I do not[don't] use
3 is good to watch

19 지뢰 찾기의 달인

본책 pp.74~75

정답 1 ⑤ 2 (1) F (2) T 3 ⓐ smell ⓑ found 4 우리 팀이 경기에 이겨서[이겼다는 것이]

문제 해설

1 캄보디아의 위험한 지뢰들을 제거하여 많은 목숨을 구하는 데 도움을 준 Magawa라는 쥐에 대한 이야기이므로 정답은 ⑤이다.

① 폭탄을 찾기 위해 동물 훈련하기 ② 세상에서 가장 용감한 동물들 ③ 캄보디아의 위험: 지뢰
④ 캄보디아의 지뢰를 제거하는 방법 ⑤ Magawa: 목숨을 구한 영웅 쥐

2 (1) 1번 문장에서 Magawa가 5년간 지뢰 찾는 임무를 수행했다고 했으나 그 지역은 탄자니아가 아닌 캄보디아라고 했다.
(2) 8번 문장에 언급되어 있다.

3

Magawa에 대해

탄생	탄자니아
특별한 기술	뛰어난 ⓐ 후각
캄보디아에서의 활동	• 225,000 제곱미터 이상의 땅을 치웠다 • 100개 이상의 지뢰와 숨겨진 위험 물질을 ⓑ 찾았다
수상	그의 공로에 대한 금메달

본문 해석

[1]Magawa는 캄보디아에서 5년 동안 지뢰를 찾는 것을 도와준 매우 특별한 쥐였다. [2]그는 탄자니아에서 태어난 후, 그의 뛰어난 후각을 사용하여 폭탄들을 찾는 것을 배웠다.

[3]그는 캄보디아로 이주한 후 그의 일을 시작했다. [4]캄보디아에서, 수년간의 전투는 위험한 지뢰들을 남겼다. [5]그는 225,000 제곱미터 이상의 땅을 치우는 것을 도왔다. [6]그것은 40개의 축구 경기장과 같은 크기이다! [7]근무하는 동안, 그는 100개 이상의 지뢰와 다른 숨겨진 위험한 것들을 찾아냈다. [8]이것에 대해 그에게 감사하기 위해, 금메달이 주어졌다.

[9]유감스럽게도, Magawa는 직장에서 은퇴한 후, 8살의 나이에 죽음을 맞이했다. [10]그를 훈련시켰던 사람들은 그가 매우 많은 목숨을 구했기 때문에 '지속적인 유산'을 남겼다고 말했다. [11]사람들은 Magawa가 사망했다는 것에 슬퍼하지만, 그들은 세상을 더 안전한 곳으로 만드는 것을 도와준 이 용감한 쥐에게 감사해한다.

직독직해

[1]Magawa was a very special rat // who helped find landmines in Cambodia / for five years. [2]After he
Magawa는 매우 특별한 쥐였다 // 캄보디아에서 지뢰들을 찾는 것을 도와준 / 5년 동안.

was born in Tanzania, // he learned to find bombs / by using his great sense of smell.
그는 탄자니아에서 태어난 후, // 폭탄 찾는 것을 배웠다 / 그의 뛰어난 후각을 이용함으로써.

[3]He began his work / after moving to Cambodia. [4]In Cambodia, / many years of conflict / have left behind
그는 그의 일을 시작했다 / 캄보디아로 이동한 후에. 캄보디아에서, / 수년간의 전투는 /

dangerous landmines. [5]He helped clear / more than 225,000 square meters of land. [6]That's equal to
위험한 지뢰들을 남겼다. 그는 치우는 것을 도왔다 / 225,000 제곱미터 이상의 땅을. 그것은

40 soccer fields! [7]During his work, / he found more than 100 landmines / and other hidden dangers.
40개의 축구 경기장과 같다! 그의 근무 동안, / 그는 100개 이상의 지뢰를 찾았다 / 그리고 다른 숨겨진 위험한 것들을.

[8]To thank him for this, / he was given a gold medal.
이것에 대해 그에게 감사하기 위해, / 그는 금메달이 주어졌다.

[9]Unfortunately, / Magawa died at the age of 8 / after retiring from work. [10]The people who trained
유감스럽게도, / Magawa는 8살의 나이에 죽었다 / 직장에서 은퇴한 후. 그를 훈련시켰던 사람들은

him said // that he left a "lasting legacy" / because he saved so many lives. [11]People are sad / that Magawa
말했다 // 그가 '지속적인 유산'을 남겼다고 / 그가 매우 많은 목숨들을 구했기 때문에. 사람들은 슬프다 / Magawa가

has passed away, // but they are thankful for this brave rat / who helped make the world a safer place.
사망했다는 것이, // 하지만 그들은 이 용감한 쥐에게 감사해한다 / 세상을 더 안전한 곳으로 만드는 것을 도와준.

주요 구문

[1] Magawa was *a very special rat* [**who** helped find landmines in Cambodia for five years].
- ▶ 주격 관계대명사 who가 이끄는 절은 선행사 a very special rat을 꾸며 주고 있다.
- ▶ 일반적으로 동물이 선행사일 때는 관계대명사 which나 that을 사용한다. 그러나 Magawa와 같이 이름이 붙여지고 특별한 동물로 여겨지는 경우, 이를 의인화하여 who도 사용할 수 있다.

[4] In Cambodia, many years of conflict **have left behind** dangerous landmines.
- ▶ have left behind는 '결과'를 나타내는 현재완료로, '남겼다 (그래서 지금 …이다)'라는 의미를 나타내요.

[8] **To thank** him **for** this, he **was given** a gold medal.
- ▶ <thank A for B>는 'A에게 B에 대해 감사하다'라는 의미이며, To thank는 '감사하기 위해'라는 뜻의 '목적'을 나타내는 to부정사이다.
- ▶ was given은 과거형 수동태이며, give, send, show 등과 같은 동사는 목적어를 2개 가질 수 있으므로 수동태도 2개의 형태로 쓸 수 있다. (= ~, a gold medal **was given** *to* him.)

[10] *The people* [**who** trained him] said **that** he left a "lasting legacy" ***because*** *he saved so many lives*.
(주어: The people [who trained him] / 동사: said / 목적어: that he left a "lasting legacy" because he saved so many lives)
- ▶ who가 이끄는 주격 관계대명사절은 선행사인 The people을 꾸며 준다.
- ▶ that ~ lives는 동사 said의 목적어로 쓰였으며, '이유'를 나타내는 because절이 that절 안에 포함되어 있다.

20 바삭! 감자튀김은 어디서 왔을까?

본책 pp.76~77

정답 **1 ④ 2 ④ 3 ③, ⑤ 4 새로운 언어를 배우는 것은**

문제 해설

1 감자튀김의 원조가 사실 벨기에라는 주장과 함께 이에 대한 근거로 벨기에의 한 도시에서 감자튀김이 생겨난 유래를 다루고 있으므로 정답은 ④이다.

① 감자튀김 조리법 ② 미국인들의 감자튀김 사랑 ③ 벨기에의 낚시 전통
④ 감자튀김의 진정한 유래 ⑤ 프랑스인들이 가장 좋아하는 감자 요리

2 벨기에의 도시 Namur에서는 튀긴 생선을 즐겨 먹었다는 내용 뒤에, 1680년의 어느 추운 겨울에 강물이 얼어 물고기를 잡을 수 없었다는 내용의 (C), 그래서 물고기 대신 감자를 튀겨보게 되었다는 내용의 (A), 이 역사적인 이야기가 벨기에에서 감자튀김이 만들어졌다는 주장을 뒷받침한다는 내용인 (B)의 흐름이 가장 알맞다.

3 ③은 5번 문장에, ⑤는 10번 문장에 언급되어 있다.
①은 2번 문장에서 매년 약 14킬로그램의 감자튀김을 먹는 것은 미국인들이라고 했다.

②는 4번 문장에서 '프렌치프라이'가 프랑스에서 왔을 거라는 기존 관념과는 달리 감자튀김을 발명했다고 주장하는 나라는 벨기에라고 했다.
④는 6번 문장에서 벨기에인은 생선 대신 감자를 튀겨 먹게 되었다고 했다.

본문 해석

[1]누가 감자튀김을 좋아하지 않을까요? [2]사실, 보통의 미국인들은 매년 거의 14 킬로그램의 감자튀김을 먹어요. [3]하지만 여러분은 그것들이 실제로 어디서 왔는지 알고 있나요? [4]여러분은 '프렌치프라이'가 프랑스에서 왔다고 생각할지도 모르지만, 벨기에는 자신들이 감자튀김을 발명했다고 주장해요.

[5]벨기에의 Namur라는 도시에서, 사람들은 튀긴 생선을 즐겨 먹었어요. (C) [8]하지만 1680년에, 아주 추운 겨울이 지역의 강을 얼게 해서, 물고기를 잡는 것이 어려웠어요. (A) [6]그들은 물고기 대신에 감자를 튀기기로 결심했고, 그렇게 최초로 감자튀김이 만들어지게 되었어요. (B) [7]이 역사적인 이야기는 그것들이 벨기에에서 만들어졌다는 것을 뒷받침해요.

[9]그렇다면 왜 우리는 그것들을 '프렌치프라이'라고 부르는 걸까요? [10]그 명칭은 사실 감자튀김이 어디에서 만들어졌는지가 아니라 어떻게 그것들이 준비되는지에서 유래해요. [11]'Frenching'은 잘 요리하기 위해 음식 재료를 얇은 조각으로 자르는 것을 의미해요. [12]'프렌치프라이'는 사실 '얇은 조각으로 잘라진 감자튀김'이라고 해야 해요.

직독직해

[1]Who doesn't love French fries? [2]In fact, / the average American eats / nearly 14 kilograms of French
누가 감자튀김을 아주 좋아하지 않을까요? 사실은, / 보통의 미국인은 먹는다 / 거의 14kg의 감자튀김을

fries / each year. [3]But do you know // where they actually come from? [4]You might think / "French fries"
/ 매년. 하지만 당신은 아는가 // 그것들이 실제로 어디에서 왔는지? 당신은 생각할지도 모른다 / '감자튀김'이

come from France, // but Belgium claims / that they invented them.
프랑스에서 왔다고, // 하지만 벨기에는 주장한다 / 그들이 그것들을 발명했다고.

[5]In Namur, a city in Belgium, / people enjoyed eating fried fish. [8]However, / in 1680, / a very cold winter
벨기에에 있는 도시인 Namur에서, / 사람들은 튀긴 생선을 먹는 것을 즐겼다. 하지만, / 1680년에, / 아주 추운 겨울이

/ caused the local river to freeze, // so it was difficult / to catch fish. [6]They decided to fry potatoes /
/ 지역의 강이 얼도록 야기했다, // 그래서 (~은) 어려웠다 / 물고기를 잡는 것은. 그들은 감자를 튀기기로 결정했다 /

instead of fish, // and that's how / French fries were first created. [7]This historical story supports // that they
물고기 대신에, // 그리고 그것이 ~한 방법이다 / 감자튀김이 처음 만들어진. 이 역사적인 이야기는 뒷받침한다 // 그것들이

were made / in Belgium.
만들어졌다는 것을 / 벨기에에서.

[9]But then why do we call / them "French fries"? [10]The name actually comes from // how they are
하지만 그렇다면 왜 우리는 부를까 / 그것들을 '프렌치프라이'라고? 그 이름은 사실 ~에서 온다 // 그것들이 어떻게

prepared, / not where they were invented. [11]"Frenching" means // cutting food into thin pieces / to cook
만들어지는지에서, / 그것들이 어디에서 발명되었는지가 아니라. 'Frenching'은 의미한다 // 음식을 얇은 조각으로 자르는 것을 / 잘 요리하기 위해.

well. [12]"French fries" should actually be / "frenched fried potatoes."
'프렌치프라이'는 사실 ~이 되어야 한다 / '얇은 조각으로 잘라진 감자튀김.'

주요 구문

[3] But *do you know* **where** they actually come from?
(where: 의문사 / they: 주어 / actually: 수식어 / come from: 동사)

▸ 의문문(do you know) 뒤에 <의문사+주어+동사> 형태의 간접의문문이 쓰였다.

[4] You might think (**that**) "French fries" come from France, [but] Belgium claims **that** they invented them.
(You: 주어1 / might think: 동사1 / (that) "French fries" come from France: 목적어1 / Belgium: 주어2 / claims: 동사2 / that they invented them: 목적어2)

▸ 동사 might think 뒤에는 목적어절을 이끄는 접속사 that이 생략되었으며, 동사 claims 뒤에는 접속사 that이 이끄는 목적어절이 쓰였다.

5 In Namur, a city in Belgium, people **enjoyed eating** fried fish.
A = B

▶ Namur와 a city in Belgium은 동격 관계이다. <A+콤마(,)+B>는 'A는 B인데, B인 A'로 해석한다.
▶ <enjoy v-ing>는 '~하는 것을 즐기다'라는 뜻으로, enjoy는 동명사만을 목적어로 취한다.

6 They **decided to fry** potatoes instead of fish, and **that's how** French fries *were* first *created*.

▶ <decide to-v>는 '~하기로 결정하다'라는 뜻으로, decide는 to부정사만을 목적어로 취한다.
▶ <that's how+주어+동사 ~>는 '그렇게 ~한 것이다' 또는 '그것이 ~하는 방법이다'라는 의미를 나타내는 표현이다.
▶ were created는 '만들어졌다'라는 의미의 과거형 수동태이다.

10 The name actually comes from **how** they주' are prepared,동' ***not*** **where** they주' were invented.동'
주어 동사 목적어

▶ how ~ prepared와 where ~ invented는 각각 의문사 how와 where가 이끄는 간접의문문으로, 동사 comes from의 목적어로 쓰였다.
▶ <B, not A>는 'A가 아니라 B'라는 의미이며, 이때 B 자리에는 how가 이끄는 절이, A 자리에는 where가 이끄는 절이 오고 있다.

11 "**Frenching**" means **cutting** food into thin pieces **to cook** well.
주어 동사 목적어

▶ Frenching은 주어로 쓰인 동명사이며, cutting 이하는 목적어로 쓰인 동명사구이다.
▶ to cook은 '요리하기 위해'라는 의미로 '목적'을 나타내는 to부정사의 부사적 용법으로 쓰였다.

21 부모님과 엇갈린 음악 취향

본책 pp.78~79

정답 1 ③ 2 ③ 3 ⓐ new ⓑ familiar ⓒ difference 4 어려운 단어들을 이해하는 것을

문제 해설

1 부모님 세대의 음악 취향이 십 대들의 취향과 엇갈리는 이유는 나이로 인한 자연스러운 변화 때문이라고 설명하고 있으므로 ③이 정답이다.

① 우리 부모님들이 새로운 노래를 듣는 이유
② 당신의 음악 취향을 바꾸는 방법
③ 나이가 우리가 듣는 음악에 어떻게 영향을 주는지
④ 각 사람마다 다른 음악 취향
⑤ 당신의 부모님과 소통하는 방법

2 (A)에는 십 대에는 자신만의 음악 취향을 발전시키다가 20대가 되면 보통 자신이 어떤 음악을 좋아하는지 알고, 그 이후에도 크게 '변하지' 않는다는 내용이 와야 한다. (B)에는 일부 과학자들은 우리의 뇌가 나이가 들면서 '변한다고' 생각하며, 이것이 화음, 리듬, 그리고 멜로디 사이의 차이점들을 구별하는 것을 어렵게 만든다는 내용이 오는 것이 알맞다. 따라서 (A), (B)에 공통으로 들어갈 말은 change(변하다)이다.

① 시작되다 ② 멈추다 ③ 변하다 ④ 자라다 ⑤ 듣다

3 보기

음악의 친숙한 새로운 차이

십 대	• ⓐ 새로운 음악을 찾는 데 더 많은 시간을 보낸다 • 노래로 특별한 추억을 만든다
기성세대	• 삶이 더 바쁘다 • 더 ⓑ 친숙한 노래를 듣는다 • 화음, 리듬, 멜로디의 ⓒ 차이를 구분하는 데 더 어려움을 겪는다

본문 해석

[1]때때로, 여러분의 부모님은 여러분이 듣는 음악을 좋아하지 않는다. [2]그들은 그것이 '많은 소음'에 불과하다고 생각한다. [3]흥미롭게도, 이는 여러분의 부모님만이 아닌, 많은 부모님들에게 일어난다.

[4]사람들은 보통 약 13세 혹은 14세 경에 자신만의 음악 취향을 발전시키기 시작한다. [5]20대에 그들은 보통 자신이 어떤 종류의 음악을 좋아하는지 알며, 그 이후에 그들은 많이 변하지 않는다.

[6]왜 이런 일이 일어날까? [7]먼저, 십 대들은 새로운 음악을 찾고 노래들과 특별한 추억을 만들 시간이 더 많다. [8]하지만 사람들은 더 나이가 들수록, 보통 더 바빠지고, 그들은 자신들이 예전부터 알고 있고 정말 좋아하는 노래만 들을 것이다. [9]일부 과학자들은 우리의 뇌가 나이가 들면서 변한다고 생각한다. [10]이것은 화음, 리듬, 그리고 멜로디 사이의 차이점들을 구별하는 것을 더 어렵게 만든다. [11]그래서, 나이 든 사람들에게는 더 새롭고 덜 친숙한 곡들은 모두 '똑같이 들릴'지도 모른다.

[12]여러분의 부모님은 아무런 문제가 없다. [13]그것은 단지 사람들이 자연스럽게 변해가는 방식이다.

직독직해

[1]Sometimes, / your parents don't like the music // you listen to. [2]They think // it's just "a lot of noise."
때때로, / 여러분의 부모님은 음악을 좋아하지 않는다 // 여러분이 듣는. 그들은 생각한다 // 그것은 단지 '많은 소음'이라고.

[3]Interestingly, / this happens with many parents, / not just yours.
흥미롭게도, / 이것은 많은 부모님에게 일어난다, / 당신의 부모님만이 아닌.

[4]People often start / to develop their musical taste // when they're around 13 or 14 years old. [5]In their 20s, / they usually know / what kinds of music they like, // and they don't change much / after that.
사람들은 보통 시작한다 / 그들의 음악 취향을 발전시키는 것을 // 그들이 약 13살 또는 14살일 때. 그들의 20대에, / 그들은 보통 안다 / 그들이 어떤 종류의 음악을 좋아하는지, // 그리고 그들은 많이 변하지 않는다 / 그 이후에는.

[6]Why does this happen? [7]First, / teenagers have more time / to find new music / and make special memories / with the songs. [8]But as people get older, / they usually get busier, // and they will just listen to the music / they know and love / from the past. [9]Some scientists think // our brains change / with age.
왜 이런 일이 일어날까? 먼저, / 십 대들은 시간이 더 많이 있다 / 새로운 음악을 찾을 / 그리고 특별한 추억들을 만들 / 노래들로. 하지만 사람들이 더 나이가 들수록, / 그들은 보통 더 바빠진다, // 그리고 그들은 단지 음악만 들을 것이다 / 그들이 알고 있고 정말 좋아하는 / 예전부터. 일부 과학자들은 생각한다 // 우리의 뇌가 변한다고 / 나이가 들면서.

[10]This makes it harder / to tell the difference / between chords, rhythms, and melodies. [11]So to older people, / newer and less familiar songs / might all "sound the same."
이것은 더 어렵게 만든다 / 차이를 구별하는 것을 / 화음, 리듬, 그리고 멜로디 사이의. 그래서 나이 든 사람들에게는, / 더 새롭고 덜 친숙한 곡들은 / 모두 '똑같이 들릴'지도 모른다.

[12]There's nothing wrong / with your parents. [13]It's just // how people naturally change.
아무런 문제가 없다 / 여러분의 부모님에게는. 그것은 단지 ~이다 // 사람들이 자연스럽게 변해가는 방식.

주요 구문

[1] Sometimes, your parents don't like *the music* [(**that/which**) you listen to ●].

▸ 선행사 the music 뒤에는 목적격 관계대명사 that/which가 생략되었다. 선행사 the music은 관계대명사절의 구동사 listen to의 생략된 목적어이다.

[5] In their 20s, they usually know **what kinds of *music*** they(주') like,(동') and they don't change much after that.
(they: 주어1, know: 동사1, what kinds of music they like: 목적어1, they: 주어2, don't change: 동사2)

▸ <what kinds of+명사>는 '어떤 종류의 ~'라는 의미로 하나의 어구처럼 잘 쓰이는 표현이며, what이 이끄는 의문사절이 동사 know의 목적어로 쓰였다.

[7] First, teenagers have *more time* **to find** new music [and] **(to) make** special memories with the songs.

▸ to find와 (to) make는 형용사적 용법으로 쓰인 to부정사이다. 각각 '찾을', '만들'로 해석하며, 명사 more time을 공통으로 꾸며 주고 있다.

[8] But **as** people *get older*, they usually get busier, and they will just listen to *the music* [(**that/which**) they know ● and love ● from the past].

▸ as는 '~하면서, ~함에 따라'의 뜻을 가진 접속사이다. '점점 더 ~해지면서'라는 의미로 <get+비교급>과 함께 잘 쓰인다.

▸ the music 뒤에는 목적격 관계대명사 that/which가 생략되었다. 이때, 선행사 the music은 관계대명사절의 동사 know와 love의 공통으로 생략된 목적어이다.

[13] It's just **how** people[주'] naturally change[동'].

주어 동사 보어

▸ how는 '방법'을 나타내는 관계부사로, '~하는 방식[방법]'으로 해석한다. 이때, how는 the way로 바꿔 쓸 수 있다. 하지만 the way나 how 중 둘 중 하나만 써야 하며, the way how로는 쓰지 않는다는 것에 주의한다.

Review

단어

본책 p.80

정답

A 1 ⓑ　2 ⓒ　3 ⓐ

B 1 retire　2 local　3 familiar　4 prepare

C 1 tell the difference　2 cut, into pieces　3 passed away

해석

A 1 communicate(의사소통하다) - ⓑ 누군가에게 무언가에 대한 정보를 주다

2 claim((사실이라고) 주장하다) - ⓒ 무언가가 사실이라고 말하다

3 affect(영향을 미치다) - ⓐ 사람이나 물건으로 하여금 바뀌게 하다

B

보기				
친숙한	지역의	싸움, 전투	준비하다	은퇴하다

1 30년 후, 그녀는 교직에서 은퇴할 것이다.

2 지역 시장은 신선한 야채를 찾기에 아주 좋은 장소이다.

3 그의 얼굴은 친숙하게 보였으나, 나는 그의 이름을 떠올릴 수 없었다.

4 너는 주로 어디에서 시험을 준비하니?

1일 1문장

본책 p.81

정답

A 1 여름 방학이 끝나서

2 네 실수로부터 배우는 것은

3 여가 시간을 갖는 것을 어렵게

B 1 made it comfortable to walk around

2 happy that we finished our homework

3 It's meaningful to spend time

C 1 easy to use chopsticks

2 made it easy to learn

3 sorry that he was sick

22 달에 갈 땐 바뀐 옷을 입어요

본책 pp.84~85

정답 1 ⑤ 2 ④ 3 ⓐ wear ⓑ flexible ⓒ Viewing 4 방문객들이 사진을 찍도록 허락한다

문제 해설

1 40년 만에 다시 디자인된 NASA 우주복에 대한 내용으로 예전 우주복과 비교하여 어떤 점이 개선되었는지에 대해 구체적으로 설명하는 글이므로 ⑤가 가장 알맞다.

① 40년 동안의 NASA 우주복 역사
② 달 탐사에서의 가능한 위험들
③ 다양한 우주복: NASA의 새로운 유행
④ 임무를 위한 낡은 우주복의 문제점
⑤ 우주비행사를 위해 새로 업그레이드된 NASA의 우주복

2 '새 디자인은 그것의 비밀 일부를 지키기 위해 검은색으로 보인다.'는 의미의 주어진 문장은 실제 우주복의 색깔이 언급되는 문장의 앞인 ④에 위치하는 것이 가장 알맞다.

3 **새 우주복의 장점들**

더 좋은 착용감	최소 90%의 미국인 남성 및 여성들이 그것들을 ⓐ 입을 수 있다.
더 쉬워진 움직임	그것들은 예전 것보다 더 가볍고 더 ⓑ 신축성이 있다.
더 나은 ⓒ 시야	헬멧에는 비디오카메라와 조명이 있다.

본문 해석

[1]사람들이 마지막으로 달에 방문한 지 50년 이상이 되었다. [2]곧, 우주 비행사들은 NASA의 특별 임무 하에 다시 그곳에 돌아갈 것이다. [3]이번에는, 그들은 새 우주복을 입을 것이다! [4]이 새 우주복은 40년 만에 처음 다시 디자인한 것이다.

[5]이전의 우주복은 입고 움직이기 힘들었고 모두에게 꼭 맞는 것은 아니었다. [6]반면에, 새 우주복은 최소 90 퍼센트의 미국인 남성 및 여성들에게 착용될 수 있다. [7]또한, 그것들은 이전의 것들보다 더 가볍고 더 신축성 있다. [8]그래서, 우주 비행사들은 더 쉽게 움직일 수 있고 달을 더욱 잘 연구할 수 있다. [9]더 잘 보기 위해 헬멧에는 비디오카메라와 조명이 있다. 새 디자인은 그것의 비밀 일부를 지키기 위해 검은색으로 보인다. [10]그러나, 실제 우주복은 열을 반사하고 극심한 온도로부터 우주 비행사를 보호하기 위해 꼭 이전의 것처럼 여전히 흰색일 것이다.

[11]NASA의 책임자는 "새 우주복은 더 많은 사람들이 달에 방문하고 새로운 과학 실험을 하게 해줄 것입니다."라고 말했다.

직독직해

[1]It has been more than 50 years // since people last visited the Moon. [2]Soon, / astronauts will go back there / on NASA's special mission. [3]This time, / they will wear new spacesuits! [4]These new suits are the first redesign / in 40 years.
50년보다 더 되었다 // 사람들이 달에 마지막으로 방문한 이후로. 곧, / 우주 비행사들은 그곳으로 돌아갈 것이다 / NASA의 특별 임무 하에. 이번에는, / 그들은 새 우주복을 입을 것이다! 이 새로운 옷들은 첫 재디자인이다 / 40년 만의.

[5]The old suits were hard to move in / and didn't fit everyone. [6]On the other hand, / the new spacesuits can be worn / by at least 90% / of American men and women. [7]Also, / they are lighter and more flexible /
이전의 우주복은 입고 움직이기 힘들었다 / 그리고 모두에게 꼭 맞지 않았다. 반면에, / 새로운 우주복은 착용될 수 있다 / 적어도 90 퍼센트에 의해 / 미국인 남성들과 여성들의. 또한, / 그것들은 더 가볍고 더 신축성 있다 /

than the old ones. [8]So, / astronauts can move more easily / and study the Moon better. [9]The helmet has
이전의 것들보다. 그래서, / 우주 비행사들은 더 쉽게 움직일 수 있다 / 그리고 달을 더 잘 연구할 수 있다. 헬멧은

a video camera and lights / for better viewing. The new design appears black / to keep some of its secrets.
비디오카메라와 조명들이 있다 / 더 잘 보기 위한. 새 디자인은 검은색으로 보인다 / 그것의 비밀 일부를 지키기 위해.

[10]However, / the actual spacesuit will still be white, / just like the old one, / to reflect heat and protect
그러나, / 실제 우주복은 여전히 흰색일 것이다, / 꼭 이전의 것처럼, / 열을 반사하고 우주 비행사를 보호하기 위해

astronauts / from extreme temperatures.
/ 극한의 온도로부터.

[11]The head of NASA said, // "The new suit will allow / more people to visit the Moon / and do new
NASA의 책임자는 말했다, // "새 우주복은 허락할 것이다 / 더 많은 사람들이 달을 방문하도록 / 그리고 새로운

science tests."
과학 실험들을 하도록."

주요 구문

[1] ***It* has been** more than 50 years *since* people last visited the Moon.

▸ It은 비인칭 주어로 특별한 뜻이 없으며, 여기서는 '시간'의 의미를 나타낸다.

▸ 현재완료 has been은 since(~부터)와 함께 쓰여 '(지금까지) 쭉 ~해왔다'라는 '계속'의 의미를 나타낸다.

[5] The old suits were *hard* [**to move in**] [and] **(the old suits)** didn't fit everyone.

▸ to move in은 '입고 움직이기에'라는 뜻으로 바로 앞의 형용사 hard를 꾸며 주는 부사적 역할을 한다. 여기서 전치사 in(~을 입은[착용한])은 우주복을 착용한 상태를 나타내므로 move 뒤에 in을 반드시 함께 써야 한다.
(move the suits (×) → move **in** the suits (○))

▸ 접속사 and 뒤의 반복되는 말인 the old suits는 생략되었다.

[6] On the other hand, the new spacesuits **can be worn by** at least 90% of American men and women.

▸ can be worn은 조동사 can과 수동태(be worn)가 결합된 형태로 '착용될 수 있다'라는 의미이다.

▸ <by+A>는 동작을 한 A(행위자)를 나타내며 여기서는 at least 이하가 모두 A에 해당한다.

[7] Also, they are **lighter** [and] **more flexible than** the old ones.

▸ <비교급+than>은 '~보다 …한/하게'라는 의미를 나타낸다. 비교급은 대부분의 형용사 뒤에 -er를 붙여 나타내지만, flexible은 2음절 이상의 형용사이므로 앞에 more를 붙여 나타낸다.

[10] However, the actual spacesuit will still be white, just like the old one, **to reflect** heat [and] **(to) protect** astronauts **from** extreme temperatures.

▸ 두 개의 to부정사구가 접속사 and로 연결되었으며, and 뒤의 to는 생략되었다. 둘 다 '~하기 위해'라는 뜻의 '목적'을 나타내는 부사적 역할의 to부정사이다.

▸ <protect A from B>는 'B로부터 A를 보호하다'라는 의미이다.

23 휘파람으로 이것이 가능하다니!

본책 pp.86~87

정답

1 ③ **2** Silbo Gomero: ⓐ, ⓒ, ⓓ Hmong's Whistle Language: ⓑ, ⓔ
3 communicate **4** 훨씬 더 빠르게 시험을 끝냈다

문제 해설

1 80개가 넘는 다양한 문화권에서 휘파람이 언어로 사용된다는 내용과 이에 대한 두 가지 구체적인 사례를 담고 있으므로 정답은 ③이다.

① 휘파람 언어의 문제점 ② 휘파람 언어를 만드는 방법
③ 여러 문화권에서 언어로서의 휘파람 ④ 휘파람이 언어가 되어가는 단계
⑤ 사람들이 휘파람 언어를 사용하는 이유

2 Silbo Gomero: ⓐ는 3번 문장에, ⓒ는 4~5번 문장에, ⓓ는 6번 문장에 언급되어 있다.
Hmong's Whistle Language: ⓑ는 7번 문장에, ⓔ는 9번 문장에 언급되어 있다.

3 빈칸이 들어간 문장에서 휘파람을 부는 것은 어떤 행동을 하기 위한 흥미로운 방법이라고 언급되고 있으며, 빈칸 앞부분에서는 Silbo Gomera와 Hmong 부족이 사용하는 휘파람 언어는 둘 다 '의사소통'을 위해 사용된다는 내용이 나오고 있다. 따라서, 빈칸에는 communicate가 적절하다.

본문 해석

[1]80개가 넘는 여러 문화권에서 휘파람을 언어로 사용하는데, 특히 숲이나 산과 같은 장소의 문화권에서 그렇다. [2]이것은 휘파람 소리가 일반적인 말이나 고함보다 훨씬 더 멀리 이동할 수 있기 때문이다.

[3]스페인 카나리아 제도의 라고메라섬에서, 일부 사람들은 Silbo Gomero라는 이름의 휘파람 언어를 의사소통을 위해 사용한다. [4]그 언어는 각각의 모음 또는 자음을 휘파람 소리로 대신한다. [5]두 가지의 휘파람이 다섯 가지 스페인어 모음을 대체하고, 자음에는 네 가지의 휘파람이 있다. [6]여러분은 휘파람이 얼마나 높거나 낮게 들리는지, 그리고 그 소리가 짧은지 긴지에 따라 휘파람의 차이를 들을 수 있다.

[7]동아시아와 동남아시아에서 Hmong 부족 역시 휘파람으로 의사소통한다. [8]그들은 다양한 메시지를 전달하기 위해 다양한 휘파람 음을 사용한다. [9]그래서 같은 단어가 다양한 의미를 가질 수 있다.

[10]휘파람을 부는 것은 의사소통하는 흥미로운 방법이다. [11]그것은 사람들이 구어를 사용하지 않고도 서로를 이해할 수 있다는 것을 보여준다.

직독직해

[1]More than 80 different cultures / use whistles as a language, / especially those in places / like forests or mountains.
80개 보다 더 많은 다양한 문화권은 / 언어로서 휘파람을 사용한다, / 특히 그런 곳들에서 / 숲이나 산과 같은.

[2]This is // because a whistle's sound can travel / much farther than regular talking or shouting.
이것은 ~이다 // 휘파람 소리가 이동할 수 있기 때문 / 일반적인 말하기나 외치는 것보다 훨씬 더 멀리.

[3]On La Gomera in Spain's Canary Islands, / some people use whistle language / named *Silbo Gomero* / for communication.
스페인 카나리아 제도의 라고메라섬에서는, / 일부 사람들이 휘파람 언어를 사용한다 / Silbo Gomero라고 이름 지어진 / 의사소통을 위해.

[4]The language replaces each vowel or consonant / with a whistling sound.
그 언어는 각각의 모음 또는 자음을 대신한다 / 휘파람 부는 소리로.

[5]Two whistles replace / the five Spanish vowels, // and there are four whistles / for consonants.
두 휘파람 소리가 대신한다 / 다섯 개의 스페인어 모음을, // 그리고 네 가지 휘파람 소리가 있다 / 자음을 위한.

[6]You can hear the difference / in the whistles / by how high or low they sound, // and whether they are short or long.
당신은 차이를 들을 수 있다 / 휘파람들의 / 그것들이 얼마나 높거나 낮게 들리는지에 의해, // 그리고 그것들이 짧은지 긴지에 따라.

[7]In East and Southeast Asia, / the Hmong people also communicate / in whistles.
동아시아와 동남아시아에서, / Hmong 사람들 또한 의사소통한다 / 휘파람으로.

[8]They use different tones of whistles / to carry different messages.
그들은 다양한 음의 휘파람을 사용한다 / 다양한 메시지를 전달하기 위해.

[9]So the same word / can have different meanings.
그래서 같은 단어가 / 다양한 의미를 가질 수 있다.

[10]Whistling is an interesting way / to communicate.
휘파람을 부는 것은 흥미로운 방법이다 / 의사소통하는.

[11]It shows // that people can understand / each other / without using spoken words.
그것은 (~을) 보여준다 // 사람들이 이해할 수 있다는 것을 / 서로 / 구어를 사용하지 않고도.

주요 구문

[3] On La Gomera in Spain's Canary Islands, some people use *a whistle language* [**named** *Silbo Gomero*] for communication.

▸ 과거분사구(named *Silbo Gomero*)가 바로 앞에 오는 명사 a whistle language를 꾸며 준다. 이때 named는 '~라는 이름의'라는 의미이다.

[6] You can hear the difference in the whistles **by how high** or **low** they[주'] sound[동'], and **whether** they[주'] are[동'] short or long.[보']

전치사의 목적어1 / 전치사의 목적어2

▸ how ~ sound와 whether ~ long은 전치사 by의 목적어로 쓰인 간접의문문으로, 접속사 and로 연결되었다.

▸ <how+형용사+주어+동사>와 <whether+주어+동사>는 각각 '얼마나 ~가 …인지'와 '~가 …인지'라고 해석한다.

[10] **Whistling** *is* *an interesting way* [**to communicate**].

주어 / 동사 / 보어

▸ Whistling은 주어로 쓰인 동명사로, 단수 취급하여 동사로 is를 쓴다.

▸ to communicate는 앞의 명사구 an interesting way를 꾸며 주는 형용사적 용법의 to부정사이다.

[11] It shows **that** people can understand each other **without using** spoken words.

주어 동사 / 목적어

▸ 접속사 that이 이끄는 절(that ~ words)은 동사 shows의 목적어로 쓰였다.

▸ using은 전치사 without의 목적어 역할을 하는 동명사이다.

24 아이스크림 모양의 무한 변신

본책 pp.88~89

정답 **1** ④ **2** ⑤ **3** (1) F (2) F **4** ⓐ **wealthy** ⓑ **ingredients** ⓒ **cheaper**
5 모든 책이 재미있는 것은

문제 해설

1 19세기 후반의 틀로 찍어낸 화려한 아이스크림이 20세기 초에 콘과 바 형태의 아이스크림이 도입되면서 역사 속으로 사라지게 되었다는 내용이므로 제목으로는 ④가 가장 적절하다.

Q 글의 제목으로 가장 알맞은 것은?

① 아이스크림을 위한 화려한 디자인
② 부자들을 위한 화려한 아이스크림
③ 아이스크림 틀이 인기가 많아진 이유
④ 화려한 틀로 찍어낸 아이스크림의 역사
⑤ 아이스크림을 만드는 새로운 기술

2 새로운 냉장고 기술로 인해 아이스크림의 저장이 용이해지면서 가격이 저렴해졌다는 빈칸 앞의 내용은, 다시 말하자면 화려한 모양의 아이스크림을 더 이상 만들 필요가 없어졌다는 빈칸 뒤의 내용과 동일하므로, 빈칸에는 ⑤가 알맞다.

Q 글의 빈칸에 들어갈 말로 가장 알맞은 것은?

① 하지만 ② 마찬가지로 ③ 예를 들어 ④ 한편 ⑤ 다시 말해서

3 (1) 2번 문장에서 아이스크림은 특별한 금속 틀을 사용하여 만들어졌다고 했다.
(2) 7번 문장에서 아이스크림콘과 바는 20세기 초반에 도입되었다고 했다.

Q 다음 문장이 글의 내용과 일치하면 T, 그렇지 않으면 F를 쓰세요.

(1) 아이스크림을 위한 특별한 디자인은 플라스틱 틀을 사용하여 만들어졌다.
(2) 아이스크림콘과 바는 19세기 전에 도입되었다.

4 Q 다음 빈칸에 알맞은 말을 본문에서 찾아 쓰세요.

틀로 찍어낸 아이스크림	• 주로 ⓐ 부유한 사람들을 위한 것이다 • 비싼 ⓑ 재료를 사용한다 • 모양을 만들고 보관하기 어렵다
아이스크림콘과 바	• 모든 사람을 위한 것이다 • 먹고 치우기 더 쉽다 • 저장하기 더 쉽고 ⓒ 가격이 더 싸다

5 Q 다음 빈칸에 알맞은 우리말 해석을 써보세요.

본문 해석

[1]19세기 후반, 사람들은 칠면조, 꽃, 그리고 심지어 유명인들의 머리와 같은 재미있는 모양들로 아이스크림을 만들었다! [2]그들은 자신들의 아이스크림이 독특해 보이기를 원했고, 이에 특별한 금속 틀을 사용해 이 멋진 디자인들을 만들어냈다.

[3]하지만, 틀에 넣어 만들어진 아이스크림이 모든 사람을 위한 것은 아니었다. [4]아이스크림 재료는 비쌌고, 아이스크림의 모양을 만드는 데 많은 시간과 노력이 들었다. [5]그것이 녹는 것을 막는 것 또한 쉽지 않았다. [6]그래서, 이 디저트는 비싼 식당과 저녁 파티에서 주로 부유한 사람들에 의해 즐겨졌다.

[7]하지만 20세기 초반, 아이스크림콘과 바가 도입되었다. [8]그것들은 먹고 치우기에 더 쉬워서 모든 사람들이 그것들을 아주 좋아했다. [9]또한 새로운 냉장고 기술이 아이스크림을 저장하기 더 쉽게 그리고 더 저렴하게 만들었다. [10]다시 말해서, 더 이상 화려한 모양의 아이스크림을 만들 필요가 없었다. [11]그것이 바로 이러한 틀이 역사의 일부가 된 이유이다.

직독직해

[1]In the late 19th century, / people made ice cream / in fun shapes like turkeys, flowers, / and even famous people's heads! [2]They wanted / their ice cream to look unique, // so they created these fancy designs / by using special metal molds.
19세기 후반에, / 사람들은 아이스크림을 만들었다 / 칠면조, 꽃과 같은 재미있는 모양으로, / 그리고 심지어 유명한 사람들의 머리 모양 같은! 그들은 원했다 / 그들의 아이스크림이 독특해 보이기를, // 그래서 그들은 이런 멋진 디자인을 만들어 냈다 / 특별한 금속 틀을 사용해서.

[3]However, / molded ice creams / weren't for everybody. [4]The ingredients for the ice cream / were expensive, // and it took a lot of time and effort / to shape the ice cream. [5]Keeping it from melting / was also not easy. [6]So, / these desserts were mainly enjoyed / by wealthy people / at expensive restaurants and dinner parties.
그러나, / 틀로 찍어낸 아이스크림은 / 모든 사람을 위한 것이 아니었다. 아이스크림을 위한 재료들은 / 비쌌다, // 그리고 많은 시간과 노력이 들었다 / 아이스크림의 모양을 만드는 데. 그것이 녹지 않게 막는 것은 / 또한 쉽지 않았다. 그래서, / 이 디저트는 주로 즐겨졌다 / 부유한 사람들에 의해 / 비싼 식당과 저녁 파티들에서.

[7]But in the early 20th century, / ice cream cones and bars were introduced. [8]Everyone loved them // because they were easier / to eat and clean up. [9]Also, / new fridge technology made / ice cream easier to store / and cheaper. [10]In other words, / there was no need / to make fancy-shaped ice cream / anymore.
하지만 20세기 초반에, / 아이스크림콘과 바가 도입되었다. 모든 사람이 그것들을 아주 좋아했다 // 그것들이 더 쉬웠기 때문에 / 먹고 치우기에. 또한, / 새로운 냉장고 기술은 만들었다 / 아이스크림을 저장하기 더 쉽게 / 그리고 더 저렴하게. 다시 말해서, / ~할 필요가 없었다 / 멋진 모양의 아이스크림을 만들 / 더 이상.

[11]That's why // these molds became a part of history.
그것이 ~한 이유이다 // 이러한 틀이 역사의 일부가 된.

주요 구문

[2] They **wanted** their ice cream **to look** unique, so they created these fancy designs **by using** special metal molds.
A — their ice cream / to부정사 — to look unique

▸ <want+A(목적어)+to부정사>는 'A가 ~하기를 원하다'라는 의미이다.

▸ <by v-ing>는 '~함으로써'라는 의미의 '수단'을 나타낸다.

[4] The ingredients for the ice cream were expensive, and **it took** *a lot of time and effort* **to shape** the ice cream.

▸ <it takes+시간/노력+to-v>은 '~하는 데 시간/노력이 들다'라고 해석한다.

[6] So, these desserts **were** *mainly* **enjoyed** by wealthy people at expensive restaurants and dinner parties.

▸ were enjoyed는 과거형 수동태이다. 동사를 꾸며 주는 부사 mainly와 함께 '주로 즐겨졌다'라고 해석할 수 있다.

[8] Everyone loved them because they were *easier* [**to eat** and **(to) clean up**].
to부정사1 — to eat / to부정사2 — (to) clean up

▸ to eat과 (to) clean up은 접속사 and로 연결되어 있으며, 앞의 형용사 easier를 꾸며 주는 부사적 역할로 쓰였다.

Review

단어

본책 p.90

정답

A 1 reflects 2 shape 3 message 4 trends
B 1 ③ 2 ⑤
C 1 fit 2 effort 3 language 4 shout

해석

A 1 연못은 거울처럼 나무를 반사한다.
2 그 예술가는 성 모양을 만들기 위해 모래를 이용했다.
3 나는 어제 내 친구로부터 메시지를 받았다.
4 그 잡지는 올해의 뷰티 트렌드를 보여준다.

B 1 겨울에, 새들은 수천 마일을 이동한다.
① 보호하다 ② 창조하다 ③ 움직이다 ④ 보다 ⑤ 대신하다
2 그 섬은 부유한 사람들에게 인기 있는 장소이다.
① 실제의 ② 극도의 ③ 일반적인 ④ 다양한 ⑤ 부유한

C 보기
외치다 노력, 수고 꼭 맞다 언어 막대

1 이 퍼즐 조각은 여기에 꼭 맞지 않는다.
2 마라톤을 완주하는 것은 많은 노력이 필요했다.
3 읽는 것은 언어 실력을 향상시킬 수 있는 아주 좋은 방법이다.
4 코치는 경기장의 선수들에게 외치기 시작했다.

1일 1문장

본책 p.91

정답

A 1 모든 개가 우호적인 것은 아니다
2 네가 그 문을 열게 해준다
3 훨씬 더 따뜻하다

B 1 much quieter than the city
2 allows us to change the TV channel
3 Not every student passed the exam

C 1 much colder than
2 allows them to see the movie
3 Not every question has

25 침은 이런 효과도 있어요!

본책 pp.94~95

정답 1 ① 2 ⑤ 3 ⓐ taste ⓑ changes ⓒ healthy 4 (비록) 그 셔츠가 약간 비싸긴 했지만

문제 해설

1 침은 음식과 섞여 다양한 맛을 느끼게 해 줄 뿐만 아니라 우리가 먹는 음식에 따라 변화하여 결국 맛을 느끼는 데 영향을 준다는 내용이므로 정답은 ①이다.

① 침이 맛에 영향을 미치는 방법
② 각 사람마다 침은 다르다
③ 건강한 식사를 장려하는 방법
④ 채소를 즐기는 방법에 대한 연구
⑤ 침이 우리의 건강에 중요한 이유

2 먹는 것에 따라 침이 변하기 때문에 연구자들이 건강에 좋은 음식이 더 맛있게 느껴지도록 연구하고 있다는 내용의 글이므로, 사람마다 침이 독특하다는 (e)의 내용은 전체 글의 흐름과 관련이 없다.

3 침은 우리가 음식을 ⓐ 맛보도록 도와주고, 우리가 먹는 것에 따라 ⓑ 변한다. 연구자들은 ⓒ 건강에 좋은 음식이 더 맛있게 느껴지도록 하기 위해 이 지식을 사용하기를 희망한다.

본문 해석

[1]침은 우리 입 안의 단순한 액체 그 이상이며, 우리가 음식을 맛보고 풍미를 즐기도록 도와준다. [2]비록 그것은 99퍼센트가 물이기는 하지만, 그것은 음식이 어떤 맛이 나는지에 큰 영향을 미친다. [3]그것은 음식과 섞여 우리가 달콤한 맛, 짭짤한 맛 또는 신맛을 느끼게끔 해 준다.

[4]게다가, 침은 우리가 먹는 것(무엇을 먹는지)에 따라 변한다. [5]한 실험에서 쥐들에게 맛이 쓴 음식을 먹게 했을 때, 그것들의 침이 변했고, 쥐들은 그 맛을 받아들이기 시작했다. [6]물론, 쥐는 사람이 아니다. [7]그러나 연구자들은 우리의 침이 비슷한 방식으로 작용한다고 생각한다. [8]예를 들어, 만약 당신이 브로콜리를 항상 먹는다면, 브로콜리는 당신에게 맛이 나쁘지 않을 것이다!

[9]연구자들은 침과 음식 사이의 이러한 상호작용을 연구함으로써 건강에 좋은 음식이 더 나은 맛이 나기를 희망한다. ([10]침은 또한 사람마다 독특하다.) [11]그것은 건강한 식사를 장려하는 새로운 방법들로 이어질지도 모른다.

직독직해

[1]Saliva is more than just the liquid / in our mouths; // it helps us taste food and enjoy flavors.
침은 단순한 액체 그 이상이다 / 우리 입 안에서; // 그것은 우리가 음식을 맛보고 풍미를 즐기도록 도와준다.

[2]Though it is 99 percent water, // it has a big effect / on how things taste. [3]It mixes with food / and allows us to taste / sweet, salty, or sour flavors.
비록 그것은 99퍼센트가 물이기는 하지만, // 그것은 큰 영향을 미친다 / 음식이 어떤 맛이 나는지에. 그것은 음식과 섞인다 / 그리고 우리가 맛을 느끼게끔 해 준다 / 달콤한 맛, 짭짤한 맛 또는 신맛을.

[4]Moreover, / saliva changes / depending on what we eat. [5]In an experiment, / when rats were fed bitter food, // their saliva changed, / and they started to accept the taste. [6]Of course, / rats aren't people.
게다가, / 침은 변한다 / 우리가 먹는 것(무엇을 먹는지)에 따라. 한 실험에서, / 쥐들에게 맛이 쓴 음식이 먹여졌을 때, // 그것들의 침이 변했다, / 그리고 그것들은 그 맛을 받아들이기 시작했다. 물론, / 쥐는 사람이 아니다.

[7]But researchers think // our saliva works in a similar way. [8]For example, / if you eat broccoli all the time, //
그러나 연구자들은 (~라고) 생각한다 // 우리의 침이 비슷한 방식으로 작용한다고. 예를 들어, / 만약 당신이 브로콜리를 항상 먹는다면, //

broccoli won't taste bad to you!
브로콜리는 당신에게 맛이 나쁘지 않을 것이다!

[9]Researchers hope / to make healthy foods taste better / by studying these interactions / between saliva and food. ([10]Saliva is unique for each person too.) [11]It may lead to new ways / to encourage healthy eating.
연구자들은 희망한다 / 건강에 좋은 음식이 더 나은 맛이 나기를 / 이러한 상호작용을 연구함으로써 / 침과 음식 사이의. 침은 또한 사람마다 독특하다. 그것은 새로운 방법으로 이어질지도 모른다 / 건강한 식사를 장려하는.

주요 구문

[1] Saliva is more than just the liquid in our mouths; it **helps** us **taste** food and enjoy flavors.
(us: A, taste food and enjoy flavors: 동사원형)

▸ <help+A(목적어)+동사원형>은 'A가 ~하도록 돕다'라는 의미이다.

[2] Though it is 99 percent water, it has a big effect **on how** things taste.
(things: 주어, taste: 동사)

▸ how things taste는 <의문사+주어+동사> 어순의 간접의문문이며, 전치사 on의 목적어로 쓰였다.

[3] It mixes with food and **allows** us **to taste** sweet, salty, or sour flavors.
(us: A, to taste: to부정사)

▸ <allow+A(목적어)+to-v>는 'A가 ~하게 허락[허용]하다'라는 의미를 나타낸다.

[4] Moreover, saliva changes **depending *on* what** we eat.

▸ depending on은 '~에 따라'라는 의미의 표현이다.

▸ what we eat은 전치사 on의 목적어로 쓰인 관계대명사절로, 선행사를 포함하고 있는 관계대명사 what은 '~하는 것(들)'이라고 해석한다. 그러나, what을 의문사로 보아 간접의문문(~가 무엇을 …하는지)으로 해석할 수도 있다.

[9] Researchers hope to **make** healthy foods **taste** *better* **by studying** these interactions between saliva and food.
(healthy foods: A, taste: 동사원형)

▸ <make+A(목적어)+동사원형>은 'A가 ~하게 하다'의 의미이며, <taste+형용사>는 '~한 맛이 나다'라는 의미이다.

▸ <by v-ing>는 '~함으로써'의 뜻으로 '수단'을 나타낸다.

[11] It may lead to *new ways* [**to encourage** healthy eating].

▸ to encourage 이하는 바로 앞의 명사구 new ways를 꾸며 주는 형용사적 용법의 to부정사이다.

26 피뢰침의 새로운 변신

본책 pp.96~97

정답 1 ③ 2 ③ 3 (1) T (2) F 4 ④ 5 그 가게가 여는지

문제 해설

1 금속 피뢰침은 좁은 장소에서만 작동하므로, 그 단점을 극복하기 위한 대체물로 레이저 피뢰침을 개발하고 있다는 내용이다. 따라서 주제로 가장 알맞은 것은 ③이다.

① 피뢰침의 발명
② 레이저: 더 나은 삶을 위해 필요한 것
③ 레이저를 이용한 새로운 피뢰침
④ 피뢰침을 만들기 위한 노력
⑤ 역사상 최고의 발명품: 피뢰침

2 빈칸 앞에서 과학자들은 레이저 피뢰침으로 광범위한 지역에 번개를 유도하기를 원한다고 했으며, 빈칸 뒤에서는 과학자들이 레이저 장비를 더 저렴하게 만들기를 바란다는 그들의 또 다른 희망 사항이 나오므로 빈칸에는 첨가를 나타내는 ③이 가장 알맞다.

① 대신에 ② 하지만 ③ 게다가 ④ 예를 들어 ⑤ 이런 이유로

3 (1) 3번 문장에 언급되어 있다.
(2) 7번 문장에서 과학자들은 레이저를 이용하여 실제로 번개의 움직임을 일부 변경했다고 했다.

4 앞 부분에서 좁은 지역에서만 활용 가능한 기존의 금속 피뢰침의 한계를 보완하고자 레이저를 사용한 피뢰침을 개발하고 있다는 내용이 언급되므로 밑줄 친 a new idea가 가리키는 것은 ④이다.

본문 해석

[1]벤자민 프랭클린은 사람들을 번개로부터 보호하기 위해 피뢰침을 발명했다. [2]이제, 과학자들은 레이저를 대신 사용하려고 노력하고 있다. [3]우리는 오늘날에도 아직 건물에 금속 피뢰침들을 사용하지만, 그것들은 공항과 같은 넓은 곳이 아닌 좁은 지역에서만 작동한다. [4]그것이 과학자들이 우리를 번개로부터 안전하게 해줄 새로운 아이디어를 가지고 있는 이유이다.

[5]과학자들은 하늘을 가리키는 레이저 광선이 거대한 움직이는 피뢰침처럼 작동할 수 있는지 실험하기로 결정했다. [6]이전에, 일부 연구들은 레이저가 번개의 경로를 바꿀지도 모른다고 말했지만, 그들은 단지 이것을 실험실 안에서 테스트했었다. [7]최근, 그들은 이 아이디어를 밖에서 시도해 보았고, 레이저 피뢰침은 실제로 일부 벼락의 방향을 바꿨다!

[8]다음으로, 과학자들은 레이저로 광범위한 지역에 걸쳐 번개를 유도하기를 원한다. [9]게다가, 그들은 레이저 장치를 더 저렴하게 만들기를 바란다. [10]만약 그들이 이 문제들을 해결할 수 있다면, 레이저는 넓은 지역을 위한 새로운 종류의 피뢰침이 될 수도 있다.

직독직해

[1]Benjamin Franklin invented the lightning rod / to protect people from lightning. [2]Now, / scientists
벤자민 프랭클린은 피뢰침을 발명했다 / 사람들을 번개로부터 보호하기 위해. 이제, / 과학자들은

are trying to use lasers / instead. [3]We still use metal lightning rods on buildings today, // but they only work
레이저를 사용하려고 노력하고 있다 / 대신에. 우리는 오늘날에도 아직 건물에 금속 피뢰침을 사용한다, // 하지만 그것들은 오직 작동한다

/ for small areas, / not large places like airports. [4]That's why // scientists have a new idea / to keep us safe /
/ 좁은 지역에서, / 공항과 같은 넓은 곳이 아닌. 그것이 ~한 이유이다 // 과학자들이 새로운 아이디어가 있는 / 우리를 안전하게 유지해 줄 /

from lightning.
번개로부터.

[5]Scientists decided to test // if a laser beam pointed at the sky / could work / like a big, movable
과학자들은 실험하기로 결정했다 // 하늘을 가리키는 레이저 광선이 / 작동할 수 있는지 / 거대한 움직이는 피뢰침처럼.

lightning rod. [6]Before, / some studies said / lasers might change the path of lightning, // but they only
이전에, / 일부 연구들은 말했다 / 레이저가 번개의 방향을 바꿀지도 모른다고, // 하지만 그들은 이것을

tested this inside a lab. [7]Recently, / they tried this idea outside, // and the laser lightning rod actually
실험실 안에서만 실험했다. 최근에, / 그들은 이 아이디어를 밖에서 시도했다, // 그리고 레이저 피뢰침은 실제로 바꿨다

changed / the path of some lightning strikes!
/ 일부 벼락의 방향을!

[8]Next, / scientists want to guide lightning / across broad areas / with lasers. [9]In addition, / they hope
다음에, / 과학자들은 번개를 이끌기를 원한다 / 광범위한 지역에 걸쳐 / 레이저로. 게다가, / 그들은

to make / the laser device cheaper. [10]If they can solve these problems, // lasers could become / a new kind
만들기를 바란다 / 레이저 장치를 더 저렴하게. 만약 그들이 이 문제들을 해결할 수 있다면, // 레이저는 (~이) 될 수도 있다 / 새로운 종류의

of lightning rod / for big areas.
피뢰침이 / 넓은 지역을 위한.

주요 구문

[4] **That's why** scientists have *a new idea* [**to keep** us **safe** from lightning].
A 형용사

▶ <That's why+주어+동사 ~>는 '그것이 ~한 이유이다', '그래서 ~이다'라는 의미를 나타낸다.
▶ to keep 이하는 앞의 명사구 a new idea를 꾸며 주는 형용사적 용법으로 쓰였다.
▶ <keep+A(목적어)+형용사>는 'A를 ~한 상태로 유지하다'라는 의미이다.

[6] Before, some studies said (**that**) lasers might change the path of lightning, but they only tested this inside a lab.

▶ 동사 said 뒤에는 목적어절을 이끄는 접속사 that이 생략되었다. that절이 목적어 역할을 하는 경우 that은 자주 생략된다.

[9] In addition, they **hope to make**[동] the laser device[목] **cheaper**.[보]
주어 동사 목적어

▶ <hope to-v>는 '~하기를 바라다'의 의미이며, 동사 hope는 to부정사만을 목적어로 취한다.
▶ <make+A(목적어)+보어(형용사)>는 'A를 ~하게 만들다'의 의미이며, 보어 자리에는 비교급 형태의 형용사 cheaper가 쓰였다.

[10] **If** they can solve these problems, lasers could become a new kind of lightning rod for big areas.
<부사절> <주절>

▶ 여기서 if는 '만약 ~하다면'이라는 의미로 조건을 나타내며, 부사절을 이끄는 접속사로 쓰였다. if가 명사절을 이끄는 접속사로 쓰이면, '~인지 (아닌지)'를 의미하므로 둘의 차이를 구별하여 잘못 해석하지 않도록 주의해야 한다.
e.g. I'm not sure **if** the bus stops here. 나는 여기에 버스가 서는지 잘 모른다.

27 말이 빵집의 단골이었다고요?

본책 pp.98~99

정답 **1 ③ 2 ④ 3 ③ 4 (1) T (2) F 5 시험을 통과하기 위해 필요한 조언을**

문제 해설

1 과거에 영국의 말들이 주식으로 먹었던 horse bread의 역사에 관해 설명하고 있으므로 주제로 가장 알맞은 것은 ③이다.

① 중세 시대에 영국인들이 먹었던 것
② 영국 제빵사들에게 horse bread의 중요성
③ 영국에서 horse bread의 역사
④ 말들이 곡식이나 풀보다 빵을 더 좋아했던 이유
⑤ horse bread와 하얀 빵의 차이점

2 빈칸 (A) 뒤에 나오는 2번 문장에서 중세 시대에 사람보다 말이 훨씬 더 빵을 많이 먹었다는 내용이 언급되고 있으므로 빈칸 (A)에 가장 알맞은 것은 ④이다.

① 변화 ② 문제 ③ 성공 ④ 고객 ⑤ 도전

3 빈칸 (B) 앞부분에서는 중세 시대 말들이 horse bread를 많이 먹은 이유가 언급되고 있고, 빈칸 (B) 뒤에서는 철도의 개통으로 인해 말들에게 horse bread의 필요성이 감소한 상반된 내용이 이어지고 있다. 따라서 빈칸 (B)에 가장 알맞은 것은 역접의 의미를 나타내는 ③이다.

① 또한 ② 그러므로 ③ 하지만 ④ 게다가 ⑤ 예를 들면

4 (1) 2번, 3번 문장에 언급되어 있다.
(2) 6번 문장에서 horse bread는 가격이 싸며, 운반하기 쉬웠다고 했다.

본문 해석

[1]이상하게 들릴지도 모르지만, 말은 사실 수 세기 동안 영국에서 제빵사들의 가장 큰 고객이었다. [2]중세 시대에, 사람들은 하루에 약 1.3킬로그램의 많은 빵을 먹었다. [3]하지만 말들은 훨씬 더 많이 먹었다! [4]그것들은 horse bread라고

불리는 납작한 갈색 빵이 먹여졌는데, 그것은 사람들이 먹었던 하얀 빵과는 달랐다.

[5]이 특별한 horse bread는 빵집의 남은 음식을 이용해 일하는 말들을 위해 만들어졌다. [6]그것은 싸고, 나르기 쉬웠으며, 말들에게도 좋았다. [7]그것은 말들에게 힘든 일에 필요한 에너지를 제공해 주었다. [8]말들이 사람들과 물건들을 전국에 날라야 했을 때, 말들의 주인은 말들에게 엄청난 양의 곡물과 풀을 먹일 필요가 없었다.

[9]하지만, 1830년 영국에서 첫 철도가 개통되었을 때, 철도는 사람들이나 무거운 물건을 운반하는 데 있어 말들을 대신했다. [10]그래서 말들은 그만큼 일할 필요가 없었고 마침내 horse bread를 먹는 것을 멈췄다.

직독직해

[1]It may sound strange, // but horses were actually the biggest customers / for bakers in England /
그것은 이상하게 들릴지도 모른다, // 하지만 말들은 실제로 가장 큰 고객들이었다 / 영국의 제빵사들에게 /

for centuries. [2]In the Middle Ages, / people ate a lot of bread / — about 1.3 kilograms a day. [3]But horses
수 세기 동안. 중세 시대에, / 사람들은 많은 빵을 먹었다 / — 하루에 약 1.3 킬로그램을. 하지만 말들은

ate even more! [4]They were fed a flat, brown bread / called horse bread, // which was different / from the
훨씬 더 많이 먹었다! 그것들은 납작한 갈색 빵이 먹여졌다 / horse bread라고 불리는, // 그런데 그것은 달랐다 /

white bread people ate.
사람들이 먹었던 하얀 빵과.

[5]This special horse bread was made / for working horses / by using leftovers / from the bakery. [6]It was
이 특별한 horse bread는 만들어졌다 / 일하는 말들을 위해 / 남은 음식을 이용함으로써 / 빵집에서의. 그것은

cheap, easy to carry / and also good for the horses. [7]It provided them with the energy / needed for their
싸고 나르기 쉬웠다 / 그리고 또한 말들에게 좋았다. 그것은 그것들에게 에너지를 제공했다 / 그것들의 힘든 일에 필요한.

hard work. [8]When they had to carry people and things / across the country, // their owners didn't have to
그것들이 사람과 물건들을 날라야 했을 때 / 전국으로, // 그것들의 주인들은 그것들에게

feed them / huge amounts of grain and grass.
먹일 필요가 없었다 / 엄청난 양의 곡식과 풀을.

[9]However, / when the first railways opened / in England in 1830, // they replaced horses / for carrying
하지만, / 첫 철도가 열렸을 때, / 1830년 영국에서, // 그것들은 말들을 대신했다 /

people or heavy things. [10]So, / horses didn't need to work as much / and finally stopped / eating horse
사람이나 무거운 것들을 운반하는 데. 그래서, / 말들은 그만큼 일할 필요가 없었다 / 그리고 마침내 멈추었다 / horse bread를 먹는 것을.

bread.

주요 구문

[4] They were fed *a flat, brown bread* [**called** *horse bread*, **which** was different from *the white bread* [(**that/which**) people ate]].

▸ called 이하는 과거분사구로 명사구 a flat, brown bread를 뒤에서 꾸며 주고 있다.

▸ <,(콤마)+which>는 선행사 horse bread에 대한 설명을 덧붙이는 역할을 한다. 여기서는 '~하다, 그런데 그것은 …'이라는 의미이다.

▸ the white bread 뒤에는 목적격 관계대명사 that/which가 생략되어 있으며, (that/which) people ate는 선행사 the white bread를 꾸며 준다.

[5] This special horse bread was made **for working** horses **by using** leftovers from the bakery.

▸ was made는 '만들어졌다'라는 의미의 과거형 수동태이며, working은 전치사 for의 목적어로 쓰인 동명사이다.

▸ <by v-ing>는 '~함으로써'라는 의미로 '수단'을 나타낸다.

[6] It was cheap, *easy* **to carry** and **(it was)** also good for the horses.

▸ to carry는 앞의 형용사 easy를 꾸며 주는 부사적 용법으로 쓰였다.

▸ and 뒤에는 반복되는 어구인 it was가 생략되었다.

[8] When they **had to** carry people and things across the country, their owners **didn't have to** feed them huge amounts of grain and grass.

▸ have/has to의 과거형인 had to는 '~해야 했다'라는 뜻으로 '의무'를 나타내지만, 부정형인 didn't have to는 '~할 필요가 없었다'라는 '불필요'를 나타낸다. 부정형은 의미가 달라지므로 주의해야 한다.

[10] So, horses **didn't need to** work as much and finally **stopped eating** horse bread.

▸ didn't need to는 '~할 필요가 없었다'라는 '불필요'를 나타내는 표현으로 didn't have to로 바꿔쓸 수도 있다.

▸ <stop v-ing>은 '~하는 것을 멈추다'의 의미이다. 동사 stop은 목적어로 to부정사, 동명사를 모두 취할 수 있지만 목적어의 형태에 따라 그 의미가 달라진다. (*cf.* <stop to-v>: ~를 하기 위해 멈추다)

Review

단어

본책 p.100

정답

A 1 ⓐ 2 ⓒ 3 ⓑ

B 1 **flavor** 2 **guide** 3 **area** 4 **invent**

C 1 **depending on** 2 **provides us with** 3 **has, effect on**

해석

A 1 feed(먹이를 주다) - ⓐ 누군가나 무언가에게 음식을 주다
2 necessary(필요한) - ⓒ 정말 중요해서 꼭 해야 하거나 가져야 하는
3 replace(대체하다) - ⓑ 무언가 대신에 사용되다

B 보기: 이끌다 지역, 구역 맛 발명하다 실험실

1 나는 바닐라 아이스크림의 맛을 아주 좋아한다.
2 별은 밤에 배의 방향을 이끄는 데 사용되었다.
3 이 지역은 맛있는 음식으로 잘 알려져 있다.
4 그 회사는 전기를 절약하는 기기를 발명하고 싶어 한다.

1일 1문장

본책 p.101

정답

A **1 1920년대에 쓰여진 책**
2 그 도서관이 열려 있는지
3 (비록) 어두워지고 있기는 했지만

B **1 the apples washed by my sister**
2 if the train leaves at 8 or 9
3 though they didn't win

C **1 though it was raining**
2 the cat rescued from the street
3 if she is[she's] at home

28 나는 어떤 동물에 해당할까?

본책 pp.104~105

정답 1 ④ 2 ③ 3 ⓐ deal with ⓑ unique 4 네가 생각하는 것에

문제 해설

1 ④ 8번 문장에서 여우는 자신의 목표 일부를 희생하거나 다른 사람들이 그들의 목표 일부를 포기하도록 설득할 수 있다고 했다. ①은 4~5번 문장에, ②는 6번 문장에, ③은 7번 문장에, ⑤는 10번 문장에 언급되어 있다.

2 관계를 더 오래 지속시키면서 더 만족스러울 수 있도록 해주는 것은 빈칸 바로 앞 문장에서 언급된 '갈등을 해결하는 방식'에 달려 있다고 할 수 있으므로 정답은 ③이다.

① 갈등에서 이기기 위해 노력하는 것은
② 당신만의 방식을 바꾸는 것은
③ 사람들이 갈등을 어떻게 다루는지는
④ 문제로부터 도망치는 것은
⑤ 그들 자신의 목표를 포기하는 것은

3

> 사람들은 다른 이와의 갈등을 다양한 방식으로 ⓐ 처리한다. 모든 이들은 문제를 해결하는 자신만의 ⓑ 독특한 방식을 가지고 있고, 우리는 더 나은 관계를 위해 각자의 방식을 이해해야 한다.

본문 해석

1사회 심리학자 데이비드 W. 존슨은 사람들이 보통 어떻게 문제를 다루는지 연구했다. 2그는 우리가 우리 자신이 원하는 것과 다른 사람이 원하는 것 또한 생각하는 경향이 있다는 것을 알아냈다. 3그는 사람들이 다른 사람들과의 갈등을 다루기 위해 사용하는 다섯 가지 방식을 분류했다.

거북이: 4거북이들은 문제를 피하려고 한다. 5그들은 그들 자신의 목표와 관계들을 포기한다.

상어: 6상어들은 무슨 일이 있어도 이기길 원하고 다른 사람들의 요구에 신경을 쓰지 않는다.

곰 인형: 7곰 인형들은 자신들의 관계들을 유지하기 위해 그들 자신의 목표들을 포기한다.

여우: 8여우들은 자신의 목표 일부를 희생하거나 다른 사람들이 그들의 목표 일부를 포기하도록 설득할 수 있다.

올빼미: 9올빼미들은 해결책에 이르기 위해 함께 일한다. 10그들은 비록 시간이 걸리더라도 모두가 만족하는 해결책을 찾으려고 노력한다.

11모든 사람들은 갈등을 해결하는 그들만의 독특한 방법이 있고, 이 방식들은 그들의 관계들에 영향을 줄 수 있다. 12사람들이 갈등을 어떻게 다루는지는 관계를 더 오래 지속되고 더 만족스러울 수 있게 해준다. 13그것이 각자의 방식을 이해하는 것이 중요한 이유이다.

직독직해

1Social psychologist David W. Johnson studied // how people usually handle problems. 2He found //
사회 심리학자 데이비드 W. 존슨은 연구했다 // 사람들이 보통 어떻게 문제를 다루는지를. 그는 알아냈다 //

that we tend to think about / what we want and / what other people want too. 3He categorized five
우리가 (~에 대해) 생각하는 경향이 있다는 것을 / 우리가 원하는 것과 / 다른 사람이 원하는 것에 대해서도. 그는 사람들이 사용하는 다섯 가지

styles that people use / to deal with conflicts / with others.
방식을 분류했다 / 갈등을 다루기 위해 / 다른 사람들과의.

The Turtle: 4Turtles run away from problems. 5They give up / their own goals and relationships.
거북이 거북이들은 문제를 피하려고 한다. 그들은 포기한다 / 그들 자신의 목표와 관계들을.

The Shark: 6Sharks want to win / at any cost / and don't care about others' needs.
상어 상어들은 이기길 원한다 / 무슨 일이 있어도 / 그리고 다른 사람들의 요구에 신경을 쓰지 않는다.

The Teddy Bear: [7]Teddy bears give up their goals / to keep their relationships.
곰 인형 곰 인형들은 그들의 목표들을 포기한다 / 그들의 관계들을 유지하기 위해.

The Fox: [8]Foxes can sacrifice / some of their goals / or persuade others to give up / some of theirs.
여우 여우들은 희생할 수 있다 / 그들 자신의 목표 일부를 / 또는 다른 사람들이 포기하도록 설득할 수 있다 / 그들의 목표 일부를.

The Owl: [9]Owls work together / to reach solutions. [10]They try to find a solution / everyone is happy with, // even if it takes time.
올빼미 올빼미들은 함께 일한다 / 해결책에 이르기 위해. 그들은 해결책을 찾으려고 노력한다 / 모두가 만족하는, // 비록 시간이 걸리더라도.

[11]Everyone has their unique ways / of solving conflicts, // and these styles / can influence their relationships. [12]How people handle conflicts // can make the relationship / last longer and be more satisfying. [13]That's why // understanding each person's style / is important.
모든 사람들은 그들만의 독특한 방법이 있다 / 갈등을 해결하는, // 그리고 이 방식들은 / 그들의 관계들에 영향을 줄 수 있다. 사람들이 갈등을 어떻게 다루는지는 // 관계를 만들 수 있다 / 더 오래 지속되고 더 만족스럽게. 그것은 (~한) 이유이다 // 각각의 사람들의 방식을 이해하는 것이 / 중요한.

주요 구문

[1] Social psychologist David W. Johnson studied **how** people주' usually handle동' problems.목'
주어 / 동사 / 목적어

▸ how가 이끄는 절은 <의문사+주어+동사> 형태의 간접의문문이며, 동사 studied의 목적어로 쓰였다.

[10] They **try to find** *a solution* [**(that/which)** everyone is happy with], **even if** it takes time.

▸ <try to-v>는 '~하려고 노력하다, 애쓰다'의 의미이다.

▸ a solution 뒤에는 목적격 관계대명사 that/which가 생략되었으며, (that/which) everyone is happy with가 선행사 a solution을 꾸며 준다.

▸ even if는 '(비록) ~일지라도'라는 의미를 나타내는 접속사이다.

[12] **How** people주' handle동' conflicts목' **can make** the relationship **last** longer and **be** more satisfying.
주어 / 동사 / 목적어 / 보어1 / 보어2

▸ How people handle conflicts는 간접의문문으로, 문장의 주어로 쓰였다.

▸ <make+A(목적어)+동사원형>은 'A가 ~하게 하다, 시키다'라는 의미이며, 두 개의 보어는 접속사 and로 연결되었다.

[13] That's **why** *understanding each person's* style is important.

▸ <That's why+주어+동사 ~>는 '그것이 ~한 이유이다'라는 뜻으로, 앞 문장의 결과에 해당하는 내용이 온다.

▸ understanding ~ style은 주어로 쓰인 동명사구이다.

29 밤하늘의 별을 볼 수 없다면?

본책 pp.106~107

정답 1 ⑤ 2 (1) F (2) T 3 ⓐ satellites ⓑ brighter ⓒ harder
4 내가 새로운 운동을 배우는 것은

문제 해설

1 도시의 밝은 불빛들과 지구 근처의 많은 위성들로 인한 빛공해가 별을 보기 어렵게 만든다는 내용의 글이다. 따라서, 글의 주제로는 ⑤가 가장 알맞다.

① 도시의 불빛이 어떻게 빛공해를 일으키는지
② 무엇이 맑은 하늘을 보기 어렵게 만드는지
③ 밤하늘의 선명한 사진을 찍을 수 있는 방법
④ 우주에 더 많은 위성을 보내기 위한 미래의 계획
⑤ 빛공해의 원인들과 그것들의 문제점

2 (1) 4번 문장에서 인공위성이 빛공해의 또 다른 원인이라고 했지만 가장 큰 원인이라고 하지는 않았다.
(2) 9번 문장에 언급되어 있다.

3 빛공해

원인	• 밝은 도시의 불빛 • 지구 근처의 너무 많은 ⓐ 위성들
결과	• 천문학자들은 밤하늘의 사진을 찍는 데 어려움을 겪고 있다. • 밤하늘이 ⓑ 더 밝아지고 있다. • 별을 보기가 ⓒ 더 힘들어지고 있다.

본문 해석

[1]밝은 도시들에서, 당신은 별을 거의 볼 수 없다. [2]전 세계적으로, 더 많은 도시들이 빛공해를 일으키면서 불빛을 사용하고 있다. [3]그것은 큰 문제가 되고 있다.

[4]빛공해의 또 다른 원인은 지구 근처에 인공위성들이 너무 많이 있다는 것이다. [5]그것들은 천문학자들의 밤하늘 사진을 엉망으로 만든다. [6]이 때문에, 그들이 우주에 관한 새로운 발견을 하는 것은 어렵다.

[7]하지만 천문학자들을 걱정하게 하는 것은 이 인공위성들의 밝기가 도시 불빛들로 인한 빛공해에 더해진다는 것이다. [8]이것은 밤하늘을 더 밝게 만들고 별들을 보는 것을 훨씬 더 어렵게 만든다. [9]연구원들은 2011년부터 2022년까지 평균 밤하늘이 해마다 9.6%씩 밝아졌다는 것을 알아냈다. [10]그들은 그 결과를 설명하기 위해 한 예를 들었다. [11]만약 밤에 250개의 별을 볼 수 있는 곳에서 아이가 태어났다면, 그 아이는 18년 후에 오직 100개의 별만을 볼 수 있을 것이다.

직독직해

[1]In bright cities, / you can hardly see the stars. [2]All around the world, / more cities are using lights, /
밝은 도시들에서는, / 당신은 별들을 거의 볼 수 없다. 전 세계적으로, / 더 많은 도시들이 불빛을 사용하고 있다, /

causing light pollution. [3]It is becoming a big problem.
빛공해를 일으키면서. 그것은 큰 문제가 되고 있다.

[4]Another cause of light pollution is // that there are too many satellites / near Earth. [5]They mess up /
빛공해의 또 다른 원인은 ~이다 // 인공위성들이 너무 많이 있다는 것 / 지구 근처에. 그것들은 망친다 /

astronomers' pictures / of the night sky. [6]Because of this, / it's hard for them / to make new discoveries
천문학자들의 사진을 / 밤하늘의. 이 때문에, / 그들에게 (~은) 어렵다 / 우주에 관한 새로운 발견을 하는 것은.

about space.

[7]But what worries astronomers is // that the brightness from these satellites / adds to light pollution /
하지만 천문학자들을 걱정하게 하는 것은 ~이다 // 이 인공위성들로부터의 밝음이 / 빛공해에 더해진다는 것 /

from city lights. [8]This makes the night sky brighter, / and makes it even harder / to see the stars.
도시 불빛들로부터의. 이것은 밤하늘을 더 밝게 만든다, / 그리고 훨씬 더 어렵게 만든다 / 별들을 보는 것을.

[9] Researchers found // that the average night sky got brighter / by 9.6% per year / from 2011 to 2022.
연구원들은 알아냈다 // 평균적인 밤하늘이 더 밝아졌다는 것을 / 1년마다 9.6%씩 / 2011년부터 2022년까지.

[10] They gave an example / to explain the result. [11] If a child is born / in a place where they can see 250 stars /
그들은 한 예를 들었다 / 결과를 설명하기 위해. 만약 아이가 태어난다면 / 그들이 250개의 별을 볼 수 있는 곳에 /

at night, // that child will only see 100 stars / 18 years later.
밤에, // 그 아이는 오직 100개의 별만을 볼 것이다 / 18년 후에.

주요 구문

[2] All around the world, more cities are using lights, **causing** light pollution.

▸ causing은 '~하면서'의 의미로 '동시동작'을 나타내는 분사구문이다.

[7] But **what** *worries* astronomers is **that** *the brightness* [**from** these satellites] adds to *light pollution* [**from** city lights].
주어 동사 보어

▸ 관계대명사 what은 '~하는 것(들)'을 의미하며 문장에서 주어로 쓰였다. 이때, 관계대명사절에서 what이 주어 역할을 하므로 바로 뒤에는 동사 worries가 오고 있다.

▸ that 이하는 문장에서 보어로 쓰였다. that절 안의 전치사구 from these satellites, from city lights는 각각 앞의 명사(구) the brightness, light pollution을 꾸며 주고 있다.

[8] This **makes** the night sky **brighter**, and **makes** it *even* ***harder*** [**to see** the stars].
주어1 동사1 목적어1 보어1 동사2 목적어2 보어2

▸ 'A를 ~하게 만들다'라는 의미의 <make+A(목적어)+형용사>는 접속사 and로 연결되었다. 이때, and 뒤의 목적어 it은 the night sky를 가리킨다.

▸ to see the stars는 비교급 형태의 형용사 harder를 꾸며 주는 부사적 용법으로 쓰였으며, '~하기에 …인[한]'으로 해석한다.

▸ much, even, a lot, still 등은 비교급을 강조하는 부사로 '훨씬'이라는 의미를 나타낸다.

[11] If a child is born in *a place* [**where** they can see 250 stars at night], that child will only see 100 stars 18 years later.

▸ where는 '장소'를 나타내는 관계부사로, 선행사인 a place를 꾸며 주는 형용사절을 이끈다.

30 육지를 벗어난 태양 전지판

본책 pp.108~109

정답 1 ④ 2 ③ 3 ⓐ reducing ⓑ harm 4 어른의 두 배 더 많은 수면이

문제 해설

1 육지가 아닌 물 위에 설치하는 태양 전지판의 장점에 관해 주로 설명하고 있으므로 글의 제목으로는 ④가 가장 알맞다.

Q 글의 제목으로 가장 알맞은 것은?

① 태양 전지판을 더 좋게 만드는 방법
② 무엇이 태양 전지판을 더 저렴하게 만드는지
③ 호수에서 사용하는 태양 전지판의 한계
④ 훌륭한 에너지원: 물 위의 태양 전지판
⑤ 물속의 태양 전지판: 에너지의 미래

2 빈칸 뒤 10번 문장에서 태양 전지판이 많아질 경우 물속 생태계에 미치는 부정적인 영향에 대해 언급하고 있으므로 빈칸에는 물 위에 떠다니는 태양 전자판은 '아직 완벽하지 않다'라는 의미의 ③ aren't perfect yet이 가장 알맞다.

Q 글의 빈칸에 들어갈 말로 가장 알맞은 것은?

① 사용될 수 없다
② 잘 고정되지 않는다
③ 아직 완벽하지 않다
④ 돈을 절약할 수 없다
⑤ 모두 준비가 되었으며 작동하고 있다

3 Ⓠ **다음 빈칸에 알맞은 말을 본문에서 찾아 쓰세요.**

떠 있는 태양 전지판

장점	• 더 많은 에너지를 만들 수 있다 • 물의 증발을 ⓐ 줄임으로써 물을 절약할 수 있다
단점	• 육지 전지판보다 비용이 약 25% 더 든다 • 태양 전지판이 너무 많으면 수중 생물들에게 ⓑ 해를 끼칠 수 있다

4 Ⓠ **다음 빈칸에 알맞은 우리말 해석을 써보세요.**

본문 해석

[1]태양 전지판은 햇빛을 전기로 바꾸는 데 사용된다. [2]그것들의 대부분은 육지에 있지만, 최근에 사람들은 물 위에 뜨는 태양 전지판을 설치하려는 노력을 하고 있다. [3]그것들은 호수 밑바닥에 고정된 물 위에 뜨는 플랫폼에 설치된다. [4]그것들은 육지 전지판들보다 약 25 퍼센트 더 비용이 든다.

[5]그것들은 비싸지만, 몇 가지 혜택들이 태양 전지판을 좋은 아이디어로 만든다. [6]호수의 30 퍼센트에 이 태양 전지판들을 설치함으로써, 그것들은 현재의 모든 태양열 에너지보다 10배 더 많은 에너지를 만들어 낼 수 있다. [7]그것들은 또한 호수의 증발을 줄임으로써 물을 절약할 수 있다. [8]고작 호수의 30 퍼센트만 덮어도 30만 명의 사람들이 일 년에 사용할 수 있는 만큼의 물의 양을 절약할 수 있다.

[9]하지만, 물 위에 뜨는 태양 전지판은 아직 완벽하지 않다. [10]너무 많은 태양 전지판은 물속의 식물과 동물들을 해칠 수 있다. [11]과학자들은 이 전지판들이 각 호수의 물에 어떻게 영향을 미칠지 연구하는 것이 중요하다고 말한다.

직독직해

[1]Solar panels are used / to turn sunlight into electricity. [2]Most of them are on land, // but recently, /
태양 전지판은 사용된다 / 햇빛을 전기로 바꾸는데. 그것들의 대부분은 육지에 있다, // 하지만 최근에, /

people are trying / to put floating solar panels / on water. [3]They are placed / on floating platforms /
사람들은 노력하고 있다 / 뜨는 태양 전지판을 두려고 / 물 위에. 그것들은 설치된다 / 물 위에 뜨는 플랫폼에 /

fixed to the bottom of lakes. [4]They cost about 25% more / than land panels.
호수 밑바닥에 고정된. 그것들은 약 25 퍼센트 더 비용이 든다 / 육지 전지판들보다.

[5]They are expensive, // but some benefits make / solar panels a good idea. [6]By putting these solar
그것들은 비싸다, // 하지만 몇 가지 혜택들이 만든다 / 태양 전지판을 좋은 아이디어로. 이 태양 전지판들을 설치함으로써

panels / on 30% of lakes, / they could make / 10 times as much energy / as all current solar power.
/ 호수의 30 퍼센트에, / 그것들은 만들어 낼 수 있다 / 10배만큼 더 많은 에너지를 / 현재의 모든 태양열 에너지보다.

[7]They can also save water / by reducing evaporation / from lakes. [8]Covering just 30% of lakes / with solar
그것들은 또한 물을 절약할 수 있다 / 증발을 줄임으로써 / 호수로부터의. 단지 호수의 30 퍼센트를 덮는 것은 / 태양 전지판으로

panels / could save as much water // as 300,000 people would use / in a year.
/ 더 많은 물을 절약할 수 있다 // 300,000명의 사람들이 사용할 만큼 / 일 년에.

[9]However, / floating solar panels aren't perfect yet. [10]Too many solar panels could harm / the plants
하지만, / 물 위에 뜨는 태양 전지판은 아직 완벽하지 않다. 너무 많은 태양 전지판은 해칠 수 있다 / 식물과

and animals / in the water. [11]The scientists say // it's important to study / how these panels will affect /
동물들을 / 물속의. 과학자들은 말한다 // 연구하는 것이 중요하다고 / 이 전지판들이 어떻게 영향을 미칠지를 /

each lake's water.
각 호수의 물에.

주요 구문

[1] Solar panels **are used to turn** sunlight into electricity.

▶ <be used to-v>는 '~하는 데 사용되다'라는 의미의 수동태 표현이다.

[3] They are placed on **floating** *platforms* [**fixed** to the bottom of lakes].

▶ floating은 '(물 위에) 뜨는'이라는 의미로 뒤의 명사 platforms를 꾸며 주는 현재분사이다. 능동의 의미로 명사를 수식할 때는 현재분사(v-ing)를 쓴다.

▶ 과거분사구 fixed ~ lakes는 앞의 명사 platforms를 꾸며 주고 있다.

[8] **Covering** *just 30% of lakes* **with** *solar panels* could save **as much water as** *300,000 people would use in a year.*
(주어: Covering just 30% of lakes with solar panels / 동사: could save / 목적어: much water)

▶ Covering ~ panels는 주어로 쓰인 동명사구이며, 이때 <cover A with B>는 'A를 B로 덮다'라는 의미이다.

▶ <A as ~ as B>는 두 개의 대상을 비교해 서로 정도가 비슷하거나 같을 때 쓰는 원급 비교 표현이다. 보통 as ~ as 사이에는 형용사 또는 부사가 오지만 여기서는 <형용사+명사> 형태가 왔다.

[11] The scientists say **(that) it**'s important **to study** *how* these panels will affect each lake's water.
(주어: The scientists / 동사: say / 목적어: (that) it's important to study how these panels will affect each lake's water)

▶ say 뒤에는 목적어절을 이끄는 접속사 that이 생략되었으며, it's ~ each lake's water 전체가 동사 say의 목적어이다.

▶ that절에서 it은 가주어이며, to study 이하가 진주어이다.

▶ how 이하는 동사 study의 목적어로 쓰인 간접의문문이다.

Review

Unit 10

단어

본책 p.110

정답

A 1 hardly 2 benefit 3 goal 4 handle
B 1 ③ 2 ②
C 1 satisfying 2 average 3 affect 4 persuade

해석

A 1 이번 겨울에 눈은 거의 오지 않았다.
2 그녀는 우리에게 균형 잡힌 식단의 이로움에 대해 말해주었다.
3 그녀의 목표는 경기를 이기는 것이 아닌, 그것을 마치는 것이었다.
4 너는 친구들과의 갈등을 다루는 방법을 배워야 한다.

B 1 흡연하는 것은 당신의 폐를 해칠 수 있다.
① (물 위에) 뜨다 ② ~의 원인이 되다 ③ 해치다 ④ 분류하다 ⑤ 주문하다
2 그들은 행성에 대한 새로운 발견을 하게 되어 들떴다.
① 연구원 ② 발견 ③ 밑바닥 ④ 예, 예시 ⑤ 인공위성

C 보기
만족스러운 평균의 영향을 미치다 설득하다 (비용이) 들다

1 나의 삼촌[고모부, 이모부]은 새롭고 만족스러운 일을 찾고 계신다.
2 우리 반에서는, 평균 시험 점수가 70점이었다.
3 TV를 너무 많이 보는 것은 네 시력에 영향을 미칠 수 있다.
4 Amy는 내가 그녀와 함께 콘서트에 가도록 설득하려고 했다.

1일 1문장

본책 p.111

정답

A 1 그녀가 이룬 것을
2 우리 팀의 두 배 더 많은 선수들을
3 그가 일어나는 것은

B 1 for plants to get sunlight
2 three times as much gas as
3 by what they saw

C 1 for kids to play
2 four times as many books
3 what their son cooked

Unit 11

31 2,000년이 넘었는데 안 무너진다고요?

본책 pp.114~115

정답 1 ⑤ 2 ⑤ 3 (1) F (2) T 4 ⓐ concrete ⓑ self-healing
5 그들은 그 가게에서 일해 왔다

문제 해설

1 석회 쇄설암이라는 물질 덕분에 고대 로마의 콘크리트 건물들이 오래 지속될 수 있었다는 내용의 글이다. 따라서, 제목으로 가장 알맞은 것은 ⑤이다.

2 '이 반응은 자연적으로 일어나며 갈라진 틈이 더 커지기 전에 그것들을 빠르게 수리한다'라는 의미의 주어진 문장은 이러한 반응(석회 쇄설암이 접착제로 작용하여 작은 틈을 메움)이 언급되는 문장의 뒤인 ⑤에 위치하는 것이 가장 알맞다.

3 (1) 7번 문장에서 석회 쇄설암은 고온 반응을 통해 형성된다고 했다.
(2) 9번 문장에 언급되어 있다.

4

고대 로마인들은 2,000년 이상 지속된 튼튼한 ⓐ 콘크리트 건물을 지었다. 연구원들은 마침내 비밀을 발견했는데, 그것은 고대 콘크리트의 ⓑ 자가 치유 능력이었다.

본문 해석

1 고대 로마인들은 훌륭한 기술자이자 건축가였기 때문에 인상적인 건축물들을 많이 만들었다. 2 그들의 콘크리트 건물들은 2,000년 이상을 견뎌왔다. 3 수년 동안, 연구원들은 튼튼한 로마 콘크리트의 미스터리를 알아내기 위해 노력해 왔다. 4 이제, 그들은 마침내 자가 치유 콘크리트라는 비결을 발견했다고 믿는다!

5 그들의 콘크리트를 만들기 위해, 로마인들은 석회, 화산재, 그리고 물을 고온에서 섞었다. 6 연구원들은 로마 콘크리트에서 '석회 쇄설암'이라고 불리는 작고 하얀 덩어리들을 발견했다. 7 이것들은 고온 반응으로부터 형성되었다. 8 사실, 이 고온 혼합 과정은 고대 콘크리트에 '자가 치유 능력'을 부여한 것이었다. 9 석회 쇄설암이 물과 접촉할 때, 그것들은 접착제처럼 작용한다. 10 그것들은 작은 틈을 메우고 손상을 복구한다. 이 반응은 자연적으로 일어나며 갈라진 틈이 더 커지기 전에 그것들을 빠르게 수리한다.

11 이것은 고대 로마의 건물들이 왜 오늘날에도 좋은 상태를 유지하는지를 설명해 준다. 12 연구원들은 그들의 발견이 현대의 콘크리트를 개선하는 데 도움이 될 수 있기를 바란다.

직독직해

1 The ancient Romans were / great engineers and builders, // so they created many impressive structures.
고대 로마인들은 ~였다 / 훌륭한 기술자이자 건축가, // 그래서 그들은 많은 인상적인 건축물들을 만들었다.

2 Their concrete buildings have survived / for over 2,000 years. 3 For many years, / researchers have tried /
그들의 콘크리트 건물들은 견뎌 왔다 / 2,000년 이상을. 수년 동안, / 연구원들은 노력해 왔다 /

to figure out the mystery / of strong Roman concrete. 4 Now, / they believe // they have finally found the
미스터리를 밝혀내기 위해 / 튼튼한 로마 콘크리트의. 오늘날, / 그들은 믿는다 // 그들이 마침내 그 비결을 발견했다고:

secret: / self-healing concrete!
/ 자가 치유하는 콘트리트라는!

5 To make their concrete, / Romans mixed lime, volcanic ash, and water / at high temperatures.
그들의 콘크리트를 만들기 위해, / 로마인들은 석회, 화산재, 그리고 물을 섞었다 / 고온에서.

[6]Researchers noticed small white chunks / called "lime clasts" / in Roman concrete. [7]These were formed /
연구원들은 작고 하얀 덩어리를 발견했다 / '석회 쇄설암'이라고 불리는 / 로마의 콘트리트에서. 이것들은 형성되었다 /

from high-temperature reactions. [8]In fact, / this hot mixing process was // what gave the ancient concrete
고온 반응으로부터. 사실, / 이 고온 혼합 과정은 ~이었다 // 고대 콘크리트에

a "self-healing ability." [9]When lime clasts come into contact / with water, // they act like glue.
'자가 치유 능력'을 준 것. 석회 쇄설암이 접촉할 때 / 물과, // 그것들은 풀처럼 작용한다.

[10]They fill tiny cracks / and repair damage. This reaction happens naturally / and quickly fixes the cracks //
그것들은 작은 틈을 채운다 / 그리고 손상을 복구한다. 이 반응은 자연스럽게 일어난다 / 그리고 빠르게 틈을 수리한다 //

before they get bigger.
그것들이 더 커지기 전에.

[11]This explains // why ancient Roman buildings / remain in good condition / today. [12]Researchers
이것은 설명한다 // 왜 고대 로마인의 건물들이 / 좋은 상태로 남아있는지 / 오늘날. 연구원들은

hope // their findings could help / improve modern concrete.
바란다 // 그들의 발견이 도와줄 수 있기를 / 현대 콘크리트를 개선하는데.

주요 구문

[4] Now, they believe **(that)** they **have** finally **found** the secret: self-healing concrete!

▸ 동사 believe 뒤에는 목적어절을 이끄는 접속사 that이 생략되었다.

▸ have found는 '찾아냈다'라는 의미로 '완료'를 나타내는 현재완료이다.

[8] In fact, this hot mixing process(주어) was(동사) **what**(주') **gave**(동') **the ancient concrete**(간목') **a "self-healing ability."**(직목')(보어)

▸ 관계대명사 what이 이끄는 절은 '~하는 것(들)'으로 해석하며, 문장의 보어로 쓰였다. 이때, 관계대명사절에서 what이 주어 역할을 하므로 바로 뒤에는 동사 gave가 이어지고 있다.

▸ 관계대명사절의 <give+A(간접목적어)+B(직접목적어)>는 'A에게 B를 주다'라는 의미이다.

[11] This(주어) explains(동사) **why** ancient Roman buildings(주') remain(동') in good condition today.(수')(목적어)

▸ why ~ today는 동사 explains의 목적어로 쓰인 간접의문문으로 '왜 ~가 …하는지'라고 해석한다.

32 프랑스의 국민 빵을 지켜라!

본책 pp.116~117

정답 1 ⑤ 2 ④ 3 (1) T (2) F 4 ⓐ traditional ⓑ added ⓒ protect
5 그가 축구를 하고 있는 것을

문제 해설

1 고유의 바게트 제빵 기술을 가진 프랑스 전통 빵집들이 많이 사라지게 되면서, 유네스코에서 바게트의 전통적인 제빵 방법을 보호하기 위해 무형문화유산에 등재했다는 내용이므로 정답은 ⑤이다.

① 프랑스에서 사람들은 왜 바게트를 좋아하는가
② 프랑스 전통 빵집의 문제점
③ 대형 슈퍼마켓의 전 세계적인 문제
④ 프랑스에서 전통 제빵 방식을 배우는 것
⑤ 프랑스의 전통적인 바게트 문화를 보호하는 것

2 ④는 빵집들이 재룟값 상승으로 바게트의 가격을 올렸다는 내용으로, 사라질 위기에 처한 프랑스의 전통적인 바게트 제빵 기술을 보호하기 위해 노력하고 있다는 내용의 글의 전체 흐름과는 관련이 없다.

3 (1) 3번 문장에 언급되어 있다.
(2) 5번 문장에서 프랑스 전통 빵집들은 독자적인 바게트 제빵 기술을 가지고 있다고 했다.

4

프랑스는 대형 슈퍼마켓과 상점들 때문에 바게트를 파는 많은 ⓐ 전통적인 빵집들을 잃었다. 유네스코는 바게트 제빵의 전통을 ⓒ 보호하기 위해 그것을 무형 문화유산 목록에 ⓑ 추가했다.

본문 해석

[1]바게트는 프랑스에서 온 길고 가느다란 형태의 빵이다. [2]프랑스 사람들이 식사 때마다 이 빵을 먹는 것은 매우 흔하다. [3]프랑스에서 매년 60억 개의 바게트가 팔린다는 사실은 놀랍다! [4]아침 일찍, 당신은 사람들이 빵집에서 신선한 바게트를 사는 모습을 쉽게 볼 수 있다.

[5]과거에는 프랑스에 전통 빵집이 많이 있었고 각각 고유의 바게트 제빵 기술을 가지고 있었다. [6]그러나, 1970년 이후로, 프랑스는 매년 400개의 전통 빵집을 잃었다. [7]문을 닫은 소규모 빵집 대부분이 시골 지역에 있었다. ([8]빵집들은 오르는 재룟값 때문에 바게트의 가격을 올렸다.) [9]대형 슈퍼마켓과 상점들 때문에, 작은 빵집들은 영업을 유지하기가 어렵다는 것을 깨달았다.

[10]유네스코는 미래를 위해 바게트의 전통 제빵 방식을 보호하려고 노력했다. [11]그들은 바게트 빵의 전통적인 제조 기술과 문화를 '무형문화유산' 목록에 추가했다. [12]이것은 그러한 전통과 지식을 오랫동안 존속시키는 데 도움이 될 것이다.

직독직해

[1]A baguette is a long, thin type of bread / from France. [2]It is very common / for the French to eat this
바게트는 길고 가느다란 형태의 빵이다 / 프랑스에서 온. (~은) 매우 흔하다 / 프랑스인들이 이 빵을 먹는 것은

bread / during every meal. [3]It's surprising to know // that six billion baguettes are sold / in France / every
/ 식사 때마다. (~을) 알게 되어 놀랍다 // 60억 개의 바게트가 팔린다는 것을 / 프랑스에서 / 매년!

year! [4]Early in the morning, / you can easily see / people buying fresh baguettes / from bakeries.
아침 일찍, / 당신은 쉽게 볼 수 있다 / 사람들이 신선한 바게트를 사는 것을 / 빵집에서.

[5]In the past, / there were many traditional bakeries / in France // and each of them / had unique
과거에는, / 전통 빵집이 많이 있었고 / 프랑스에 // 그들 각각은 / 고유의

baguette-baking skills. [6]However, / since 1970, / France has lost 400 traditional bakeries / each year.
바게트 제빵 기술을 가지고 있었다. 그러나, / 1970년 이후로, / 프랑스는 400개의 전통 빵집을 잃었다 / 매년.

[7]Most of these small bakeries that closed / were in the countryside. ([8]Bakeries increased the price of
문을 닫은 이러한 대부분의 소규모 빵집이 / 시골 지역에 있었다. 빵집들은 바게트의 가격을 올렸다

baguettes / due to rising ingredient costs.) [9]Small bakeries found / it hard to stay open / because of
/ 오르는 재룟값 때문에. 작은 빵집들은 깨달았다 / 영업을 유지하기가 어렵다는 것을 /

big supermarkets and stores.
대형 슈퍼마켓과 상점들 때문에.

[10]UNESCO tried to protect / the traditional baguette-baking methods / for the future. [11]They added /
유네스코는 보호하려고 노력했다 / 전통적인 바게트 제빵 방식을 / 미래를 위해. 그들은 추가했다 /

the traditional know-how and culture / of baguette bread / to their list of "Intangible Cultural Heritage."
전통적인 전문 지식과 문화를 / 바게트 빵의 / 그것들의 '무형문화유산' 목록에.

[12]This will help / keep such traditions and knowledge alive / for a long time.
이것은 도움이 될 것이다 / 그러한 전통과 지식을 존속시키는 데 / 오랫동안.

주요 구문

[2] It is very common *for the French* to eat this bread during every meal.
가주어 의미상의 주어 진주어

▶ <It is + 형용사 + for A(목적격) + to-v ~> 구문은 'A가 ~하는 것은 …하다'로 해석한다.
이때 It은 뜻이 없는 가주어, to eat 이하가 진주어이다. for the French는 to부정사의 동작을 하는 의미상의 주어이다.

6 However, *since 1970*, France **has lost** 400 traditional bakeries each year.

▸ has lost는 '(지금까지) 쭉 ~해왔다'라는 '계속'의 의미를 나타내는 현재완료이다. <since+시점(~부터)>과 같이 시간을 나타내는 표현과 함께 잘 쓰인다.

7 *Most of these small bakeries* [**that** closed] were in the countryside.
주어 동사 수식어

▸ that closed는 선행사 Most of these small bakeries를 꾸며 주는 주격 관계대명사절이다.

9 Small bakeries **found it** *hard* **to stay open** because of big supermarkets and stores.
가목적어 진목적어

▸ <find+it(가목적어)+형용사+to-v(진목적어)>는 '~하는 것을 …하다고 생각하다'라고 해석한다.

12 This **will help keep**[동] such traditions and knowledge[목] **alive**[보] for a long time.
주어 동사 목적어

▸ This는 앞 문장 전체를 가리킨다. (= They added ~ "Intangible Cultural Heritage.")

▸ <help+동사원형[to-v]>는 '~하는 것을 돕다'라는 의미이며, help의 목적어 자리에는 to부정사와 동사원형 모두 올 수 있다.

▸ <keep+A(목적어)+형용사>를 'A를 ~한 상태로 두다[유지하다]'라는 의미이다.

33 '이것' 없는 영화관은 상상하기 힘들어

본책 pp.118~119

정답 1 ③ 2 ④ 3 ⓐ allowed ⓑ selling 4 그는 TV를 보면서

문제 해설

1 빈칸 (A) 앞에는 1927년 이전의 영화관은 상류층 손님만을 위한 호화로운 장소였다는 내용이 오고, 빈칸 뒤에는 대공황 시기에 많은 사람들이 적은 돈으로 즐길 수 있는 영화관과 같은 장소가 필요해졌다는 내용이 오므로 대조를 나타내는 However(그러나)가 가장 알맞다. 빈칸 (B) 앞에는 그 당시 영화 관람이 다른 여가 활동보다 저렴했다는 내용이 오고, 빈칸 뒤에는 영화관이 인기 있는 장소가 되었다는 내용이 나오므로 인과관계를 나타내는 As a result(결과적으로)가 가장 알맞다.

① 그러므로 … 예를 들어 ② 그러나 … 그럼에도 불구하고 ③ 그러나 … 결과적으로
④ 그러므로 … 결과적으로 ⑤ 간단히 말해서 … 게다가

2 '과거에 영화를 보는 데 얼마나 들었는지'에 대한 내용은 언급되지 않으므로 정답은 ④이다.

① 1927년 전에 영화관은 누구를 위한 것이었는가? (2번 문장에 언급됨)
② 팝콘은 왜 영화관에서 판매되지 않았는가? (3번 문장에 언급됨)
③ 대공황 때 무슨 일이 일어났는가? (5번 문장에 언급됨)
④ 영화 관람 비용이 얼마나 들었는가?
⑤ 영화관은 어디에서 팝콘 파는 것을 허용했는가? (10번 문장에 언급됨)

3

1927년 이전	팝콘은 미국 영화관에서 ⓐ 허용되지 않았다.
대공황 시기	영화관은 인기를 얻게 되었고 영화관 주인은 로비에서 팝콘을 ⓑ 팔기 시작했다.
오늘날	팝콘은 영화 팬들이 가장 좋아하는 간식으로 남아 있다.

본문 해석

[1]당신은 미국 영화관에서 팝콘이 항상 허용되지는 않았다는 것을 알았는가? [2]이것은 1927년 이전에 영화관은 상류층 손님만을 위한 호화로운 장소였기 때문이었다. [3]극장 소유주들은 사람들이 영화관에서 팝콘을 먹는 동안 소음을 내는 것을 원치 않았다. [4]그래서, 그들은 그들의 극장 내에서 팝콘을 허용하는 것에 대해 확신하지 못했다.

[5]그러나, 대공황 동안, 많은 사람들이 직장을 잃었고 힘든 시간을 보냈다. [6]그들은 더 적은 돈으로 즐길 장소가 필요했는데, 그것은 바로 극장이었다. [7]그 당시, 영화를 보러 가는 것은 다른 활동들보다 더 저렴했다. [8]결과적으로, 영화관은 인기 있는 장소가 되었다! [9]점점 더 많은 사람들이 영화관에 가게 되면서, 영화관 주인들은 마침내 팝콘을 팔기 시작했다. [10]그들은 극장 로비에서 팝콘을 파는 것을 허락했다.

[11]오늘날, 대부분의 영화관에서 팝콘은 돈을 버는 데 큰 부분을 차지한다. [12]그것은 항상 영화 관람객들이 가장 좋아하는 간식일 것이다!

직독직해

[1]Did you know // that popcorn was not always allowed / in American movie theaters? [2]This was
당신은 (~을) 알았는가 // 팝콘이 항상 허락되지는 않았다는 것을 / 미국의 영화관에서? 이것은 ~이기 때문이었다

because // movie theaters were luxurious places / for only high-class customers / before 1927.
// 영화관이 사치스러운 장소였기 때문 / 상류층 손님들만을 위한 / 1927년 이전에.

[3]The theater owners didn't want / people to make noise // while they were eating popcorn / at the movies.
극장 소유주들은 원하지 않았다 / 사람들이 소음을 내는 것을 // 그들이 팝콘을 먹고 있는 동안 / 영화관에서.

[4]So, / they weren't sure / about allowing popcorn / inside their theaters.
그래서, / 그들은 확신하지 못했다 / 팝콘을 허락하는 것에 대해 / 그들의 극장 내에서.

[5]However, / during the Great Depression, / many people lost their jobs / and had a hard time.
그러나, / 대공황 동안, / 많은 사람들은 그들의 직장을 잃었다 / 그리고 힘든 시간을 보냈다.

[6]They needed a place to have fun / with less money, // and that was the theater. [7]At that time, /
그들은 즐길 장소가 필요했다 / 더 적은 돈으로, // 그리고 그것은 바로 극장이었다. 그 당시에는, /

going to a movie / was cheaper than other activities. [8]As a result, / movie theaters became popular
영화관에 가는 것은 / 다른 활동들보다 더 저렴했다. 결과적으로, / 영화관은 인기 있는 장소가 되었다!

places! [9]As more and more people went / to movie theaters, // owners finally started selling popcorn.
점점 더 많은 사람들이 가면서 / 영화관에, // 소유주들은 마침내 팝콘을 파는 것을 시작했다.

[10]They allowed the sale of popcorn / in the lobby of their theaters.
그들은 팝콘의 판매를 허락했다 / 그들 극장의 로비 안에서.

[11]Today, / for most movie theaters, / popcorn is a big part / of making money. [12]It will always
오늘날, / 대부분의 영화관에게, / 팝콘은 큰 부분이다 / 돈을 버는 것의. 그것은 항상

be a favorite snack / for moviegoers!
가장 좋아하는 간식일 것이다 / 영화 관람객들에게!

주요 구문

[2] **This was because** movie theaters were luxurious places for only high-class customers before 1927.

▸ <This was because 주어+동사 ~>는 '이것은 ~이기 때문이었다'라는 의미이다.

[3] The theater owners didn't **want** people **to make** noise **while** they were eating popcorn at the movies.
(people: A, to make noise: to부정사)

▸ <want+A(목적어)+to부정사>는 'A가 ~하기를 원하다'라는 의미이다.

▸ while은 '~하는 동안'의 의미의 '시간'을 나타내는 접속사이다.

[6] They needed *a place* [**to have** fun with less money], and that was the theater.

▸ to have ~ less money는 형용사적 용법의 to부정사구로, 바로 앞의 a place를 꾸며주는 어구이다.

[7] At that time, **going** to a movie *was* **cheaper than** other activities.
주어 동사 보어

▸ going to a movie는 주어로 쓰인 동명사구로, '~하는 것은'으로 해석한다. 이때 동명사 주어 뒤에 오는 동사는 항상 단수형으로 써야 한다.

▸ <비교급+than>은 '~보다 더 …한/…하게'를 의미한다.

[11] Today, for most movie theaters, popcorn is a big part **of making** money.

▸ 전치사 of의 목적어로 동명사 making이 쓰였다.

Review

Unit 11

단어

본책 p.120

정답

A	**1** ⓑ	**2** ⓐ	**3** ⓒ	
B	**1 crack**	**2 improve**	**3 allow**	**4 list**
C	**1 Are, sure about**	**2 figured out**	**3 came into contact**	

해석

A 1 ability(능력) - ⓑ 무언가를 할 수 있는 힘이나 기술
2 method(방법, 방식) - ⓐ 무언가 하는 방법
3 form(형성시키다) - ⓒ 무언가를 만들거나 창조하다

B

보기
향상시키다 목록 허용하다 갈라진 금 간식

1 나는 창문의 작은 갈라진 금을 발견했다.
2 채소를 먹는 것은 당신의 건강을 향상시킬 수 있다.
3 도서관은 내부에 음식이나 음료를 허용하지 않는다.
4 상점에 가기 전에 쇼핑 목록을 확인해 주세요.

1일 1문장

본책 p.121

정답

A **1 파리에 살아왔다**
2 나는 길거리를 걸어가면서
3 그의 개가 뛰어다니고 있는 것을

B **1 As I listened to music**
2 have played the violin for three years
3 saw the leaves falling

C **1 saw the birds flying[fly]**
2 have worked
3 As they played[were playing] basketball

34 인터넷이 느리다면 바닷속을 들여다봐!

본책 pp.124~125

정답 1 ⑤ 2 (1) T (2) F 3 ⓐ data ⓑ hard ⓒ light 4 그녀의 남동생[오빠]만큼

문제 해설

1 빈칸 앞에서는 데이터는 구름[클라우드]에서 떠다니는 것이 아니라고 했으며, 빈칸 뒤에서는 국제 데이터의 95퍼센트 이상이 그것들에 의해 전송되는데 그것들은 해수면 8,000미터 아래에 위치하는 케이블이라고 했다. 따라서 빈칸에 들어갈 가장 알맞은 말은 '바다 아래에 있는 큰 케이블을 통해 이동한다'는 의미의 ⑤이다.

① 인공위성을 통해 전송된다
② 우리가 세계를 이해하도록 돕는다
③ 많은 다양한 형태로 나온다
④ 새로운 정보를 사용해 증가하고 있다
⑤ 바다 아래에 있는 큰 케이블들을 통해 이동한다

2 (1) 3번 문장에 언급되어 있다.
(2) 6번 문장에서 해저 케이블은 어업 구역이나 군사 지역을 피해 설치된다고 했다.

3 **해저 케이블**

쓰임	그것들은 국제 ⓐ 데이터의 95 퍼센트 이상을 전송한다.
깊이	그것들은 거의 에베레스트산 높이만큼 깊다.
설치	• 케이블을 놓는 것은 ⓑ 힘든 작업이다. • 작업자들은 케이블을 설치하기 위해 특별한 배를 사용한다. • 이 작업은 몇 달이 걸린다.
속도	그것들은 거의 ⓒ 빛만큼 빠르게 데이터를 전송하기 위해 광섬유를 사용한다.

본문 해석

[1]데이터는 그저 구름에서 떠다니는 것이 아니다; 그것은 바다 아래에 있는 큰 케이블들을 통해 이동한다. [2]국제 데이터의 95 퍼센트 이상이 그것들에 의해 전송된다. [3]그것들은 길이가 수십만 마일이며, 해수면 8,000 미터 아래에 놓이는데 이는 거의 에베레스트산 높이만큼 깊다. [4]케이블들은 깊은 물속에서 가장 안전하다.

[5]이 케이블들을 놓는 것은 힘든 작업이다. [6]작업자들은 케이블을 설치하기 위해 특별한 배를 사용하며 어업 구역이나 군사 지역을 피해 케이블을 위한 최적의 경로를 찾아야 한다. [7]이 작업은 바다에서 몇 달이나 걸릴 수 있다.

[8]여러분은 '인터넷을 위해서는 인공위성을 사용하면 되지 않을까?'라고 궁금해할지도 모른다. [9]인공위성을 사용하는 것은 지연이 있을 수 있다. [10]하지만, 해저 케이블들은 거의 빛만큼 빠르게 데이터를 전송하는 광섬유를 사용하기 때문에 매우 빠르다! [11]더 많은 사람이 인터넷을 사용함에 따라, 우리는 더 많은 케이블들이 필요할 것이다. [12]그러므로, 만약 여러분의 인터넷이 가끔 느리다면, 단지 좀 더 인내심을 가져라. [13]작업자들은 최선을 다하고 있다.

직독직해

[1]Data doesn't just float / in the cloud; // it travels through big cables / under the sea. [2]More than
데이터는 그저 떠다니지 않는다 / 구름에서; // 그것은 큰 케이블들을 통해 이동한다 / 바다 아래에 있는. 95 퍼센트 이상이

95 percent / of international data / is sent / by them. [3]They are / hundreds of thousands of miles long /
/ 국제 데이터의 / 보내진다 / 그것들에 의해. 그것들은 ~이다 / 수십만 마일의 길이 /

and lie 8,000 meters / below the ocean's surface / — almost as deep as Mount Everest is tall. [4]The cables
그리고 8,000 미터에 놓여 있다 / 해수면 아래 / — 그것은 거의 에베레스트산이 높은 것만큼 깊다. 케이블들은

are safest / in deep water.
가장 안전하다 / 깊은 물속에서.

[5] Laying these cables / is hard work. [6] Workers use special ships / to place cables / and must choose the
이 케이블들을 놓는 것은 / 힘든 작업이다. 작업자들은 특별한 배를 사용한다 / 케이블들을 설치하기 위해 / 그리고 최적의 경로를 선택해야 한다

best path / for the cables, / avoiding fishing areas or military zones. [7] This work can take months / at sea.
/ 케이블들을 위한, / 어업 구역이나 군사 지역을 피하면서. 이 작업은 몇 달이 걸릴 수 있다 / 바다에서.

[8] You might wonder, // "Why don't we use satellites / for the internet?" [9] Using satellites / can have delays.
여러분은 궁금해할지도 모른다, // "인공위성을 사용하면 되지 않을까 / 인터넷을 위해서는?" 인공위성을 사용하는 것은 / 지연이 있을 수 있다.

[10] But, / the undersea cables are very fast // because they use optical fibers / that send data /
하지만, / 해저 케이블들은 매우 빠르다 // 그것들은 광섬유를 사용하기 때문에 / 데이터를 전송하는 /

almost as fast as light! [11] As more people use the internet, // we'll need more cables. [12] So, / if your internet
거의 빛만큼 빠르게! 더 많은 사람이 인터넷을 사용함에 따라, // 우리는 더 많은 케이블들이 필요할 것이다. 그러므로, / 만약 여러분의

is slow sometimes, // just be more patient. [13] The workers are doing their best.
인터넷이 가끔 느리다면, // 단지 좀 더 인내심을 가져라. 작업자들은 최선을 다하고 있다.

주요 구문

[2] More than *95 percent of* **international data** *is* **sent by** them.

▸ <percent of + 명사>는 of 뒤의 명사에 수를 일치시키며, data는 셀 수 없는 명사이므로 단수 취급한다.

▸ is sent by는 '~에 의해 보내진다'라는 의미의 수동태이다.

[3] They are hundreds of thousands of miles long and lie 8,000 meters below the ocean's surface — almost **as deep as** *Mount Everest is tall.*

▸ 대시(—) 이하에서 케이블이 위치한 해저 깊이를 에베레스트산 높이에 비유하며 해저 케이블이 얼마나 깊은 곳에 있는지 추가적인 정보를 제공하고 있다.

▸ <as 형용사/부사 as ~>는 '~만큼 …한/…하게'라는 의미의 원급 비교 표현이다.

[6] Workers use special ships to place cables and must choose the best path for the cables, **avoiding** fishing areas or military zones.

▸ avoiding 이하는 '피하면서'의 의미로 '동시동작'을 나타내는 분사구문이다.

[10] But, the undersea cables are very fast because they use *optical fibers* [**that** send data almost **as fast as** *light*]!

▸ that이 이끄는 주격 관계대명사절이 선행사 optical fibers를 꾸며 주고 있다.

▸ 관계대명사 that절 안의 as fast as light는 '빛만큼 빠르게'라는 의미의 원급 표현이다.

[11] **As** more people use the internet, we'll need more cables.

▸ as는 '~하면서, ~함에 따라'라는 의미로 '시간'의 의미를 나타내는 접속사이다.

35 동물의 심장을 사람에게 줄 수 있다면?

본책 pp.126~127

정답

1 ④ **2** (1) T (2) T **3** 돼지의 심장이 David의 몸속에서 제대로 작동하지 않아 60일 후에 사망한 것
4 ⓐ heart ⓑ organs **5** 수업이 재미있는 그 선생님은

문제 해설

1 비록 성공하지는 못했지만 돼지의 심장을 사람에게 이식하는 수술을 최초로 시도했다는 데 의의가 있으며, 이러한 시도가 다른 환자들을 도울 수 있는 희망으로 떠오르고 있다는 내용의 글이므로 주제로 가장 알맞은 것은 ④이다.

2 (1) 2~3번 문장에 언급되어 있다.
(2) 6~7번 문장에 언급되어 있다.

3 이 결과가 무엇인지는 8~9번 문장에 언급되어 있다.

4

의사들은 처음으로 돼지의 ⓐ 심장을 인간의 몸에 이식하려고 시도했다. 그 환자는 나중에 세상을 떠났지만, 의사들은 동물들의 ⓑ 장기들이 미래에 다른 아픈 사람들을 도울 수 있기를 바란다.

본문 해석 [1]Maryland 대학 의료 센터의 의사들은 처음으로 돼지의 심장을 사람에게 이식하는 놀라운 일을 해냈다! [2]David Bennett는 그 새 심장을 받은 사람이었다. [3]그의 심장은 너무 약해서 그는 인간 심장을 이식받을 수 없었다. [4]그것이 의사들이 돼지의 심장을 대신 사용해 보기로 결정한 이유이다.

[5]과거에, 의사들은 동물의 심장을 인간에게 사용하려고 노력했지만 성공하지 못했다. [6]이번에, 의사들은 돼지의 장기가 인간의 몸에서 더 잘 작동하도록 유전자가 일부 변형된 특별한 돼지들을 사용했다. [7]David의 새로운 심장은 이 특별한 돼지들 중 하나로부터 왔다.

[8]그러나 David는 60일 후에 세상을 떠났다. [9]돼지 심장은 David의 몸에서 제대로 작동하는 데 어려움을 겪었다. [10]이 결과에도 불구하고, 그 실험은 의사들에게 귀중한 정보를 주었다. [11]그들은 미래에 돼지 심장과 같은 동물의 장기를 훨씬 더 많은 환자들을 돕기 위해 사용할 수 있기를 바란다.

직독직해

[1]Doctors at the University / of Maryland Medical Center / achieved something amazing //
대학 의사들은 / Maryland 의료센터의 / 놀라운 어떤 것을 해냈다 //

— they transplanted a pig's heart / into a person / for the first time! [2]David Bennett was the person //
— 그들은 돼지의 심장을 이식했다 / 사람에게 / 최초로! David Bennett는 사람이었다 //

who received the new heart. [3]His heart was so weak // that he couldn't receive / a human heart
새로운 심장을 받은. 그의 심장은 너무 약해서 // 그는 받을 수 없었다 / 인간 심장 이식을.

transplant. [4]That's why // doctors decided / to try using a pig's heart / instead.
그것이 ~한 이유이다 // 의사들이 결심한 / 돼지의 심장을 사용해 보기로 / 대신.

[5]In the past, / doctors tried / to use animal hearts // but they didn't succeed. [6]This time, / doctors
과거에는, / 의사들은 노력했다 / 동물의 심장을 사용하려고 // 그러나 그들은 성공하지 못했다. 이번에, / 의사들은

used special pigs // whose genes were partly changed / to make their organs work better / in human
특별한 돼지들을 사용했다 // 유전자가 부분적으로 변형된 / 그것들의 장기가 더 잘 작동하도록 / 사람 몸속에서.

bodies. [7]David's new heart came / from one of these special pigs.
David의 새 심장은 왔다 / 이러한 특별한 돼지들 중 하나로부터.

[8]However, / David passed away / 60 days later. [9]The pig's heart had trouble working properly /
그러나, / David은 세상을 떠났다 / 60일 이후에. 그 돼지의 심장은 제대로 작동하는데 어려움을 겪었다 /

in David's body. [10]Despite this result, / the experiment gave / doctors valuable information.
David의 몸에서. 이런 결과에도 불구하고, / 그 실험은 주었다 / 의사들에게 귀중한 정보를.

[11]They hope // that in the future, / they can use organs from animals, / like pigs' hearts, / to help many
그들은 바란다 // 미래에, / 그들이 동물들로부터 온 장기를 사용할 수 있기를, / 돼지의 심장과 같은, / 훨씬 더 많은

more patients.
환자들을 돕기 위해.

주요 구문

[2] David Bennett was *the person* [**who** received the new heart].

▸ 주격 관계대명사 who가 이끄는 절이 선행사 the person을 꾸며 준다.

³ His heart was so weak that he couldn't receive a human heart transplant.

<원인> <결과>

▸ <so+형용사/부사+that+주어+cannot+동사원형>는 '너무 ~해서 …할 수 없다(결과)'라는 의미를 나타낸다. 여기서는 that절에 조동사 can의 과거 부정형인 couldn't[could not]가 사용되었다.

⁴ **That's why** doctors decided to try using a pig's heart instead.

▸ <That's why+주어+동사 ~>는 '그것이 ~한 이유이다, 그래서 ~이다'라는 의미를 나타낸다.

⁶ This time, doctors used special pigs whose genes **were** partly **changed** to **make** their organs **work** better in human bodies.

A 동사원형

▸ were changed는 '변형되었다'라는 의미의 수동태 과거이다.

▸ <make+A(목적어)+동사원형>은 'A가 ~하게 하다[만들다]'의 의미를 나타낸다.

36 모두가 배부른 세상을 위하여

본책 pp.128~129

정답 1 ⑤ 2 ⓐ growing more food ⓑ The FTO gene 3 ⓐ crops ⓑ produce
4 그 책을 빌려줄 수 있을지도 모른다

문제 해설

1 이 글은 세계 기아 문제에 대한 해결책으로 FTO라고 불리는 인간의 비만과 관련 있는 유전자를 식물에 이식하여 더 많은 식량을 생산해 내는 방법에 관한 내용이므로, 주제로 가장 알맞은 것은 ⑤이다.

Q 글의 주제로 가장 알맞은 것은?

① 더 건강한 식물을 기르는 방법
② 과체중과 관련된 인간의 유전자
③ 인간 유전자를 식물에 사용하는 것의 위험성
④ 농부들이 식량 재배에 어려움을 겪는 이유
⑤ 더 많은 식량을 재배하기 위해 농작물에 인간의 유전자를 사용하는 것

2 ⓐ는 2번 문장의 앞쪽에서 언급된 growing more food를, ⓑ는 3번 문장에서 언급된 The FTO Gene을 가리킨다.

Q 글에서 밑줄 친 ⓐ it과 ⓑ it이 가리키는 것은? 각각 영어로 써보세요.

3 **Q 다음 빈칸에 알맞은 말을 본문에서 찾아 쓰세요.**

과학자들의 기아에 대한 해결책

아이디어	인간을 비만으로 만드는 'FTO 유전자'를 ⓐ 농작물에 이식하는 것
목표	식물들이 더 크게 자라도록 해서 더 많은 식량을 ⓑ 생산해 내는 것

4 **Q 다음 빈칸에 알맞은 우리말 해석을 써보세요.**

본문 해석

¹매년, 전 세계에서 9백만 명의 사람들이 굶주림으로 사망한다. ²단순히 더 많은 식량을 재배하는 것은 많은 에너지가 필요하고 오염을 일으킬 수 있기 때문에 항상 해결책이 되지는 않는다.

³과학자들은 인간의 'FTO 유전자'를 농작물에 이식하는 흥미로운 아이디어를 시도해 봤다. ⁴FTO 유전자는 인간이 비만이 되는 것과 관련되어 있다. ⁵그 아이디어는 그것이 일부 식물들도 더 크게 자라게 할지도 모른다는 것이었다.

⁶그 실험은 성공이었다! ⁷이 유전자를 가진 식물들은 훨씬 더 빨리 그리고 더 크게 자랐다. ⁸벼는 세 배 더 많이 생산했고, 감자들은 더 크게 자랐다. ⁹이는 우리가 더 적은 식물로부터 더 많은 식량을 생산할 수 있을지도 모른다는 것을 시사한다. ¹⁰그러나 이것은 단지 시작에 불과하다. ¹¹과학자들은 이 식물들이 농장에서 잘 자랄 수 있고 안전한지 확실히 하기 위해 더 많은 실험을 할 것이다. ¹²이 발견은 세계 기아 문제의 새로운 해결책이 될 수도 있다.

직독직해

[1] Every year, / 9 million people around the world / die from hunger. [2] Simply growing more food /
매년, / 전 세계에서 9백만 명의 사람들이 / 굶주림으로 사망한다. 단순히 더 많은 식량을 재배하는 것이 /

isn't always the solution // because it requires lots of energy / and can cause pollution.
항상 해결책은 아니다 // 그것은 많은 에너지가 필요하기 때문에 / 그리고 오염을 일으킬 수 있기 때문에.

[3] Scientists have tried an interesting idea: / transplanting the "FTO gene" from humans / into crops.
과학자들은 흥미로운 아이디어를 시도해 봤다: / 인간의 'FTO 유전자'를 이식하는 것 / 농작물 속에.

[4] The FTO gene is related / to being overweight in humans. [5] The idea was // that it might make some
FTO 유전자는 (~과) 관련되어 있다 / 인간이 비만이 되는 것과. 그 아이디어는 ~였다 // 그것이 일부 식물들도

plants grow larger too.
더 크게 자라게 할지도 모른다는 것.

[6] The experiment was a success! [7] The plants with this gene / grew much faster and larger. [8] Rice crops
그 실험은 성공이었다! 이 유전자를 가진 식물들은 / 훨씬 더 빨리 그리고 더 크게 자랐다. 벼는

produced three times more, // and the potatoes grew bigger. [9] This suggests // that we might be able to
세 배 더 많이 생산해 냈다, // 그리고 감자들은 더 크게 자랐다. 이는 시사한다 // 우리가 생산할 수 있을지도 모른다는 것을

produce / more food from fewer plants. [10] However, / this is just the beginning. [11] Scientists will do more
/ 더 적은 식물로부터 더 많은 식량을. 그러나, / 이것은 단지 시작에 불과하다. 과학자들은 더 많은 실험을 할 것이다

tests / to make sure // that these plants can grow well in farms / and are safe. [12] This discovery could be
/ 확실히 하기 위해 // 이 식물들이 농장에서 잘 자랄 수 있는지 / 그리고 안전한지. 이 발견은

a new solution / to the world's hunger problems.
새로운 해결책이 될 수도 있다 / 세계 기아 문제의.

주요 구문

[2] *Simply* **growing** more food isn't always the solution because **it** requires lots of energy and can cause pollution.
주어 동사 보어

▶ growing more food는 주어로 쓰인 동명사구이며, 이를 부사 Simply가 꾸며 주고 있다.
▶ <not always ~>는 '항상 ~인 것은 아닌'이라는 의미의 '부분 부정'을 나타낸다.
▶ because 뒤의 it은 growing more food를 가리킨다.

[4] The FTO gene **is related to being** overweight in humans.

▶ <be related to>는 '~와 관계가 있다'라는 뜻으로, 동명사 being은 전치사 to의 목적어 역할을 한다.

[5] The idea was **that it**주' **might make**동' some plants목' **grow** larger보' too.
주어 동사 보어

▶ 접속사 that이 이끄는 절(that it might make ~ too)은 문장의 보어 역할을 한다.
▶ that절에는 'A가 ~하게 하다[만들다]'라는 의미의 <make+A(목적어)+동사원형> 구조가 쓰였다.

[11] Scientists will do more tests **to make sure that** *these plants can grow well in farms* and *are safe.*

▶ to make sure는 '~을 확실히 하기 위해'라는 의미로, '목적'을 나타내는 to부정사의 부사적 역할로 쓰였다.
▶ <make sure that+주어+동사 ~>는 '~라는 것을 확실히 하다'라는 의미의 표현이다.

Review

Unit 12

단어

본책 p.130

정답

A 1 avoid 2 requires 3 patient 4 delay
B 1 ③ 2 ④
C 1 produce 2 valuable 3 float 4 overweight

해석

A 1 햇볕을 피하기 위해, 나는 항상 모자를 쓴다.
2 케이크를 굽는 것은 계란과 밀가루를 필요로 한다.
3 간호사는 방으로 다음 환자를 불렀다.
4 그 기차는 선로 수리로 인해 10분 지연되었다.

B 1 그 실험의 결과는 명확했다.
① 굶주림 ② 유전자 ③ 결과 ④ 정보 ⑤ 구역
2 그녀는 의사가 되는 꿈을 이루기 위해 열심히 공부했다.
① 작동하다 ② ~의 원인이 되다 ③ 암시하다, 시사하다 ④ (목표를) 이루다 ⑤ 이식하다

C 보기: 떠다니다 귀중한 과체중의 생산하다 바다 속의

1 나무들은 우리가 숨 쉴 수 있게 산소를 생산한다.
2 나의 할머니는 내게 귀중한 반지를 주셨다.
3 그 배는 구멍이 없다면 떠다닐 것이다.
4 너무 많은 단것을 먹는 것은 당신을 과체중으로 만들 수 있다.

1일 1문장

본책 p.131

정답

A 1 열심히 일한다, 그의 형[남동생]만큼
2 하얀색 고양이를 키우는 여자아이는
3 그 퍼즐을 끝낼 수 있을지도 모른다

B 1 as hot as last summer
2 The woman whose shoes are red
3 might be able to see the movie

C 1 might be able to play
2 as peacefully as an angel
3 whose feathers are colorful

독해를 바라보는 재미있는 시각

리딩그라피

Reading Graphy

| Level |

정답과 해설

WORKBOOK

01 pp.2~3

직독직해가 쉬워지는 구문

1일 1문장 부를 노래를

Plus ❶ 내가 책을 펼쳤을 때
❷ 내가 버스를 놓치지 않도록 도와주었다

직독직해 Practice

1 Without it, / we (might not have) the chance / to see the famous artists' great paintings / today!
→ 그것 없이는, / 우리는 기회가 없을지도 모른다 / 유명한 화가들의 위대한 그림들을 볼 / 오늘날!

2 Oil paint by itself / (changes) color and (wrinkles) // as it (dries).
→ 유화 물감은 그것만으로는 / 색이 변하고 주름이 진다 // 그것이 마르면서.

3 This (helped) the paint / not crack or wrinkle.
→ 이것은 물감이 (~하도록) 도왔다 / 금이 가거나 주름지지 않도록.

내신 맛보기

1 ② 2 ① 3 cracked
4 as I was getting off the bus
5 is the best time to go on a trip
6 helped us not lose

해석

2
• 그녀는 그녀 접시 위의 음식들을 섞는 것을 좋아하지 않는다.
• 당신은 노란색과 파란색 물감을 섞어 초록색을 만들 수 있다.

① 섞다, 혼합하다 ② 오래가다 ③ 보호하다
④ 변하다 ⑤ ~(해)지다

02 pp.4~5

직독직해가 쉬워지는 구문

1일 1문장 쓰여졌다

Plus ❶ 읽기에 힘들다 ❷ 학생 수는

직독직해 Practice

1 In the past, / pickleball (was) mostly (enjoyed) / by the elderly.
→ 과거에, / 피클볼은 대부분 즐겨졌다 / 노인들에 의해.

2 Pickleball (is) popular in the U.S. // because it (is) easy to learn / and gentle on the body.
→ 피클볼은 미국에서 인기가 있다 // 그것이 배우기 쉽기 때문에 / 그리고 몸에 영향이 적기 때문에.

3 Recently, / almost half of the players / (were) under 55, // and the number of players / under the age of 24 / (is increasing) fast.
→ 최근에, / 선수들의 거의 절반이 / 55세 이하였으며, // 선수들의 수가 / 24세 이하인 / 빠르게 증가하고 있다.

내신 맛보기

1 ⑤ 2 ⑤
3 (1) pick (2) take (3) mostly
4 The book is easy to understand
5 The number of visitors at the museum is
6 were planted

해석

1
무언가의 동일한 부분 네 개 중 하나

① 약한 ② 반, 절반 ③ 코트, 경기장
④ 정사각형의 ⑤ 4분의 1

2
혼자 사는 사람들의 수는 매년 증가한다.

① 시도하다 ② 필요하다 ③ 그대로 있다
④ 감소하다 ⑤ 증가하다

03 pp.6~7

직독직해가 쉬워지는 구문

1일 1문장 참여할 필요 없어

Plus ❶ 초록색 눈을 가진 ❷ 퍼졌다

직독직해 Practice

1 You (don't have to throw away) these books.
→ 당신은 이 책들을 버릴 필요는 없다.

2 Her team (made) over 900 bookmarks / with pictures of the green book covers / and safety tips.

→ 그녀의 팀은 900개가 넘는 책갈피들을 만들었다 / 초록색 책 표지들의 사진들이 있는 / 그리고 안전 조언들이 있는.

3 These bookmarks (were sent) / throughout the U.S. / and to 18 other countries.

→ 이 책갈피는 보내졌다 / 미국 전체에 걸쳐서 / 그리고 18개의 다른 나라들로.

내신 맛보기

1 ⑤
2 (1) be aware of (2) throw away (3) As, result
3 don't have to wake up early
4 storybooks with an interesting story and colorful pictures
5 was elected

Unit 02

04

pp.8~9

직독직해가 쉬워지는 구문

1일 1문장 너무 부끄러움이 많아서, 말을 할 수 없다
Plus ❶ 요리될 수 있다 ❷ (만약) 네가 매일 운동한다면

직독직해 Practice

1 However, / for mosquitoes, / the temperature in Iceland (changes) / too quickly / to hide from the cold.

→ 하지만, / 모기들에게, / 아이슬란드의 기온은 변한다 / 너무 빨리 / 추위로부터 숨기에.

2 However, / mosquitoes (can) easily (be found) / in other cold countries, / like Greenland and Norway.

→ 하지만, / 모기들은 쉽게 찾아질 수 있다 / 다른 추운 나라들에서, / 그린란드나 노르웨이 같은.

3 If you (want) to escape from mosquitoes / in summer, // why (don't) you (visit) Iceland?

→ 만약 당신이 모기들로부터 도망치기를 원한다면 / 여름에, // 아이슬란드에 방문하는 것은 어떤가?

내신 맛보기

1 (1) temperature (2) escape (3) hide
2 (1) survive (2) diseases
3 If you take this bus
4 too full to eat the dessert
5 can be fixed

해석

1 보기

숨다	도망치다	퍼트리다	온도	차이

(1) 무언가가 얼마나 뜨겁거나 차가운지: 온도
(2) 위험한 무언가로부터 벗어나다: 도망치다
(3) 아무도 찾지 못할 장소에 가거나 머무르다: 숨다

2 보기

덮다, 가리다	물린 상처들	질병	살아남다

05

pp.10~11

직독직해가 쉬워지는 구문

1일 1문장 내가 시간을 잊어버리게 만든다
Plus ❶ 예의 바르고 친절해 보인다
❷ 수영장에서 수영 모자를 쓰는 것은

직독직해 Practice

1 This (makes) people take bigger risks, / such as entering animals' space!

→ 이것은 사람들이 더 큰 위험을 감수하게 한다, / 동물들의 공간에 들어가는 것과 같은!

2 We often (see) wild animals / in places like zoos, // so the animals (seem) less real and dangerous.

→ 우리는 야생 동물들을 자주 본다 / 동물원과 같은 장소에서, // 그래서 그 동물들은 덜 현실적이고 덜 위험하게 보이는 것 같다.

3 Posting selfies / with dangerous animals / (can get) lots of *Likes* and comments.

→ 셀피를 올리는 것은 / 위험한 동물들과의 / 많은 '좋아요'와 댓글을 받을 수 있다.

내신 맛보기

1 ④ 2 post
3 (1) ○ (2) × (3) ○
4 Today's weather seems nice for a walk
5 My mom made me apologize
6 Discussing topics in groups

해석

3 (1) 수영장 근처에서 달리는 것은 당신을 위험에 빠뜨릴 수 있다.
(2) 나는 아침에 내 알람을 무시했다. 그것이 내가 일찍 일어난 이유이다.
(3) 그녀는 이탈리아, 독일, 그리고 프랑스와 같은 많은 나라들을 방문했다.

06 pp.12~13

직독직해가 쉬워지는 구문

1일 1문장 재미있을 뿐만 아니라 감동적이었다
Plus ❶ 그녀를 Katie라고 부른다
❷ 샤워를 하는 중이었다

직독직해 Practice

1 A good shower (can relax) / not only your body / but also your mind.
→ 좋은 샤워는 편하게 할 수 있다 / 당신의 몸뿐만 아니라 / 당신의 마음도.

2 Scientists (call) this the "shower effect," // and research (shows) / that it (can) also (occur) / outside the shower.
→ 과학자들은 이것을 '샤워 효과'라고 부른다, // 그리고 연구는 보여준다 / 그것이 또한 일어날 수 있다는 것을 / 샤워장 밖에서.

3 But 20% of their best ideas (came) // while they (were doing) something else / like washing dishes!
→ 그러나 그들의 가장 좋은 아이디어 중 20%는 왔다 // 그들이 다른 무언가를 하고 있는 동안 / 설거지를 하는 것과 같은!

내신 맛보기

1 ① 2 ④ 3 wander
4 not only a great musician but also a talented painter
5 calls my brother and me "my puppies"
6 were walking

해석

1

그 교통사고는 월요일 아침 일찍 발생했다.

① 일어났다, 발생했다 ② 기록했다
③ 궁금해했다 ④ 편하게 했다
⑤ 일했다

2

• 그 의사는 새 약의 효과를 설명할 것이다. • 정크 푸드를 먹는 것은 당신의 건강에 악영향을 미칠 것이다.

① 아이디어, 생각 ② 활동 ③ 정신, 마음
④ 영향, 효과 ⑤ 주의, 주목

Unit 03

07 pp.14~15

직독직해가 쉬워지는 구문

1일 1문장 영화를 보면서
Plus ❶ 즐기기 위해 ❷ 걸어가기에 충분히 가깝다

직독직해 Practice

1 In February, / the Horsetail Fall / (turns into) this beautiful Firefall, / creating a burning orange glow.
→ 2월에, / Horsetail 폭포는 / 이러한 아름다운 Firefall로 변한다, / 타오르는 주황색 불빛을 만들어 내면서.

2 So, / you (need) to be / in the right spot / at the right time / to fully enjoy this.
→ 그래서, / 여러분은 있어야 한다 / 적절한 장소에 / 적절한 시간에 / 이것을 완전히 즐기기 위해.

3 The weather (should be) warm enough / to melt the snow.
→ 날씨가 충분히 따뜻해야 한다 / 눈을 녹이기에.

내신 맛보기

1 ② **2** ③ **3** miss out
4 The concert hall is large enough to hold
5 takes the first train to arrive early
6 enjoying the warm sunshine

해석

1 너무 밝지 않은 부드러운 빛

① 각도 ② (은은한) 불빛 ③ 해 질 녘, 일몰
④ 강설(량) ⑤ 상태, 상황

2
• 휴식을 취할 조용한 장소를 찾자.
• 그녀는 검은 점이 있는 흰 셔츠를 입고 있었다.

① 여행, 관광 ② 가리키다 ③ 장소; 점, 얼룩
④ 세부 사항 ⑤ 입장, 등장

08

pp.16~17

직독직해가 쉬워지는 구문

1일 1문장 나를 행복하게 하는 것
Plus ❶ 타는 것이다 ❷ 매우 빠르다는 것을 알게 되었다

직독직해 Practice

1 Interestingly, / what happened next // accidentally (led) to the invention / of tea bags!
→ 흥미롭게도, / 다음에 일어난 일은 // 우연히 발명으로 이어졌다 / 티백의!

2 One of the keys to his success / (was) sending his customers / new tea samples.
→ 그의 성공의 비결 중 하나는 / 그의 고객들에게 보내는 것이었다 / 새로운 차 샘플을.

3 They (found) / this more convenient, // and the tea still (tasted) great.
→ 그들은 알게 되었다 / 이것이 더 편리하다는 것을, // 그리고 차는 여전히 맛이 아주 좋았다.

내신 맛보기

1 (1) ⓐ (2) ⓒ (3) ⓑ **2** ⑤
3 (1) lead to (2) instead of
4 What excites us is the trip
5 I found the milk in the refrigerator sour
6 is practicing

해석

1 (1) whole(전체의, 전부의) - ⓐ 무언가의 전부
(2) invent(발명하다) - ⓒ 새로운 종류의 물건을 만들거나, 설계하거나 생각하다
(3) trader(상인, 거래자) - ⓑ 상품을 사고 파는 사람

2 그 축구팀은 그들의 팬들을 실망시키지 않기 위해서 최선을 다했다.

① 되다 ② 끓다, 끓이다 ③ 결심하다
④ 보내다 ⑤ 실망시키다

3 (1) 충분히 잠을 자지 않는 것은 하루 종일 피곤함을 느끼는 것으로 이어질 수 있다.
(2) 우리는 집까지 지하철을 타는 것 대신에 걷기로 결심했다.

09

pp.18~19

직독직해가 쉬워지는 구문

1일 1문장 어떻게 풀어야 할지[푸는 방법을]
Plus ❶ 입고 있는 그 새 바지가
❷ 발견된 그 휴대전화는

직독직해 Practice

1 Now, / you (might wonder) / how to keep yourself safe / from microplastics.
→ 이제, / 당신은 궁금할지도 모른다 / 스스로를 안전하게 지키는 방법이 / 미세플라스틱으로부터.

2 Surprisingly, / the microplastics we (eat) in a week / (add up to) / about the size of a plastic card!
→ 놀랍게도, / 우리가 한 주에 먹는 미세플라스틱은 / 총 ~가 된다 / 약 신용카드 하나 크기!

3 (Choose) clothes and items / made from eco-friendly materials.
→ 옷과 물건들을 골라라 / 친환경적인 재료들로 만들어진.

내신 맛보기

1 ⑤ 2 ⑤ 3 have trouble
4 The song they played at the concert
5 The cake decorated with gold seems expensive
6 how to set up

해석

2 ① 공장들은 공기 중으로 연기를 방출한다.
② 세 학급의 학생들은 총 100명이 된다.
③ 조심해. 바닥에 작은 유리 조각들이 있어.
④ 그는 나에게 성적을 향상시키는 몇 가지 조언들을 주었다.
⑤ 그 부서진 창문의 원천은 축구공이었다.

Unit 04

10 pp.20~21

직독직해가 쉬워지는 구문

1일 1문장 무엇이 그 소음을 일으켰는지
Plus ❶ 담고 있는 책 ❷ 끝내지 않았다

직독직해 Practice

1 They (wanted) to know / what (makes) them move, // and it (turns out) / that they (move) because of the sun.
→ 그들은 알기를 원했어요 / 무엇이 그것들을 움직이게 만드는지, // 그리고 밝혀졌어요 / 그것들이 태양 때문에 움직인다는 것이.

2 They (are not) real mice, / but rather small balls of moss // that (grow) on glaciers.
→ 그것들은 진짜 쥐가 아니라, / 오히려 작은 이끼 공들이에요 // 빙하 위에서 자라는.

3 Scientists (are) still (trying) to find out // why they (move) this way, / but (haven't found) a clear answer yet.
→ 과학자들은 알아내려고 여전히 노력하고 있어요 // 왜 그것들이 이 방식으로 움직이는지, / 하지만 아직 분명한 답을 알아내지 못했어요.

내신 맛보기

1 mysterious 2 ③
3 (1) movement (2) notice
4 uses a robot that delivers food
5 One student asked what makes a good leader
6 has not released

해석

1 이끼 : 이끼로 뒤덮인 = 수수께끼 : 수수께끼 같은, 기이한

2 누군가나 무언가가 가고 있는 방향

① 아직, 여전히 ② 오히려, 차라리 ③ 방향; 안내
④ 연구원 ⑤ 움직임

3 보기
녹이다, 녹다 움직임 ~을 알게 되다
알아차리다; 주목하다

11 pp.22~23

직독직해가 쉬워지는 구문

1일 1문장 선글라스를 낀다는 것은 이상하다
Plus ❶ 한 번도 본 적이 없다
❷ (비록) 당신이 경험이 없을지라도

직독직해 Practice

1 It('s) strange / that these twins (feel) sick / at the same time // when only one of them / (is) really sick.
→ (~은) 이상하다 / 이 쌍둥이들이 아픔을 느끼는 것은 / 동시에 // 그들 중 한 명만이 (~할) 때 / 실제로 아플.

2 Megan (has) never (had) this sickness before, // but surprisingly, / she (has) the same feelings as Sophie!
→ Megan은 전에 이 질병에 걸린 적이 한 번도 없다, // 하지만 놀랍게도, / 그녀는 Sophie와 같은 느낌이 있다!

3 Sometimes, / people (can feel) the same pain / as others, // even if they (aren't) hurt.
→ 때때로, / 사람들은 같은 고통을 느낄 수 있다 / 다른 사람들과 같은, // 그들이 다치지 않았더라도.

내신 맛보기

1 ③ **2** ② **3** suffer from
4 Even if you don't win the race
5 My sister has never missed a day of school
6 It is amazing that

해석

2
A: 아빠, 이 CD가 왜 아빠한테 중요한 거예요?
B: 이건 지금 꽤 희귀해. 이건 1950년대에 만들어졌고, 더 이상 이것을 팔지 않거든.

① 가짜의, 거짓의 ② 드문, 희귀한
③ 즐거운, 기분 좋은 ④ (정신이) 불건전한; 병약한
⑤ 놀랍게도

12 pp.24~25

직독직해가 쉬워지는 구문

1일 1문장 어떻게 그녀의 휴대 전화가 사라졌는지
Plus ❶ 아름다운 그림으로 장식된
❷ 내 옆에 앉는 그 남자아이는

직독직해 Practice

1 Though no one (is) sure / how Bunny Chow (started) exactly, // many (believe) / it (dates back) / to the 1940s.

→ 비록 아무도 확신하지 못할지라도 / 어떻게 Bunny Chow가 정확히 시작되었는지, // 많은 사람들은 믿는다 / 그것이 거슬러 올라간다고 / 1940년대로.

2 It('s) actually a bread bowl / filled with curry / and is a popular fast food / from South Africa.

→ 그것은 사실 빵 그릇이다 / 카레로 채워진 / 그리고 인기 있는 패스트푸드이다 / 남아프리카 공화국의.

3 A common story (is) // that Indian workers / who (came) to South Africa / to work in sugar cane fields / (created) it.

→ 공통적인 이야기는 ~이다 // 인도인 노동자들이 / 남아프리카 공화국으로 왔던 / 사탕수수밭에서 일하기 위해 / 그것을 만들었다.

내신 맛보기

1 ③ **2** (1) with (2) among (3) to (4) as
3 The author who wrote the best seller will visit
4 We aren't sure how our missing dog came back
5 The car parked

해석

1
• 나는 아빠와 공통의 흥미를 공유한다.
• 많은 문화에서, 악수로 서로를 맞는 것은 흔하다.

① 사실 ② 정확히 ③ 흔한; 공통의
④ 인기 있는 ⑤ 구할 수 있는, 이용할 수 있는

Unit 05

13 pp.26~27

직독직해가 쉬워지는 구문

1일 1문장 너무 추워서
Plus ❶ 입고 있는 그 남자가
❷ 우리가 열심히 연습하게 한다

직독직해 Practice

1 These sculptures (are) so small // that they (can be placed) / even in the eye of a needle!

→ 이 조각품들은 너무 작아서 // 그것들은 놓여질 수 있답니다 / 심지어 바늘구멍 안에도!

2 Willard Wigan (is) an artist // who (makes) small sculptures / of famous paintings and characters / like the Mona Lisa and Pinocchio.

→ Willard Wigan은 예술가입니다 // 작은 조각품들을 만드는 / 유명한 그림과 캐릭터들의 / 모나리자와 피노키오 같은.

3 His tiny work (makes) people think // that even the smallest things / (can have) a big impact.

→ 그의 아주 작은 작품은 사람들이 생각하게 합니다 // 가장 작은 것들조차도 / 큰 영향력을 가질 수 있음을.

내신 맛보기

1 ⑤ 2 ①, ② 3 disappear
4 The loud rock music made us cover our ears
5 so difficult that nobody could answer
6 who, scored a goal

해석

2
• 스마트폰은 우리의 일상 생활에 큰 영향을 끼친다.
• 저 산을 오르는 것은 나에게는 큰 도전이었다.
• 영화 속 각 등장인물은 다른 성격을 가지고 있었다.

① 도구, 공구 ② 미술품 ③ 영향(력)
④ 과제; 도전 ⑤ 등장인물, 캐릭터

14

pp.28~29

직독직해가 쉬워지는 구문

1일 1문장 어떤 상황이든[상황일지라도]
Plus ❶ 음악의 아버지라고 부른다 ❷ 굽는 방법을

직독직해 Practice

1 Whatever the reason (is), // e-waste (includes) anything / with plugs, cords, and electronic parts.
→ 어떤 이유이든, // e-폐기물은 무엇이든 포함해요 / 플러그, 코드, 그리고 전자 부품이 있는.

2 We (call) / these unused items / e-waste or electronic waste.
→ 우리는 불러요 / 이 사용하지 않는 물품들을 / e-폐기물 또는 전자 폐기물이라고.

3 For example, / they (think) // "I (might use) it again," / or "I (don't know) how to throw it away."
→ 예를 들어, / 그들은 생각해요 // '나는 그것을 다시 사용할지도 몰라,' // 또는 '나는 그것을 어떻게 버려야 할지 몰라.'라고.

내신 맛보기

1 ⑤ 2 ② 3 out of
4 Whatever the problem is, we can solve it
5 We call our cat Charlie a troublemaker
6 how to drive

해석

1
파티 후, 치워야 할 쓰레기가 많이 있었다.

① 물품 ② 제한, 한계 ③ 금속
④ 서랍 ⑤ 쓰레기, 폐기물

2 ① regular(일반적인): 평범하거나 보통의
② local(지역의): 전 세계에 관련된
③ support(지지하다): 누군가를 감정적으로 돕다
④ reason(이유): 그것이 발생하는 이유에 관해 설명하는 사실
⑤ various(다양한): 각각 다른, 또는 많은 다른 것들

15

pp.30~31

직독직해가 쉬워지는 구문

1일 1문장 아팠다
Plus ❶ 원작 소설만큼 좋았다고
❷ 재미있을 뿐만 아니라

직독직해 Practice

1 The goats (had eaten) / most of the dry plants / in the area, // so the fire (had) nothing to burn / and (stopped).
→ 염소들은 먹었었다 / 대부분의 마른 풀을 / 그 지역에 있는, // 그래서 불은 아무것도 태울 것이 없었고 / 멈췄다.

2 Every day, / the goats (ate) dry plants / covering an area / as large as two football fields.
→ 매일, / 염소들은 마른 식물들을 먹어 치웠다 / 지역을 뒤덮은 / 축구 경기장 두 개만큼 넓은.

3 Goats (are) not only environmentally friendly / for removing weeds / but also effective / in fire prevention.
→ 염소들은 환경친화적일 뿐만 아니라 / 잡초를 없애는 데 / 효과적이다 / 화재 예방에도.

내신 맛보기

1 (1) ⓑ (2) ⓒ (3) ⓐ
2 (1) including (2) toward
3 We will visit not only Rome but also Paris
4 This new park is as large as Central Park
5 had saved enough money

해석

1 (1) remove(제거하다, 없애다) - ⓑ 무언가를 장소로부터 떨어뜨리거나 치우다
(2) effective(효과적인) - ⓒ 성공적이거나 원하는 결과를 성취하는
(3) poisonous(독성의, 독이 있는) - ⓐ 아주 해롭고 죽음을 일으킬 수 있는

2 보기: ~쪽으로, ~을 향하여 / 전에 / ~을 포함하여

(1)
• 그 행사에는 나를 포함하여 스무 명의 학생들이 있을 것이다.
• 아빠는 토요일을 포함하여 일주일에 6일 일하신다.

(2)
• 그 관광버스는 도시의 타워 쪽으로 가고 있다.
• 그 달리기 선수는 빠르게 결승선을 향하여 달려갔다.

16 ··· pp.32~33

직독직해가 쉬워지는 구문

1일 1문장 그리고 그것은

Plus ❶ 추운 날씨를 좋아하는 반면에
❷ 다른 어떤 공원도

직독직해 Practice

1 Scientists (noticed) / that during storms, / these birds sometimes (fly) / very close / to the storm's center, // which is called the "eye."

→ 과학자들은 알아차렸다 / 폭풍 동안에, / 이 새들이 때때로 날아간다는 것을 / 매우 가까이 / 폭풍의 중심에, // 그리고 그것은 '눈'이라고 불린다.

2 While most birds (fly) away from them, // shearwaters (fly) straight into them!

→ 대부분의 새가 그것들로부터 멀리 날아가는 데 반해, // 슴새들은 그것들 속으로 곧장 날아간다!

3 This (was) very surprising // because no other birds (are known) / to act this way.

→ 이는 매우 놀라웠다 // 왜냐하면 다른 어떤 새들도 알려지지 않았기 때문에 / 이렇게 행동한다고.

내신 맛보기

1 (1) avoid (2) trick (3) track
2 (1) behavior (2) straight
3 While my brother enjoys playing baseball
4 No restaurant in this area offers
5 a watch, which

해석

1 보기: 비결, 요령 / 고르다, 선택하다 / 피하다 / 추적하다, 뒤쫓다 / 알아차리다, 주목하다

(1) 누군가나 무언가로부터 멀리 떨어져 있다: 피하다
(2) 무언가를 하는 영리하고 효과적인 방법: 비결, 요령
(3) 사람이나 동물이 남긴 징후나 표시를 찾음으로써 따라가다: 추적하다, 뒤쫓다

2 보기: 곧장, 곧바로 / 위험 / 멀리 / 행동, 태도

17 ··· pp.34~35

직독직해가 쉬워지는 구문

1일 1문장 준비하고 요리하기에

Plus ❶ 가장 즐기는 것은
❷ 채소를 더 많이 먹기를 원한다

직독직해 Practice

1 This shoe, / with a zipper and Velcro strap, / (is) easy to put on and take off.

→ 이 신발은, / 지퍼와 벨크로 끈이 있는, / 신고 벗기에 쉽다.

2 But there (was) one thing // that he (couldn't overcome): / tying his shoes.

→ 그러나 한 가지가 있었다 // 그가 극복할 수 없었던: / 그의 신발 끈을 묶는 것.

3 He (wants) people to know // that anyone (can speak up) / and (make) a difference, / just as he (did).

→ 그는 사람들이 알기를 원한다 // 누구나 의견을 거리낌 없이 말할 수 있다는 것과 / 변화를 가져올 수 있다는 것을, / 꼭 그가 그랬던 것처럼.

내신 맛보기

1 ③ 2 ⑤
3 (1) release (2) overcome
4 The musical tickets were expensive to buy
5 Everything that my dad cooks tastes delicious
6 wanted me to come

해석

2
- 독립적으로 되는 것은 자신만의 결정을 내리는 것을 의미한다.
- 그는 부모님으로부터 독립한 것을 자랑스러워한다.

① 쉽게 ② 장애를 가진 ③ 좌절한
④ 놀라운 ⑤ 독립적인, 독립심 있는

3
| 보기 |
허락하다 극복하다 도전 출시하다, 발표하다

18 pp.36~37

직독직해가 쉬워지는 구문

1일 1문장 볼 수 있는 해변이
Plus ❶ 그 도둑을 잡도록 도왔다 ❷ 알려지게 되었다

직독직해 Practice

1 These oyster reefs (provide) places // where lots of plants and animals (can live).
→ 이 굴 암초들은 장소를 제공한다 // 많은 식물들과 동물들이 살 수 있는.
2 New York City (is helping) oysters grow / in the Hudson River.
→ 뉴욕시는 굴이 자라는 것을 돕고 있다 / 허드슨 강에서.
3 As a result, / the water (becomes) less polluted!
→ 결과적으로, / 물은 덜 오염되게 된다!

내신 맛보기

1 ② 2 ③
3 (1) thanks to (2) In addition
4 the city where our parents were raised
5 The coach helped him improve his swimming skills
6 became crowded

해석

2
누군가나 무언가에게 필요한 무언가를 주다

① 되돌아오다 ② 떠나다
③ 제공하다, 주다 ④ ~을 치우다, 청소하다
⑤ 거르다, 여과하다

Unit 07

19 pp.38~39

직독직해가 쉬워지는 구문

1일 1문장 그 식당에 우리가 좋아하는 요리가 있어서 기쁘다
Plus ❶ 그녀의 재킷을 두고 왔다
❷ 선물이 주어졌다[선물을 받았다]

직독직해 Practice

1 People (are) sad / that Magawa (has passed away), // but they (are) thankful for this brave rat / who (helped) make the world a safer place.
→ 사람들은 슬프다 / Magawa가 사망했다는 것이, // 하지만 그들은 이 용감한 쥐에게 감사해한다 / 세상을 더 안전한 곳으로 만드는 것을 도와준.
2 In Cambodia, / many years of conflict / (have left behind) dangerous landmines.
→ 캄보디아에서, / 수년간의 전투는 / 위험한 지뢰들을 남겼다.
3 To thank him for this, / he (was given) a gold medal.
→ 이것에 대해 그에게 감사하기 위해, / 그는 금메달이 주어졌다.

내신 맛보기

1 ⑤ 2 (1) field (2) conflict (3) bomb
3 equal to
4 I'm surprised that he still remembers my birthday
5 The students were given extra time
6 have gone

해석

2 보기

경기장	남기다	폭탄	기술, 솜씨	싸움, 전투

(1) 우리 팀은 어제 축구장에서 연습했다.
(2) 그 두 국가 간의 전투는 몇 년간 지속되었다.
(3) 폭탄 소리는 그 지역의 모든 사람들을 겁먹게 했다.

20

pp.40~41

직독직해가 쉬워지는 구문

1일 1문장 일찍 일어나는 것은 어려웠다

Plus ❶ 그의 차는 빠르게 수리되었다
❷ 어디에서 발견되었는지

직독직해 Practice

1 However, / in 1680, / a very cold winter / (caused) the local river to freeze, // so it (was) difficult / to catch fish.

→ 하지만, / 1680년에, / 아주 추운 겨울이 / 지역의 강이 얼도록 야기했다, // 그래서 (~은) 어려웠다 / 물고기를 잡는 것은.

2 They (decided) to fry potatoes / instead of fish, // and that('s) how / French fries (were) first (created).

→ 그들은 감자를 튀기기로 결정했다 / 물고기 대신에, // 그리고 그것이 ~한 방법이다 / 감자튀김이 처음 만들어진.

3 The name actually (comes from) // how they (are prepared), / not where they (were invented).

→ 그 이름은 사실 ~에서 온다 // 그것들이 어떻게 만들어지는지에서, / 그것들이 어디에서 발명되었는지가 아니라.

내신 맛보기

1 (1) ⓐ (2) ⓒ (3) ⓑ
2 (1) average (2) thin (3) tradition
3 It is important to brush your teeth
4 how you spend your free time
5 was found

해석

1 (1) create(창조하다) - ⓐ 무언가를 만들거나 생산하다
(2) freeze(얼다) - ⓒ 얼음처럼 단단해지다
(3) support(뒷받침하다) - ⓑ 무언가가 사실이라는 것을 보여주는 것을 돕다

21

pp.42~43

직독직해가 쉬워지는 구문

1일 1문장 보기 어렵게 만들었다

Plus ❶ 공부하고 네 숙제를 끝낼 시간이다
❷ 음식을 요리하는 방법이다

직독직해 Practice

1 This (makes) it harder / to tell the difference / between chords, rhythms, and melodies.

→ 이것은 더 어렵게 만든다 / 차이를 구별하는 것을 / 화음, 리듬, 그리고 멜로디 사이의.

2 First, / teenagers (have) more time / to find new music / and make special memories / with the songs.

→ 먼저, / 십 대들은 시간이 더 많이 있다 / 새로운 음악을 찾을 / 그리고 특별한 추억들을 만들 / 노래들로.

3 It('s) just // how people naturally (change).

→ 그것은 단지 ~이다 // 사람들이 자연스럽게 변해가는 방식.

내신 맛보기

1 ⑤ **2** ③ **3** have a hard time
4 I had the chance to visit Paris and see the Eiffel Tower
5 This is how I fix a flat tire
6 makes it easier to find

해석

2
• 기억 손실은 나이가 듦에 따라 흔하다.
• 그 노래는 그녀에게 특별한 추억을 상기시켜주었다.

① 기호, 취향 ② 소음, 소리 ③ 기억, 추억
④ 멜로디, 선율 ⑤ 사전

22

pp.44~45

직독직해가 쉬워지는 구문

1일 1문장 컴퓨디가 디 빠르게 작동할 수 있게 해줄 것이다

Plus ❶ 제공될 수 있습니다
❷ 그녀의 여동생보다 더 인내심이 있다

직독직해 Practice

1 "The new suit (will allow) / more people to visit the Moon / and do new science tests."

→ "새 우주복은 허락할 것이다 / 더 많은 사람들이 달을 방문하도록 / 그리고 새로운 과학 실험들을 하도록."

2 On the other hand, / the new spacesuits (can be worn) / by at least 90% / of American men and women.

→ 반면에, / 새로운 우주복은 착용될 수 있다 / 적어도 90 퍼센트에 의해 / 미국인 남성들과 여성들의.

3 Also, / they (are) lighter and more flexible / than the old ones.

→ 또한, / 그것들은 더 가볍고 더 신축성 있다 / 이전의 것들보다.

내신 맛보기

1 (1) light (2) flexible (3) head
2 ② **3** (1) × (2) ○ (3) ○
4 Some jobs can be replaced by AI
5 The new bridge will be wider and longer than the old one
6 allows users to connect

해석

1

보기				
책임자	가벼운	임무	신축성 있는	극도의

(1) 무게가 적게 나가는: 가벼운
(2) 부러지지 않고 쉽게 구부러지는: 신축성 있는
(3) 리더로 행동하는 자리: 책임자

2

그 고양이는 소파 위에서 편안한 것 같이 보인다.

① 반사한다 ② ~인 것 같이 보인다 ③ 본다
④ 보호한다 ⑤ 개선한다

3 (1) 그 셔츠는 이제 더 이상 내게 꼭 맞는다; 그것은 너무 작다.
(2) 그는 여러 가지 이유 때문에 그의 이전 직장에서 퇴사했다.
(3) 네 강점들과 약점들을 아는 것은 중요하다.

23

pp.46~47

직독직해가 쉬워지는 구문

1일 1문장 생각했던 것보다 훨씬 쉬웠다

Plus ❶ 그가 동의하는지에
❷ 구조하는 가장 효율적인 방법

직독직해 Practice

1 This (is) // because a whistle's sound (can travel) / much farther than regular talking or shouting.

→ 이것은 ~이다 // 휘파람 소리가 이동할 수 있기 때문 / 일반적인 말하기나 외치는 것보다 훨씬 더 멀리.

2 You (can hear) the difference / in the whistles / by how high or low they (sound), / and whether they (are) short or long.

→ 당신은 차이를 들을 수 있다 / 휘파람들의 / 그것들이 얼마나 높거나 낮게 들리는지에 의해, // 그리고 그것들이 짧은지 긴지에 따라.

3 Whistling (is) an interesting way / to communicate.

→ 휘파람을 부는 것은 흥미로운 방법이다 / 의사소통하는.

내신 맛보기

1 (1) ⓑ (2) ⓐ (3) ⓒ **2** ②
3 communicate
4 He has a dream to travel the world
5 about whether you prefer cats or dogs
6 much cheaper than

해석

1 (1) tone(음, 음색) - ⓑ 소리의 특징
(2) shout(외치다) - ⓐ 무언가를 매우 크게 말하다
(3) message(메시지) - ⓒ 누군가에게 보내진 정보

2

• 그 상자들을 위층으로 운반하기 위해서 엘리베이터를 이용해라.
• Noah에게 내 메시지 좀 전달해줄래?

① 소리치다 ② 전달하다; 운반하다 ③ 이동하다
④ 휘파람을 불다 ⑤ 대신[대체]하다

24

pp.48~49

직독직해가 쉬워지는 구문

1일 1문장 모든 정보가 옳은 것은 아니다

Plus ❶ 그들의 아이들이 시험에서 최선을 다하기를 원한다

❷ 여행하기에 매우 편리하다

직독직해 Practice

1 However, / molded ice creams / (weren't) for everybody.

→ 그러나, / 틀로 찍어낸 아이스크림은 / 모든 사람을 위한 것이 아니었다.

2 They (wanted) / their ice cream to look unique, // so they (created) these fancy designs / by using special metal molds.

→ 그들은 원했다 / 그들의 아이스크림이 독특해 보이기를, // 그래서 그들은 이런 멋진 디자인을 만들어 냈다 / 특별한 금속 틀을 사용해서.

3 Everyone (loved) them // because they (were) easier / to eat and clean up.

→ 모든 사람이 그것들을 아주 좋아했다 // 그것들이 더 쉬웠기 때문에 / 먹고 치우기에.

내신 맛보기

1 ②　　2 (1) ingredient　(2) Store

3 keep, from

4 The store doesn't sell every brand of clothing

5 The rules were clear and easy to follow

6 want you to be

해석

2

보기		
보관하다	들여오다, 도입하다	세기, 100년
재료		

(1) 토마토는 이 소스의 주요 재료이다.

(2) 그 음식을 건조하고 시원한 곳에 보관해라.

Unit 09

25

pp.50~51

직독직해가 쉬워지는 구문

1일 1문장 미안하다고 말하긴 했지만

Plus ❶ 그의 친구들이 산 정상에 오르도록 도왔다

❷ 내가 컴퓨터 게임 하는 것을 허락하신다

직독직해 Practice

1 Though it (is) 99 percent water, // it (has) a big effect / on how things (taste).

→ 비록 그것은 99퍼센트가 물이기는 하지만, // 그것은 큰 영향을 미친다 / 음식이 어떤 맛이 나는지에.

2 ~; // it (helps) us taste food and enjoy flavors.

→ ~; // 그것은 우리가 음식을 맛보고 풍미를 즐기도록 도와준다.

3 It (mixes) with food / and (allows) us to taste / sweet, salty, or sour flavors.

→ 그것은 음식과 섞인다 / 그리고 우리가 맛을 느끼게끔 해 준다 / 달콤한 맛, 짭짤한 맛 또는 신맛을.

내신 맛보기

1 (1) ⓒ　(2) ⓐ　(3) ⓑ　　2 ④

3 (1) lead to　(2) encourage

4 Though I'm not good at cooking

5 helps us enjoy food and feel full

6 allows the players to take

해석

1 (1) sour(신, 시큼한) - ⓒ 레몬의 맛과 같은 산미가 있는

(2) sweet(단, 달콤한) - ⓐ 많은 양의 설탕을 함유하고 있는

(3) bitter(맛이 쓴) - ⓑ 강한, 주로 불쾌한 맛을 가지고 있는

2

태양과 물 사이의 상호작용이 무지개를 만든다.

① 맛, 풍미　② 액체　③ 실험

④ 상호작용　⑤ 지식

26 pp.52~53

직독직해가 쉬워지는 구문

1일 1문장 그 계획이 가능한지

Plus ❶ 깜짝선물을 만들 아이디어가
❷ (만약) 내가 일을 일찍 끝낸다면

직독직해 Practice

1 Scientists (decided) to test // if a laser beam pointed at the sky / (could work) / like a big, movable lightning rod.

→ 과학자들은 실험하기로 결정했다 // 하늘을 가리키는 레이저 광선이 / 작동할 수 있는지 / 거대한 움직이는 피뢰침처럼.

2 That('s) why // scientists (have) a new idea / to keep us safe / from lightning.

→ 그것이 ~한 이유이다 // 과학자들이 새로운 아이디어가 있는 / 우리를 안전하게 보호하기 위한 / 번개로부터.

3 If they (can solve) these problems, // lasers (could become) / a new kind of lightning rod / for big areas.

→ 만약 그들이 이 문제들을 해결할 수 있다면, // 레이저는 (~이) 될 수도 있다 / 새로운 종류의 피뢰침이 / 넓은 지역을 위한.

내신 맛보기

1 ⑤ 2 ②, ③ 3 protect, from
4 If you prepare dinner tonight, I'll wash the dishes
5 I heard about the plan to build a new road
6 if she will accept

해석

2
• 이 기계는 안전장치가 있다.
• 그 시계가 작동하기 위해서는 새 배터리가 필요하다.
• 그들은 숲의 넓은 지역을 탐험했다.

① 작동하다 ② 길, 방향 ③ 금속
④ 장치, 기기 ⑤ 넓은

27 pp.54~55

직독직해가 쉬워지는 구문

1일 1문장 벤치에 남겨진 지갑을

Plus ❶ 우리 여행을 취소해야 했다
❷ 오래 기다릴 필요가 없었다

직독직해 Practice

1 It (provided) them with the energy / needed for their hard work.

→ 그것은 그것들에게 에너지를 제공했다 / 그것들의 힘든 일에 필요한.

2 When they (had to carry) people and things / across the country, // their owners (didn't have to feed) them / huge amounts of grain and grass.

→ 그것들이 사람과 물건들을 날라야 했을 때 / 전국으로, // 그것들의 주인들은 그것들에게 먹일 필요가 없었다 / 엄청난 양의 곡식과 풀을.

3 So, / horses (didn't need to work) as much / and finally (stopped) / eating horse bread.

→ 그래서, / 말들은 그만큼 일할 필요가 없었다 / 그리고 마침내 멈추었다 / horse bread를 먹는 것을.

내신 맛보기

1 ③ 2 (1) flat (2) century (3) strange
3 We had to wait in line to enter the shop
4 There were many houses damaged by the storm
5 didn't have to pay

Unit 10

28 pp.56~57

직독직해가 쉬워지는 구문

1일 1문장 그녀가 나에게 가르쳐 준 것에 대해

Plus ❶ (비록) 밖이 춥더라도
❷ 어떻게 그 영화가 끝나는지는

직독직해 Practice

1 He found // that we tend to think about / what we want and / what other people want too.

→ 그는 알아냈다 // 우리가 (~에 대해) 생각하는 경향이 있다는 것을 / 우리가 원하는 것과 / 다른 사람이 원하는 것에 대해서도.

2 They try to find a solution / everyone is happy with, // even if it takes time.

→ 그들은 해결책을 찾으려고 노력한다 / 모두가 만족하는, // 비록 시간이 걸리더라도.

3 How people handle conflicts // can make the relationship / last longer and be more satisfying.

→ 사람들이 갈등을 어떻게 다루는지는 // 관계를 만들 수 있다 / 더 오래 지속되고 더 만족스럽게.

내신 맛보기

1 ④ 2 (1) run away from (2) give up
3 unique
4 He can give a speech in public even if he's shy
5 How the virus spread so fast is not known
6 from what they practiced

해석

1

나는 이 좋은 날씨가 이번 주 동안 계속되길 바란다.

① 다루다 ② 도달하다 ③ 희생하다
④ 지속되다, 계속되다 ⑤ 영향을 주다

29 pp.58~59

직독직해가 쉬워지는 구문

1일 1문장 그들이 규칙을 따르는 것은
Plus ❶ 나를 걱정하게 하는 것은
❷ 이 바지를 더 짧게 만들어 줄 수

직독직해 Practice

1 Because of this, / it's hard for them / to make new discoveries about space.

→ 이 때문에, / 그들에게 (~은) 어렵다 / 우주에 관한 새로운 발견을 하는 것은.

2 But what worries astronomers is // that the brightness from these satellites / adds to light pollution / from city lights.

→ 하지만 천문학자들을 걱정하게 하는 것은 ~이다 // 이 인공위성들로부터의 밝음이 / 빛공해에 더해진다는 것 / 도시 불빛들로부터의.

3 This makes the night sky brighter, / and makes it even harder / to see the stars.

→ 이것은 밤하늘을 더 밝게 만든다, / 그리고 훨씬 더 어렵게 만든다 / 별들을 보는 것을.

내신 맛보기

1 (1) ⓒ (2) ⓐ (3) ⓑ
2 (1) clear (2) cause
3 What she drew in art class surprised her parents
4 The chef made the pasta sauce spicier
5 It, for students to feel

해석

1 (1) pollution(오염) - ⓒ 육지, 물, 또는 공기를 더럽게 만드는 행위 또는 과정
(2) mess up(~을 망치다) - ⓐ 무언가를 망가뜨리다
(3) bright(밝은, 빛나는) - ⓑ 빛으로 가득하거나 강하게 빛나는

2

보기			
일으키다; 원인	맑은; 또렷한	언어	평균의

(1)
• 우리 TV는 화질이 또렷하다.
• 맑은 하늘에는 구름이 없었다.

(2)
• 우리는 문제의 원인을 찾아야 한다.
• 빙판길은 차 사고를 일으킬 수 있다.

30 pp.60~61

직독직해가 쉬워지는 구문

1일 1문장 나보다 네 배 더 나이가 많다
Plus ❶ 화재에서 구조된 개를
❷ 동물들의 사진을 찍는 것은

직독직해 Practice

1 ~, they could make / 10 times as much energy / as all current solar power.

→ 그것들은 만들어 낼 수 있다 / 10배만큼 더 많은 에너지를 / 현재의 모든 태양열 에너지보다.

2 They (are placed) / on floating platforms / fixed to the bottom of lakes.

→ 그것들은 설치된다 / 물 위에 뜨는 플랫폼에 / 호수 밑바닥에 고정된.

3 Covering just 30% of lakes / with solar panels / (could save) as much water // as 300,000 people (would use) / in a year.

→ 단지 호수의 30 퍼센트를 덮는 것은 / 태양 전지판으로 / 더 많은 물을 절약할 수 있다 // 300,000명의 사람들이 사용할 만큼 / 일 년에.

내신 맛보기

1 ⑤ **2** ④ **3** turn, into
4 The new smartphone costs twice as much as the old model
5 Sleeping in a comfortable bed is important
6 books written

해석

2

- 너는 내가 거울을 벽에 고정시키는 것을 도와줄 수 있니?
- 그는 내가 내 컴퓨터를 수리하는 것을 도와주었다.

① 영향을 미치다 ② (비용이) 들다
③ 뜨다 ④ 고정시키다; 수리하다
⑤ 줄였다

Unit 11

31 pp.62~63

직독직해가 쉬워지는 구문

1일 1문장 일해왔다
Plus ❶ 이 장소를 매우 특별하게 만드는 것이다
❷ 그들이 왜 그런 나쁜 결정을 내렸는지

직독직해 Practice

1 For many years, / researchers (have tried) / to figure out the mystery / of strong Roman concrete.

→ 수년 동안, / 연구원들은 노력해 왔다 / 미스터리를 밝혀내기 위해 / 튼튼한 로마 콘크리트의.

2 In fact, / this hot mixing process (was) // what (gave) the ancient concrete a "self-healing ability."

→ 사실, / 이 고온 혼합 과정은 ~이었다 // 고대 콘크리트에 '자가 치유 능력'을 준 것.

3 This (explains) // why ancient Roman buildings / (remain) in good condition / today.

→ 이것은 설명한다 // 왜 고대 로마인의 건물들이 / 좋은 상태로 남아있는지 / 오늘날.

내신 맛보기

1 ③ **2** ③ **3** (1) tiny (2) structure
4 Do you know why she changed her mind
5 Their teamwork was what gave them a victory
6 has been

해석

2

- 계속 침착함을 유지하려 노력해 주세요.
- 게임에서 여전히 3분이 남아 있다.

① 형성시키다, 형성되다 ② 손상, 피해
③ 계속 ~이다; 남다 ④ 수리하다
⑤ 알아차리다, 주목하다

3

보기			
풀, 접착제	아주 작은	(화학적인) 반응	구조

(1) 내 양말에 아주 작은 구멍이 있다.
(2) 건물의 구조가 흥미롭다.

32 pp.64~65

직독직해가 쉬워지는 구문

1일 1문장 선수들이 연습하는 것을
Plus ❶ 큰 개를 키우는 것은
❷ 작년부터 요가를 배워왔다

직독직해 Practice

1 Early in the morning, / you (can) easily (see) / people buying fresh baguettes / from bakeries.

→ 아침 일찍, / 당신은 쉽게 볼 수 있다 / 사람들이 신선한 바게트를 사는 것을 / 빵집에서.

2 It('s) surprising to know // that six billion baguettes are sold / in France / every year!

→ (~을) 알게 되어 놀랍다 // 60억 개의 바게트가 팔린다는 것을 / 프랑스에서 / 매년!

3 However, / since 1970, / France (has lost) 400 traditional bakeries / each year.

→ 그러나, / 1970년 이후로, / 프랑스는 400개의 전통 빵집을 잃었다 / 매년.

내신 맛보기

1 ④
2 (1) ingredient (2) common (3) meal (4) method
3 We have known each other since childhood
4 It is dangerous to cross the street
5 saw my friend studying[study]

33

pp.66~67

직독직해가 쉬워지는 구문

1일 1문장 더 많은 사람들이 더 오래 살면서
Plus ❶ 설거지를 하고 있던 동안
❷ 얘기할 많은 이야기가 있다

직독직해 Practice

1 As more and more people (went) / to movie theaters, // owners finally (started) selling popcorn.

→ 점점 더 많은 사람들이 가면서 / 영화관에, // 소유주들은 마침내 팝콘을 파는 것을 시작했다.

2 The theater owners (didn't want) / people to make noise // while they (were eating) popcorn / at the movies.

→ 극장 소유주들은 원하지 않았다 / 사람들이 소음을 내는 것을 // 그들이 팝콘을 먹고 있는 동안 / 영화관에서.

3 They (needed) a place to have fun / with less money, // and that (was) the theater.

→ 그들은 즐길 장소가 필요했다 / 더 적은 돈으로, // 그리고 그것은 바로 극장이었다.

내신 맛보기

1 ④ 2 (1) luxurious (2) activity (3) sale
3 I have a goal to finish the marathon
4 As he became more tired, he began to make more mistakes
5 while I was cooking

해석

1 ① 상류층의: 매우 고급스럽거나, 부유하거나 사치스러운
② 허락하다, 허용하다: 누군가에게 무언가를 할 수 있다고 말하다
③ 소유주, 주인: 무언가를 소유하는 사람이나 단체
④ (호텔·극장 등의) 로비: 식사를 사거나 먹을 수 있는 장소
⑤ 영화 관람객[영화 팬]: 영화를 보기 위해 영화관에 가는 사람

2 보기
소음 판매, 매매 간식 활동
사치스러운, 호화로운

Unit 12

34

pp.68~69

직독직해가 쉬워지는 구문

1일 1문장 그의 아버지만큼 유명하다
Plus ❶ 학생들에 의해 청소된다 ❷ 음악을 들으면서

직독직해 Practice

1 But, / the undersea cables (are) very fast // because they (use) optical fibers / that (send) data / almost as fast as light!

→ 하지만, / 해저 케이블들은 매우 빠르다 // 그것들은 광섬유를 사용하기 때문에 / 데이터를 전송하는 / 거의 빛만큼 빠르게!

2 More than 95 percent / of international data / (is sent) / by them.

→ 95퍼센트 이상이 / 국제 데이터의 / 보내진다 / 그것들에 의해.

3 Workers (use) special ships / to place cables / and (must choose) the best path / for the cables, / avoiding fishing areas or military zones.

→ 작업자들은 특별한 배를 사용한다 / 케이블들을 설치하기 위해 / 그리고 최적의 경로를 선택해야 한다 / 케이블들을 위한, / 어업 구역이나 군사 지역을 피하면서.

내신 맛보기

1 (1) ⓒ (2) ⓐ (3) ⓑ
2 (1) × (2) ○ (3) ○ 3 do our best
4 Important events are recorded in history books
5 He enjoys reading as much as outdoor activities
6 Talking

해석

1 (1) path(길, 통로) - ⓒ 한 장소에서 다른 장소까지의 경로나 길
(2) area(지역, 구역) - ⓐ 더 큰 장소 내의 공간
(3) international(국제적인) - ⓑ 다른 나라들과 관련된 또는 포함하는
2 (1) 소파보다 아래에 사진 액자를 걸어라.
(2) 소리는 공기를 통해 우리의 귀로 이동한다.
(3) 물 표면 위에 몇 개의 잎들이 떠다녔다.

35

pp.70~71

직독직해가 쉬워지는 구문

1일 1문장 요리사가 유명한 그 식당은
Plus ❶ 이 책을 쓴 사람은
❷ 너무 소리가 커서 나는 네 말을 들을 수 없었어

직독직해 Practice

1 This time, / doctors used special pigs // whose genes were partly changed / to make their organs work better / in human bodies.
→ 이번에, / 의사들은 특별한 돼지들을 사용했다 // 유전자가 부분적으로 변형된 / 그것들의 장기가 더 잘 작동하도록 / 사람 몸속에서.
2 David Bennett was the person // who received the new heart.
→ David Bennett는 사람이었다 // 새로운 심장을 받은.
3 His heart was so weak // that he couldn't receive / a human heart transplant.
→ 그의 심장은 너무 약해서 // 그는 받을 수 없었다 / 인간 심장 이식을.

내신 맛보기

1 (1) ⓑ (2) ⓐ (3) ⓒ
2 (1) receive (2) properly
3 Many tourists visit the city whose history is long and rich
4 I really miss my grandmother who passed away last year
5 so hot that

해석

1 (1) organ(장기, 기관) - ⓑ 특정한 기능을 하는 몸의 부분
(2) valuable(귀중한, 가치 있는) - ⓐ 매우 유용하거나 도움이 되는
(3) patient(환자) - ⓒ 의료 서비스나 치료를 받는 사람
2 보기

부분적으로, 일부분은	(일·목적 등을) 이루다[해내다]
적절히, 제대로	받다, 얻다

(1)
• 그녀는 최고의 여배우상을 받을 것이다.
• 그 식당은 바쁠 때 어떤 전화도 받지 않을 것이다.

(2)
• 이 기계는 제대로 작동하고 있지 않다.
• 너는 그 행사를 위해 적절히 옷을 차려입어야 해.

36

pp.72~73

직독직해가 쉬워지는 구문

1일 1문장 합격할 수 있을지도 모른다
Plus ❶ 항상 외식하지는 않는다
❷ 그가 그 사고에서 다치지 않았다는 것이다

직독직해 Practice

1 This suggests // that we might be able to produce / more food from fewer plants.
→ 이는 시사한다 // 우리가 생산할 수 있을지도 모른다는 것을 / 더 적은 식물로부터 더 많은 식량을.
2 Simply growing more food / isn't always the solution // because it requires lots of energy / and can cause pollution.
→ 단순히 더 많은 식량을 재배하는 것이 / 항상 해결책은 아니다 // 그것은 많은 에너지가 필요하기 때문에 / 그리고 오염을 일으킬 수 있기 때문에.
3 The idea was // that it might make some plants grow larger too.

→ 그 아이디어는 ~였다 // 그것이 일부 식물들도 더 크게 자라게 할지도 모른다는 것.

내신 맛보기

1 ④ **2** ②, ⑤ **3** Make sure
4 The point is that I didn't do anything wrong
5 Exercising every day doesn't always lead to weight loss
6 might be able to stay

해석

1

음식에 대한 매우 강한 요구

① 에너지, 힘 ② 해결책, 해법 ③ 100만
④ 굶주림, 기아 ⑤ 발견

2

- 당신의 성공의 비결이 무엇인가요?
- 건강한 농작물은 좋은 흙과 햇빛을 필요로 한다.
- 우리는 늦어서, 영화의 시작을 놓쳤다.

① 농작물 ② ~의 원인이 되다 ③ 성공
④ 시작 ⑤ 오염

독해를 바라보는 재미있는 시각

Reading Graphy

쎄듀 초·중등 커리큘럼

구분	예비초	초1	초2	초3	초4	초5	초6
구문		천일문 365 일력 | 초1-3 | 교육부 지정 초등 필수 영어 문장		초등코치 천일문 SENTENCE 1001개 통문장 암기로 완성하는 초등 영어의 기초			
문법					초등코치 천일문 GRAMMAR 1001개 예문으로 배우는 초등 영문법		
문법			왓츠 Grammar Start (초등 기초 영문법) / Plus (초등 영문법 마무리)				
독해				왓츠 리딩 70 / 80 / 90 / 100 A / B 쉽고 재미있게 완성되는 영어 독해력			
어휘				초등코치 천일문 VOCA&STORY 1001개의 초등 필수 어휘와 짧은 스토리			
어휘		패턴으로 말하는 초등 필수 영단어 1 / 2 문장 패턴으로 완성하는 초등 필수 영단어					
ELT	Oh! My PHONICS 1 / 2 / 3 / 4 유·초등학생을 위한 첫 영어 파닉스						
ELT		Oh! My SPEAKING 1 / 2 / 3 / 4 / 5 / 6 핵심 문장 패턴으로 더욱 쉬운 영어 말하기					
ELT		Oh! My GRAMMAR 1 / 2 / 3 쓰기로 완성하는 첫 초등 영문법					

구분	예비중	중1	중2	중3
구문	천일문 STARTER 1 / 2 중등 필수 구문 & 문법 총정리			
문법	천일문 GRAMMAR LEVEL 1 / 2 / 3 예문 중심 문법 기본서			
문법	GRAMMAR Q Starter 1, 2 / Intermediate 1, 2 / Advanced 1, 2 학기별 문법 기본서			
문법	잘 풀리는 영문법 1 / 2 / 3 문제 중심 문법 적용서			
문법	GRAMMAR PIC 1 / 2 / 3 / 4 이해가 쉬운 도식화된 문법서			
문법			1센치 영문법 1권으로 핵심 문법 정리	
문법+어법			첫단추 BASIC 문법·어법편 1 / 2 문법·어법의 기초	
문법+쓰기	EGU 영단어&품사 / 문장 형식 / 동사 써먹기 / 문법 써먹기 / 구문 써먹기 서술형 기초 세우기와 문법 다지기			
문법+쓰기				올씀 1 기본 문장 PATTERN 내신 서술형 기본 문장 학습
쓰기	거침없이 Writing LEVEL 1 / 2 / 3 중등 교과서 내신 기출 서술형			
쓰기		중학 영어 쓰작 1 / 2 / 3 중등 교과서 패턴 드릴 서술형		
어휘	신간 천일문 VOCA 중등 스타트/필수/마스터 2800개 중등 3개년 필수 어휘			
어휘	어휘끝 중학 필수편 중학 필수어휘 1000개		어휘끝 중학 마스터편 고난도 중학어휘 +고등기초 어휘 1000개	
독해	신간 ReadingGraphy LEVEL 1 / 2 / 3 / 4 중등 필수 구문까지 잡는 흥미로운 소재 독해			
독해	Reading Relay Starter 1, 2 / Challenger 1, 2 / Master 1, 2 타교과 연계 배경 지식 독해			
독해		READING Q Starter 1, 2 / Intermediate 1, 2 / Advanced 1, 2 예측/추론/요약 사고력 독해		
독해전략			리딩 플랫폼 1 / 2 / 3 논픽션 지문 독해	
독해유형			Reading 16 LEVEL 1 / 2 / 3 수능 유형 맛보기 + 내신 대비	
독해유형			첫단추 BASIC 독해편 1 / 2 수능 유형 독해 입문	
듣기	Listening Q 유형편 / 1 / 2 / 3 유형별 듣기 전략 및 실전 대비			
듣기		쎄듀 빠르게 중학영어듣기 모의고사 1 / 2 / 3 교육청 듣기평가 대비		